KB096055

동 아 시 아 의 문 화 허 브

발해 염주성 이야기
KRASKINO

드론으로 찍은 염주성 사진(E. I. 겔만)

동아시아의 문화 허브

발해 염주성 이야기
KRASKINO

김은국 외 지음

청아출판사

　이 책은 동북아역사재단이 출범 이후 추진해 온 크라스키노 발해 염주성에 대한 고고 발굴 성과를 일반인들도 알 수 있도록 대중서로 기획하여 집필한 것이다.

　내용은 러시아과학원 극동 역사학 고고학 민족학연구소에서 염주성 발굴을 처음으로 시작한 1980년대 이후부터 최근까지 동북아역사재단과 러시아측의 염주성 공동 발굴 성과를 포함하였다. 또 다양한 발굴 사진 등 관련 시각 자료를 포함하여 염주성 발굴의 내용을 전체적으로 파악할 수 있도록 구성하였다. 집필은 재단의 염주성 발굴 책임자인 김은국 연구위원과 한-러 공동 발굴을 이끌어 온 학자들이 담당하였다.《발해 염주성 이야기》는 말 그대로 염주성의 역사 고고학적 발굴 성과를 개관하고 러시아측이 시작한 염주성 발굴 초기부터 최근까지 재단과 한국학자들이 공동으로 발굴한 성과를 쉽게 풀어 전달하고자 하였다.

　되돌아보면 필자가 염주성 발굴장에서 러시아 학자들을 만난 지도 거의 30년이 되어 간다. 두만강 건너 위치한 크라스키노 발굴 야영장에서 처음 만났던 당시 30대 젊은이들은 이제 50대로 훌쩍 접어들어 그 세월의 흐름마저 같이하고 있다. 그래도 변치 않는 것은 처음 만났을 때의 그 열정 넘치는 눈빛이다.

올해도 어김없이 7~8월 한 달 동안 염주성 발굴을 마치고 왔다. 이젠 눈으로도 무엇을 말하는지 어떻게 생각할 것인지를 짐작할 수 있는 완숙의 교감이다. 발굴을 통해 만나는 진정한 지기知己라 말할 수 있다.

이 책은 수년간 돈독한 양측 발굴 단원들의 지속적인 교류을 통해 엮은 염주성 발굴 여정이다. 열악한 현지 발굴 여건에서도 오직 발해 유적 발굴을 위해 묵묵히 애써 준 한국과 러시아의 공동 발굴 단원들과 함께 이 책 출간의 기쁨을 나누는 바다.

마지막으로 동해를 따라 이어지는 해안 도로를 따라 남북 학자들이 염주성을 드나들면서 함께 발굴 조사를 할 수 있는 시기가 빨리 오기를 기대해 본다.

2017년 12월
집필자를 대표하여
김은국

◆ 목차

염주성 이야기를
시작하며

✳

(김은국/동북아역사재단)

🌀 염주성 이야기를 시작하며

발해는 698년 고왕高王 대조영大祚榮이 고구려 유민을 중심으로 동모산(東牟山: 현재 중국 길림성 소재)에서 진(振, 震)이란 국호로 건국했다. 이후 발해는 당 및 돌궐, 거란, 남쪽의 신라, 동해 건너 일본과 개방적 대외 교류를 지속해 해동성국海東盛國으로 칭송되었다. 고왕 이후 15대 마지막 왕 대인선大諲撰 통치 시기까지 전국을 5개의 중심 도성京, 15개의 부府, 62개의 주州로 나누고, 신라도, 일본도, 거란도, 영주도 등의 대외 교통로를 두어 동아시아의 문화 전달자 역할을 수행했다.

한국사의 전개에 있어 발해는 신라와 더불어 7세기에서 10세기까지 남북국사의 일원이었다. 그러나 발해인이 직접 남긴 기록이 전해지지 않아 발해사의 체계적인 복원이 어려운 현실이다. 게다가 발해의 영역은 현재 중국 동북 지방과 러시아 연해주, 그리고 북한에 걸쳐 있어 이들 지역의 유적 발굴과 조사가 절실하다.

비록 발해인이 남긴 기록은 전하지 않지만, 발해가 당시 주변국과 교류한 역사 사실을 담은 사료들을 보면 발해는 고구려를 계승한 나라였음을 알 수 있다. 또 발해는 시호 및 연호를 사용했으며 황제국가를 표방하고, 일본과 교류한 국서를 통해서 부여와 고구려를 계승한 독립국가였음을 확인할 수 있다.

발해의 영역은 현재 중국, 러시아, 북한 등에 분포되어 있고, 발해 관련 사료도 중국을 비롯해 일본, 한국에 남아 있어, 역사 해석에서 많은 이견이 도출하고 있다. 이와 같은 상황에서 새로운 정보를 얻을 수 있는 발해 유적과 유물이 갖는 의미는 매우 크다.

동북아역사재단에서는 염주(鹽州, 지금의 러시아 연해주 크라스키노kraskino에 위치) 발해성의 공동 발굴 조사를 꾸준히 추진하며 발해사 연구에 기여해 왔다.

필자가 염주성에 처음 발을 디딘 때는 1992년이다. 비록 연해주 지역이지만 발해 유적지로서는 첫 답사였다. 답사 계기는 역시 1990년 9월에 맺은 한국과 소련(현재 러시아)의 수교(修交)였다. 이후 소련의 연해주에 위치한 발해 유적지에 대한 조사와 발굴이 비로소 시작될 수 있었다. 지금은 동북아역사재단 외에 국내외 기관들도 연해주 발해 유적 발굴을 본격적으로 진행하고 있다. 간단히 염주성의 성격과 발굴 성과를 개괄하면 다음과 같다.

염주 발해성은 문헌으로 확인되는 러시아 내 발해성 중 가장 온전한 유적이다. 염주는 발해가 설치한 62개 주州 중의 하나로 동해를 통해 신라, 일본과 교류했던 곳이고, 발해의 내륙 곳곳을 거쳐 당, 서역 등과 통하는 교두보였다. 발해는 건국 직후 동해를 통한 해양과 대륙을 함께 경영하기 위해서 현재의 훈춘琿春으로부터 동해안에 걸쳐 5경 중 하나인 동경용원부와 그 산하에 4개 주를 설치했다. 염주는 그중의 하나로 발해가 신라, 일본과 교류하는 데 있어서 관문 역할을 한 성이다. 또 이곳에는 대륙으로부터 당나라는 물론, 서역 등의 문화가 집결해 신라, 일본 등과 교류할 수 있었던 국제 항구이기도 했다.

염주성에 대한 본격적인 발굴은 1980년 이후 러시아과학원 극동 역사학 고고학 민족학연구소(이하 러시아연구소)가 주축이 되어 진행되어 오다가, 동북아역사재단 설립 이후 공동 발굴을 진행해 현재 9권의 발굴 보고서를 간행했다. 염주성의 공동 발굴 결과 발해 조기 문화층과 고구려 시기의 층위와 유물의 단초를 확인했고, 새로운 염주성 발굴 방향을 제시할 수 있었다. 특히 2014년까지의 발굴 결과 도성 내 계획된 구획 시설이 계속 이어짐을 확인했고, 고구려 문화의 계승성과 신라 등 주변국과의 교류를 엿볼 수 있는 중요한 유물을 출토하는 성과를 거두었다. 2015년에는 청동 낙타상 발굴로 서역과의 직접 교류를 확인했고, 발해 전체 시기를 보여 주는 토층의 노출 등은 최대의 발굴 성과로 들 수 있다.

염주성은 한마디로 연해주 발해 유적 가운데 발해인의 생활상을 한눈에 볼 수 있는 곳이다. 재단은 매년 염주성 발굴보고서를 간행해 발해사 연구와 이해에 기초 자료로 활용하고 있다. 이를 통해 기존에 구축된 양국 학자들의 발해사 이해는 물론 발해사의 국제적 위상 제고에 일익을 다하고 있다. 염주 발해성의 발굴과 조사 전개는 그런 의미에서 동북아역사 인식 공유의 좋은 모델이 된다.

재단은 이와 같이 현재 연해주 발해 유적에 대한 조사와 발굴이 진행될 수 있도록 물꼬를 터 주었다. 물론 재단의 연해주 발해 유적 발굴 사업은 재단이 고구려연구재단의 발굴 조사를 계승한 것이다. 고구려연구재단(2004~2006)은 크라스키노 발해성 발굴을 통해서, 현재 동북아역사재단이 이룩한 바 있는 발굴 성과의 디딤돌을 놓아 주었다.

특히 2004년 발굴한 기와벽실 유구와 출토 유물들, 2005년 연해주 최대 발해 온돌 유구의 발굴 성과는 지금도 거듭 재해석되고 있다. 당시 출토된 고누판은 현재 발해의 또 하나의 고누 길을 상정할 만큼 주목을 받았다. 이러한 발굴 성과와 재해석이 가능했던 것은 매해 발굴한 성과를 발굴보고서로 출판하고 관련 발굴 성과를 공유하는 학술회의 등이 꾸준하게 지속되었기 때문이다.

《염주성 이야기》는 크라스키노 발해 염주성(크라스키노성)의 발굴 성과를 일반 대중들의 눈높이에 맞춰 재편집한 것이다. 여기에는 1980년 발굴 이후 최근까지의 발굴 성과를 종합해 다양한 발굴 사진 등 관련 시각 자료를 포함해 염주성의 역사고고학 발전 과정을 소개했다. 본문에서 다루는 염주성 이야기는 재단과 러시아연구소의 크라스키노성 발굴 단원들이 함께 엮은 것이다.

집필에는 필자 외에도 러시아연구소의 E.I. 겔만, A.L. 이블리예프, V.I. 볼딘, E.V. 아스따쉔꼬바, Ya.E. 삐스까료바 등이 참여했다. 서두에는 20여 년간의 양측 공동 발굴의 진행과 의의를 다루었다. 이어서 염주성의 고고학적 구조와 성격부터 그동안의 발굴 성과를 소주제로 나누어 서술했다. 수록된 내용을 순서대로 소개하면 다음과 같다.

김은국의 프롤로그를 이어 제1장 염주성의 역사고고학 개관은 1. 발해 염주성 발굴의 전개와 방향(김은국), 2. 역사적 관점에서 본 연해주 크라스키노성(A.L. 이블리예프), 3. 크라스키노성의 축성(E.I. 겔만·A.L. 이블리예프)으로 구성했다. 먼저 김은국은 〈발해 염주성 발굴의 전개와 방향〉에서 그간의 염주성 발굴 성과를 크게 3시기로 나누어 시기마다의 발굴 성과를 정리하고 향후 발굴 방향을 제시했다. 다음으로 A.L. 이블리예프는 〈역사적 관점에서 본 연해주 크라스키노성〉에서 염주성이 문헌에 잘 남아 있는 동경용원부 산하의 주라는 점을 강조하며, 이후 이 성의 재발견과 발굴 조사의 역사를 개괄했다. 특히 러시아 학자들에 의해 본격적으로 발굴 조사되는 1960년대를 기준으로 염주성의 성격과 고고학적인 의미를 설명했다. 다음으로 E.I. 겔만·A.L. 이블리예프는 〈크라스키노성의 축성〉에서 염주성의 보존 상태가 좋아 발해의 성에 대한 기초 자료로 활용되고 있음을 강조했다. 성벽 구조물에 대한 발굴 조사는 서벽과 동벽 두 곳에서 실시되었는데 불교 사원지 근처의 서벽 발굴 조사는 성벽 축조의 구조적 특성을 처음으로 제공했다고 한다. 또 동벽 발굴 조사는 성벽의 세세한 구조에 관한 새로운 사실들을 알려 주었다. 더 늦은 시기에는 치와 옹성들도 축조했고, 성 존속의 가장 마지막 단계에는 성벽을 증축했음을 밝히며, 이는 고구려인들의 경험과 건축 전통을 이어받은 발해 장인들의 독자적인 건축 방식과 기술임을 설명했다.

제2장 염주성 발굴의 여명은 1. 크라스키노 절터(E.I. 겔만·A.L. 이블리예프) 2. 주거지와 경제 건축물들(E.I. 겔만) 3. 크라스키노성의 수공업(E.I. 겔만)으로 구성했다. 먼저 E.I. 겔만, A.L. 이블리예프, V.I 볼딘은 〈크라스키

노 절터〉를 통해 현재 크라스키노성의 불교 사찰에는 그 마지막 존속 시기에 적어도 2기의 건축물, 다시 말해서 금당과 누각이 있었음을 알 수 있고, 지하의 와실 유구도 이 시기의 유물에 해당할 수 있음을 확인 했다. 사찰의 건물들은 아직은 일부만 조사된 석축 기초 담장으로 성내 의 다른 거주 지역과 구분되어 있었다. 그 외에도 사찰 건축에 사용했 을 12기의 가마터와 경제 마당의 흔적들이 확인되었고, 청동 불수, 금 동 광배와 받침대 등과 같은 불상 부속품들을 통해 발해 불교의 융성함 을 살필 수 있다고 말한다. E.I. 겔만은 〈주거지와 경제 건축물들〉을 집 필했다. 크라스키노성에서 25기의 주거지를 발굴 조사한 결과 반수혈 식과 여러 가지 난방 시스템을 적용한 지상식이라는 두 유형의 주거지 가 확인되었다. 조사된 주거지들의 구들은 고래가 2줄이며 평면이 'ㄷ' 자 모양이다. 또 아궁이와 단면이 'Ⅱ' 자 모양인 고래 등의 시설을 소개 했다. 이 밖에 우물도 중요한 유적으로 소개했다. 다음으로 E.I. 겔만은 〈크라스키노성의 수공업〉을 통해 발해 시기 금속 제품 생산은 만주, 연 해주, 그리고 아무르강 유역에서 말갈 문화가 발전했던 앞 시기에 비해 훨씬 높은 수준으로 발전했다고 평가했다. 크라스키노성에서는 다량 의 원료 철 조각과 철제품의 편들이 발견되었는데, 모든 종류의 수공업 제품들은 크라스키노성이 존속하는 동안 주민들의 생계 보장 시스템 에서 반드시 필요한 부분을 이루었으며 경제에서의 중요한 역할을 했 다고 보았다.

제3장 염주성 발해인의 놀이문화는 1. 발해의 표현 및 장식 · 응용 예술(E.V. 아스따셴꼬바) 2. 크라스키노성 주민들의 문화에 보이는 말갈의 전통들(Ya.E. 삐스까료바) 3. 발해의 놀이문화(김은국)로 구성했다. 먼저 E.V.

아스따셴꼬바는 〈발해의 표현 및 장식 · 응용 예술〉에서 염주성 주민들 사이의 표현 및 장식 · 응용 예술품들은 엘리트들과 일반 민중의 문화가 함께 존재했음을 보여 준다고 설명한다. 엘리트 문화는 불교 이데올로기의 강한 영향하에 발전했는데 특히 기념비적 · 장식적 상들에 잘 반영되었다. 장식 · 응용 예술에서 엘리트 문화는 그가 소속한 지위와 사회적 의미를 가지는 위신재에 잘 반영되어 있으며, 민중 문화는 발해 주민들의 전통적인 관념과 그 미학적인 맛을 그대로 보존했다고 말한다. 다음으로 Ya.E. 삐스까료바는 〈크라스키노성 주민들의 문화에 보이는 말갈의 전통들〉을 통해 발해 유적에서 보이는 말갈의 전통을 염주성에서 찾아 정리해 주었다. 그 결과 염주성이 존속하는 동안 말갈 전통이 남아 있었다고 서술하고 있다. 이는 경제 활동, 주거지 축조, 토기에서 확인되는데, 중심부인 동경의 영향이 매우 강했기 때문이라고 보았다. 또한 지금까지 염주성에서 출토된 토기들을 분석해 말갈적 요소와 발해의 차별성을 제시하고 있다. 그리고 김은국의 〈발해의 놀이 문화〉에서는 염주성 발굴 시에 다량으로 출토된 고누알에 주목해 염주성 내 발해인의 놀이를 추적해 보았다. 특히 2004년 염주성 기와벽실 유적에서 출토된 고누판을 재조명해 당시 발해인의 고누놀이 모습을 재현하고자 했다. 이 외에도 문헌으로 전하는 격구, 축국을 간략히 소개했다.

제4장 염주성의 생활과 교역은 1. 크라스키노성 주민들의 생계 보장 시스템에서 식물과 동물의 역할(E.I. 겔만 등) 2. 크라스키노성에서 출토된 농기구, 어구, 사냥 도구, 수레 부속품 유물(정석배) 3. 염주성을 통한 발해의 대외 교류와 교역(정석배)으로 구성했다. 먼저 E.I. 겔만 등은 〈크라

스키노성 주민들의 생계 보장 시스템에서 식물과 동물의 역할〉이란 글에서 크라스키노성과 여기에서 출토된 유물들에 대한 체계적이고 자연과학적인 연구는 중세 도시 주민들의 복잡했던 고생태학적 생존 조건들을 밝혀내고 있다고 전제한다. 염주성 발해인들은 기장류, 알곡류, 콩류, 기름작물, 기술작물 등 9종류 이상의 농작물을 재배했고, 과수와 장과류의 관목을 키웠다. 또한 야생에서 자라는 식용식물과 유용식물도 적극적으로 채집했다. 가축과 드문 동물(낙타)과 바다 포유류(고래)를 포함하는 야생동물도 그들의 음식과 생활에서 매우 중요했다고 분석했다. 이 외에도 여러 종류의 조리 용기들은 음식을 조리하고 보관하는 다양한 방법을 말해 준다. 다음으로 정석배는 〈크라스키노성에서 출토된 농기구, 어구, 사냥 도구, 수레 부속품 유물〉을 통해 크라스키노성에서 출토된 보습, 낫, 삽 등의 농기구, 낚싯바늘, 작살, 어망추 등의 어구, 창, 창고달, 화살촉, 찰갑 등의 사냥도구 혹은 무기, 도끼, 톱, 정, 끌 혹은 자귀, 손칼 등의 연장, 차관과 비녀못 등의 수레 부속품 등을 살펴보았다. 이 유물들은 발해인들의 생산 활동뿐만 아니라 일상생활의 모습까지 잘 보여 준다고 보았다. 마지막으로 정석배는 〈염주성을 통한 발해의 대외 교류와 교역〉을 통해 크라스키노성에서 출토된 유물들이 발해의 활발했던 대외 교류를 증명한다고 했다. 이 유적에서 출토된 서역-북방, 당, 통일신라 관련 유물들은 크라스키노성이 육로와 해로의 연결 거점이었음을 보여 준다. 낙타에 짐을 실은 대상들이 이곳까지 왕래했고, 발해와 일본의 사절들이 이곳을 지나 상대의 도성을 왕래했던 것이다. 다시 말해서 염주성은 발해 육로의 동쪽 끝 지점이었으며, 발해 일본도의 바닷길 시발점이었고, 일본으로 가는 길목이었을 뿐만 아니라 신라로 가는 길목의 역할도 했다고 강조한다.

이상의 필자들이 재구성한 염주성 발굴 성과는 염주성뿐만 아니라 발해인의 생활과 문화 복원에 대한 최초의 공동 집필로서 발해사 연구의 기초 자료로 충분히 활용될 것으로 기대한다.

발해가 거란에 멸망당한 926년 이후 1천 년이 지난 시점에 비로소 한국의 발굴 조사단이 발해 유적지를 본격적으로 접하게 된 것이다. 물론 조선 후기와 대한제국 시기, 그리고 일제 강점기에 이곳은 우리 선조들의 삶 터 자체였다. 압록강을 건너 위치한 중국 동북삼성 지역은 물론 두만강을 건너 바로 접하는 연해주 지역은 당시로서는 우리의 영토였으며 역사 문화의 현장이었다. 그러나 2차 세계대전 이후 동북삼성 지역은 중국에, 연해주 지역은 러시아에, 그리고 남북전쟁의 산물인 휴전선 이북은 북한의 영역이 되어 버렸다. 이와 같은 발해 영역의 현재 영유권은 60여 년이 지난 지금도 변함없이 이어진다. 그리고 보니 19세기에서 20세기 중반까지가 우리 선조들이 발해 유적지를 가까이에서 접할 수 있었던 시기라 볼 수 있겠다. 언젠가는 다시 발해 영역을 자유롭게 접하면서 우리 스스로 발해 유적을 발굴하고 그 성과를 통해 발해사의 진면목을 세상에 발표할 수 있었으면 하는 바람뿐이다.

정조 대왕 8년인 1784년 실학자 유득공 선생은 《발해고》를 저술했다. 그는 발해는 신라와 함께 남북국을 이룬 한국사의 주체임을 강조하며 지금(조선시대)이라도 늦지 않았으니 남북국사(남쪽의 신라, 북쪽의 발해)의 편찬과 용어 사용을 적극 강조했다.

'역사'는 단순히 지난날의 모음집이 아니며 역사의 진정한 의미는 기억과 경험을 우리가 사는 이 시점에 얼마나 유익하게 활용할 수 있는가에 따라 달라질 수 있다. 발해가 이제라도 진정으로 한국사 속에 자리 잡기 위해서는 남북국사 속에서 발해를 보는 것부터 시작해야 한다고 본다. 230여 년 전 유득공 선생의 "지금이라도 늦지 않았다."는 말은 지금도 유효하니까 말이다.

이《발해 염주성 이야기》가 부족한 발해사 연구 문헌을 보완할 수 있었으면 한다. 그뿐만 아니라 발해 염주성과 이 성이 지니는 역사적 위상을 높일 수 있는 자료가 되었으면 한다.

제1장

염주성의
역사 고고학 개관

■
발해 염주성 발굴의 전개와 방향
(김은국/동북아역사재단)

■
역사적 관점에서 본 연해주 크라스키노성
(A.L. 이블리예프/러시아과학원 극동 역사학 고고학 민족학연구소)

■
크라스키노성의 축성
(E.I. 겔만 · A.L. 이블리예프/러시아과학원 극동 역사학 고고학 민족학연구소)

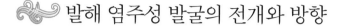 발해 염주성 발굴의 전개와 방향

염주성 고고 발굴의 현황

염주성(臨州城, 크라스키노성)은 현재 러시아 연해주 핫산지구 크라스키노Kraskino 마을의 남쪽 해안가에 위치한 발해 평지성平地城이다. 발해의 62개 주 가운데 하나인 염주의 치소가 있던 곳이다. 연해주 지역은 발해 멸망 이후 한국사 영역에 제대로 포함되지 못하였다. 그러다가 러시아의 동방 진출이 한창이던 1870년대에 성의 존재를 재확인하였다.[1]

연해주는 발해의 동쪽에 위치한 가장 역동적인 곳으로 해양과 대륙의 접점을 이루는 곳이다. 이곳은 지금도 중국의 훈춘琿春으로부터 러시아 연해주, 그리고 북한을 이어 주는 교두보이다. 염주성을 통해 나가는 '바닷길'은 신라와 일본으로 가는 신라도新羅道와 일본도日本道의 간이역이다. 염주성 북부 마을을 관통하는 길은 동쪽으로 자루비노, 슬라비양카, 그리고 블라디보스톡으로 이어져 연해주를 남에서 북으로 연결하는 동맥로의 출발지이며, 발해 당시에도 있었을 또 하나의 '발해 대로'이다.

염주성의 둘레는 약 1.3킬로미터 정도이다. 동·서·남으로는 출입 문이 있으며, 요소요소에 다목적의 치雉가 설치되어 있다. 동문 앞쪽으로는 포시에트 항구가 마주하고 있어 당시 이곳을 경유하여 염주성에 들어오는 다양한 문물의 이동이 머릿속에 그려진다. 성내 북쪽은 지형상 사방을 조망할 수 있는 곳이며, 남문 너머로는 동해, 서문으로는 대륙과 활발하게 교류하는 광경을 한눈에 볼 수 있다. 염주성은 지금의 우리에게 발해가 이곳을 중심으로 대륙과 해양을 경영하였음을 알려 주고 있으며 나아가 우리 민족의 미래 지향점까지 보여 주고 있다.

염주성 발굴은 E.V. 샤브꾸노프에 이어 1980년 러시아과학원 극동역사학 고고학 민족학연구소(이하 러시아연구소)의 V.I. 볼딘이 중심이 되어 시작되었다. 발굴 지점은 염주성의 지형상 높은 지대인 북서쪽과 동문지에 초점이 맞춰졌다. 발굴로 드러난 절터는 염주성 내부 유구 중 대표적인 것이다. 절터 동남쪽에는 누각이 절 건물과 같은 방향으로 배치되었고, 지붕은 기와로 덮여 있었다. 지붕 양쪽 끝에는 치미가 장식되어 있었으며 풍경도 달려 있었다.

북서 구역에서는 돌담, 우물, 그리고 기왓가마터가 발견되었다. 러시아 학계에서는 최근까지 이 성의 연대를 8~10세기로 비정해 왔지만, 동북아역사재단과 러시아연구소의 공동 발굴 이후[2] 발해 조기 문화층[3]과 고구려 시기의 층위와 유물 단초를 확인하면서 새로운 전환을 맞게 되었다. 이러한 결과는 1993년부터 진행된 한국과 러시아의 공동 발굴이 기본이 되었다. 이제 한국뿐 아니라 중국, 일본, 나아가 몽골 고고학계까지 염주성 발굴을 주목하고 있다. 따라서 남북한을 포함한 국제적 연계와 보존 관리 방안도 추구해야 할 시점이다.[4]

본 글에서는 염주성 발굴을 시기별로 나누어 정리하겠다. 1단계는 1980~1992년까지의 러시아의 발굴과 1992년 이후부터 2006년 한·러 공동 발굴 시작까지로 설정하였다. 이 시기에는 러시아가 주도하고 한국이 참여하였다. 2단계는 2007~2010년이며, 이 시기는 한국이 정식으로 발굴단을 구성하여 러시아와 공동 발굴을 전개하였다. 3단계는 2011년 이후부터 현재까지이며, 이전의 한·러 양측의 발굴 기반 위에 심화와 확장의 이원적인 발굴을 통해 양과 질에서 주목할 만한 발굴 성과를 거둔 기간이다. 이제 장을 달리하여 각 단계별 발굴 전개와 방향을 다루어 보겠다.

제1단계 : 2006년 이전의 염주성 발굴

한국의 염주성 발굴은 1992년 대륙연구소에서 공식적으로 시작되었다. 이는 1990년의 한국과 러시아 양국의 수교 이후 전개한 최초의 공동 발굴이었다. 첫 발굴은 우수리스크 지구, 즉 코르사코프카 절터와 크라스키노성터 남쪽 고분이었다.[5] 연해주 발해 유적 발굴에는 1990년대 초에 시작된 연해주 공동 발굴에 비해 다양한 기관과 인력이 다각도로 투입되었다.[6] 2000년대 연해주 발해 유적 발굴은 고구려연구재단의 지속적인 염주성 발굴에서 그 연속성을 볼 수 있다. 현재는 동북아역사재단이 염주성 발굴을 진행하고 있으며, 국립문화재연구소도 우수리스크 지역의 발해 유적을 발굴하고 있다.[7]

1994년, 대륙연구소는 염주성 제2차 발굴(1994. 7~8.) 결과 보고서를 간행하였다.[8] 이 보고서는 러시아와 한국의 연해주 발해 유적 발굴의 기초 자료로 평가된다. 고구려연구재단의 염주성 발해 유적 공동 발굴 조사는 2004년 8월에 실시되었다. 이때 기와로 벽을 쌓은 반지하형의 정방형 건축물(기와벽실) 안에서 고누판(크기 19~21센티미터, 높이 8.5~10센티미터), 고누알(놀이알), 원숭이 조각상, 낫, 삽 등과 머리 장식 등의 철제 유물, 수레바퀴 차축, 비녀못 등의 청동 유물과 주철제 유물, 그리고 각종 토기, 항아리 등이 발굴되었다.[9] 특히 기와벽실 유구에서 수습한 목탄에 대한 AMS 측정 결과 보정 연대가 840년으로 확인되어,[10] 해동성국 발해의 문화상을 한눈에 확인할 수 있었다(〈표 1〉).

〈표 1〉 2004년도 염주성터 AMS 측정 결과(기와벽실 유구)

시료	BP	Celiberated Ages
Charcoal	1,180±50	840 AD
Charcoal	1,180±50	840 AD

최근에는 이 유구에서 출토된 고누판이 재조명되었는데 분석 결과, 신라시대 것과 함께 현재 사용 시기가 가장 앞선 것으로 분석되어 염주성 발굴의 의미를 새롭게 새기는 계기가 되었다. 출토 당시에는 이

〈그림 1〉 2004년 한·러 크라스키노
발해성 공동 발굴 출토 고누판

고누판을 단지 사암제 판석砂岩製板石 정도로 이해했지만,[11] 이후에는 고누 문화가 10세기를 전후하여 제주도, 한반도, 연해주, 중원, 그리고 몽골 지역까지 연결됨을 확인하는 계기가 되었다(〈그림 1〉). 필자는 이러한 분석 결과를 통해 염주성을 중심으로 한 '고누의 길'을 설정한 바 있다.[12]

2005년 8월의 발굴에서는 염주성터 내 온돌 유적 및 건물 주춧돌이 발굴되어 발해 난방문화가 연해주로 확산된 것이 확인되었다. 염주성 북서부에서 출토된 온돌은 지금까지 발굴된 발해 온돌 시설 중 가장 큰 규모였다. 온전한 주거지의 규모는 9×6.4미터이며, 총면적 약 57평방미터이다. 온돌은 고래가 두 개인 'ㄷ'자 형으로 북서 구간은 5미터, 남동 구간은 4.4미터, 고래의 폭은 평균 22~30센티미터, 온돌 폭은 남동·북서 구간 모두 1.2미터였다. 이 외에 아궁이 두 기와 굴뚝, 거주지 입구 등이 발굴되었다.[13] 발굴 유적지의 입지가 주변을 조망할 수 있는 북서 지구라는 점을 고려할 때 고래를 설치한 주거지 확인은 염주성의 위상을 재확인하기에 충분하다. 수습한 목탄의 AMS 측정 결과 보정 연대는 2004년의 측정 결과보다 앞선 540년과 620년으로 확인되어 염주성 축조 시기를 조정하는 계기가 되었다(〈표 2〉).

〈표 2〉 2005년도 염주성터 AMS 측정 결과

시료	BP	Celiberated Ages
Charcoal	1,490±50	540 AD
Charcoal	1,120±50	620 AD

2006년의 발굴은 염주성터 북서 지구의 확장 발굴이었다. 2005년에 드러난 주초석(7개) 구역 등의 확대 발굴이 이어졌다. 이를 통해 주초석이 완전 노출(16개)되어 절 부속 건물(남북 방향 5칸, 동서 방향 3칸 규모)로 파악하였다. 당시 발굴에서는 러시아가 마그네틱 조사를 통한 부분 시굴을 실시하여 결과를 보고서에 반영하는 등 발굴과 보고에 변화가 있었다. 그리고 2005년 온돌 유구에서 출토된 목탄의 AMS 측정 결과도 수록하였는데, 주목할 만한 것은 보정 연대가 각각 540년과 620년으로 나타난 점이다.[14]

제2단계 : 2007~2010년 염주성 발굴 정리

1) 2007~2008년

2007년부터 동북아역사재단과 러시아연구소가 공동으로 염주성을 조사하였다.[15] 2007년의 조사는 악천후로 인해 다양한 문화 양상을 확인하지 못한 한계는 있었으나 이러한 가운데서도 발해 문화의 조기早期 층을 확인하는 성과를 올렸다. 측정된 AMS 연대는 각각 690년, 640년, 740년, 680년 등으로 7세기 중반~8세기 전반으로 편년된다. 이를 통해 염주성의 존속 기간이 6~9세기로 확대됨을 확인하였다(〈표 3〉).

〈표 3〉 2007년도 염주성터 AMS 측정 결과

시료	BP	Celiberated Ages
Charcoal	1,400±50	640 AD
Charcoal	1,310±50	740 AD
Charcoal	1,360±50	690 AD
Charcoal	1,380±50	680 AD

37구역은 2005~2006년 발굴된 주초석(16개) 노출 구역에서 발굴을 동쪽으로 확장한 곳이다. 기존에 확인된 발해 건축층 3개를 재확인하였고, 각 층의 수혈주거도 확인하였다. 또한 대형 호壺, 병형 토기, 명기冥器, 각종 화살촉 등이 출토되었다.

34구역은 2005년 당시 가장 큰 발해 온돌 유적이 노출된 곳으로 심화 발굴로 생토층까지 발굴할 예정이었으나 태풍과 강한 비 때문에 이루지 못하였다. 그러나 처음으로 제5 문화층을 확인했고, 이 층에서 제6 주거지 유구와 그 밑으로 주거지가 중첩되어 매장되어 있음을 확인하였다. 이는 염주성의 주거지가 일시적인 것이 아니라 시대를 달리하며 기존의 주거 시설을 활용하여 재구축됐음을 알려 준다. 아울러 주거지 및 도로 유구 정리 과정에서 각종 유물이 출토되었다.

　　2007년도 조사 성과는 37구역 발굴에서 드러난 돌담과 수혈에 대한 해석이다. 먼저 돌담은 관련 건물의 내부 담으로 구역을 나누는 역할을 하였고, 수혈로는 구역 밖의 주거지 잔존을 상정할 수 있었다. 그리고 상층 37구역에 34구역이 그대로 증축된 것으로 파악되었다.

　　34구역의 발굴 성과는 다음과 같다. 이미 파악된 제4 건축층의 시설물 발굴을 완료하였으며, 제5 건축층 확인 및 그 아래층에서 발해인의 제6호 주거지도 확인하였다. 특히 이 유적의 연대를 출토 시료의 측정 자료와 같이 7세기 말까지 올릴 수 있었으며, 지금까지 가장 이른 시기의 것으로 확인되었다. 제4, 5층에서는 발해인의 어업, 사냥을 비롯하여 높은 수준의 농경 시스템을 확인하였다. 이를 통해 곡물, 어류, 동물의 다양성을 파악할 수 있었으며 향후 발해 생활사 연구에 기초적인 자료로 더해질 것이다.

　　2005년 이후 러시아는 다양한 측정 방법을 병용하여 보다 다각적인 분석을 시도하고 있다. 그중 지구물리학적 조사는 자연과학적 이해를 통한 분석 방법이다.[16] 이를 통해 염주성터는 강에서 아주 가까운 곳에 위치하며, 강의 범람으로 쌓인 모래·점토층 위를 인공으로 다진 후 축조하였음을 알 수 있었다. 또 현재까지 계속되는 해수면 하락은 강 입구의 침식으로 이어졌으나 성벽이 성내 범람층의 침식과 퇴적을 막아내는 방패 역할을 했음을 확인하였다. 또 지구환경학적 변화로 염주성터에 좀 더 이른 시기의 유적이 존재했음이 밝혀졌다. 성터 내의 시료들을 연대 측정한 결과 염주성 하부층이 발해 이전 시기까지 올라가는 조기 문화층임을 확인하였다. 이러한 분석이 조기 문화층에 대한 확인 고찰일 것이다.

2008년도 발굴은 절대 연대 측정치를 중심으로 본 염주성의 축조 연대에 초점이 맞춰졌다. 이는 염주성이 언제부터 사용되었는가를 살피는 단서가 될 수 있다(〈표 4〉).

〈표 4〉 2008년도 염주성터 AMS 측정 결과

시료	BP	Celiberated Ages
Charcoal	1,530±50	530 AD
Charcoal	1,150±40	880 AD
Charcoal	1,250±50	780 AD
Charcoal	1,570±40	490 AD
Charcoal	1,260±60	780 AD

이해에 발굴된 시료 분석 결과 연대가 5~9세기에 걸친 것으로 확인되어 이전보다 연대의 폭이 확장되었다. 주목할 만한 것은 530년과 490년으로 밝혀진 시료이다. 발해 건국이 7세기 말임을 감안할 때 지나치게 높다는 점에서 논란의 소지가 있지만 향후 심층 발굴을 통해 다양한 해석이 가능할 것으로 예상된다. 그 외에는 대체로 염주성 유적의

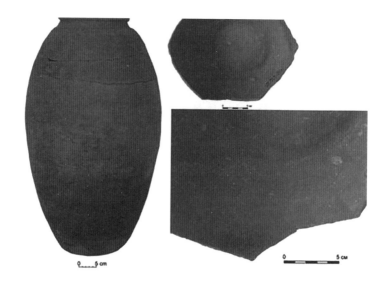

〈그림 2〉 2008년 염주성 발굴 출토 대형 항아리(왼쪽)와 도륭 홍지道隆 弘知 명문 토기편(오른쪽)

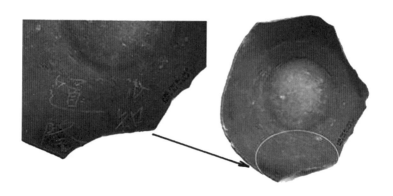

〈그림 2-1〉 2008년 염주성 발굴 출토 토기의 도륭 홍지道隆 弘知 명문 부분

가장 늦은 시기를 조사한 것이어서 8~9세기와 잘 부합한다. 이번 분석에서도 발해 이후의 문화층은 조사되지 않았으며 연대 또한 그 점을 말해 준다. 40구역의 880년대를 기준으로 본다면 염주성의 활용은 발해 후기까지 존속했음을 상정할 수 있다.

출토 유물 중에는 토기편이 주목된다(〈그림 2〉, 〈그림 2-1〉). 토기편 안쪽에 새겨진 '도륭 홍지道隆 弘知'에 대해 염주성을 찾아온 일본 승려로 분석하여 발해와 일본의 교류로 보는 견해가 있다. 하지만 이 무렵 일본에서 발해 등지로 건너온 승려 중에는 이들을 찾아볼 수 없다. 따라서 '도륭'과 '홍지'는 발해의 불교문화를 보여 주는 단면으로 해석하는 것이 타당하다.[17]

한편 이른 연대에 대한 결과는 이전의 조사(2006년, 2007년)에서도 이미 시사된 바 있다. 2007년도 발굴에서 분석된 7세기 중반~8세기 전반의 편년이 그것이며, 2008년도 역시 조기 문화층을 충분히 상정할 수 있다.

2) 2009년

2009년 발굴은 세 방향에서 전개되었다. 41구역은 2007년 발굴 이후 발해 건축층을 재확인할 수 있는 구역으로, 절터 인접 구역 및 고구려 관련 문화층으로 조사를 확대할 수 있는 곳이다. 발굴 성과로는 2008년에 출토된 목탄 시료(6세기) 관련 유물과 층위를 확인하였고, 고구려형 시루, 기와, 철부 등을 발굴하였다. 현재 최하층까지 발굴한 상태이므로 향후 확장 발굴이 필요하다. 이를 통해 발해 조기 문화와 고구려와의 연계성을 파악하는 데 반드시 필요한 고구려 유물과 유구 확보를 기대할 수 있다.

40구역은 2005년 온돌 유구(당시 34구역)의 북쪽 지역으로 2007년에는 제5 문화층과 주거지 중첩 구조를 확인한 바 있다. 당시 4개 주거지와 1개 온돌 유구, 명문 토기편, 허리띠 장식 등을 발굴하였다.

42구역은 남문 부근으로 첫 발굴이었다. 발굴 전에 지구물리학적 탐사 결과를 토대로 발굴 지점을 선정하였다. 넓이 4×16미터, 깊이 1미터로 발굴을 진행하여 수레 추정 도로 흔적을 확인하였고 각종 동물 뼈, 패각, 토제 및 철제 유물, 도기편 등을 수습하였다. 이 지역 발굴은 기존의 북서부 중심의 발굴을 전환한 것으로 발굴 과정에 또 하나의 획을 그었다. 향후 심화 발굴을 통한 도로 유구의 확장 발굴이 제기되었지만 저지대의 용수 처리가 역시 발굴상의 문제로 남았다.[18]

2009년 발굴에서는 염주성 최하층까지 조사를 마쳤으며, 관련 시료에 대한 AMS 측정 결과(〈표 5〉) 고구려 문화층일 가능성이 높아졌다.[19] 심화 발굴을 통하여 부분적으로 드러난 도로 유구 확장 발굴의 필요성이 대두되었다.[20]

〈표 5〉 2009년도 염주성터 AMS 측정 결과

시료	BP	Celiberated Ages
Charcoal	1,480±100	585 AD
Charcoal	1,480±50	590 AD
Charcoal	1,480±50	615 AD

3) 2010년

2010년에는 제44, 제45 두 구역으로 나누어 조사하였다. 44구역에서는 2008년에 발굴된 돌담 유구의 연장선상으로 돌담 유구의 서쪽 모서리를 확인할 수 있었다. 2008년에 우물지로 추정한 곳에서는 평행한 부분에 추가로 돌이 확인되어 그 가능성을 높였으며, 청동판, 철판, 철촉, 철도, 철고리, 철못 등이 출토되었다. 또한 2호 건물지의 초석이 확인되었으며, 초석 주변에서 발견된 다량의 기와는 건물을 덮었던 지붕으로 추정된다. 이곳에서는 수레바퀴 관련 부속품, 철못, 토기와 기와로 만든 고누알 등이 출토되었다.

45구역에서는 주거지 2기와 수혈 5기가 확인되었다. 1호 유구에서는 주거지 16호와 관련 있는 화구와 온돌이 확인되었다. 온돌에는 두 개의 고래가 확인되었지만 정형하게 잘 남아 있지 않았다. 이 주거지를 조사하는 과정에서 철제품이 대량으로 출토되었으며, 철못, 삽 손잡이, 고리, 화살촉, 청동제편, 도자기편, 토기편, 기와로 제작된 고누알 등이 확인되었다.

2호 유구는 주거지 7호와 관련 있는 것으로 확인되었다. 이 주거지는 2007~2008년에 걸쳐 37구역과 41구역에서 조사가 거의 완료된 것인데, 철제품과 어망추, 고누알 60점 등이 출토되었다. 주거지는 장방형으로 크기가 25평방미터이다.

이 외에 각 수혈에서는 45구역의 건축 상면에서 확인되는 화병형 토기, 접시, 대형 옹 등이 출토되었다. 주목할 점은 토기와 기와로 재가공된 고누알이 대량 출토(〈그림 3〉)된 것이다.[21]

〈그림 3〉 2010년 염주성 출토 고누알들

　이 기간에 이루어진 염주성 조기 문화에 대한 연구는 2015년에 드러난 염주성의 전체 시기에 대한 토층 확인과 연결된다. 2015년의 성과에서도 알 수 있듯이 목탄 시료 측정에 따라 염주성이 고구려대에 축성됐을 것이라는 추측이 가능하게 된다.[22]

제3단계 : 2011~2015년 염주성 발굴 정리

1) 2011년

2011년 발굴 조사에서는 성 내부 도시 구획(《그림 4》)과 관청 건물을 확인하는 데 초점을 맞추었다.[23] 특히 베쓰소노바가 제시한 내성의 존재와 내성 축조 시기를 고구려로 상정한 것[24]에 대한 확인을 겸하였다. 그 결과 성 동북부 지역에서 석렬 기단의 대형 건물터를 확인하였고, 북부 지역에서는 발해의 도로와 구들 집터, 석축 기단 건물터 등이 일정한 간격을 유지하며 배치되어 있는 것을 확인하였다.[25]

성 동북부 지역의 대형 건물터에서 발견된 석렬 기단은 크기가 약 11×8미터이며, 초석은 모두 한곳에 모여 있는 상태로 노출되어 염주

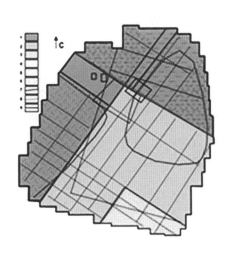

〈그림 4〉 마그네틱 조사로 분석한 염주성 내 '고구려 내성'(성내 우측 타원형 부분): E.A. Bessonova, 2007, "Application of micromagnatic mapping for defining geological and anthropogenic heterogeneities in recent coastal sediments of the Ekspeditsii Bay" Russian Journal of Pacific Geology vol.1, no.6, 그림 5, 그림6.

성의 위상을 파악하는 매우 중요한 근거가 되었다. 향후 후속 발굴이 기대되는 이유이다.

또 하나의 성과는 발해 시기의 도로가 확인된 것이었다. 도로는 너비가 약 6미터로 자갈과 모래를 깔아서 만들었고, 현재 층위를 달리하여 4겹이 확인된 상태이다. 이는 발해가 계획된 도시 구획을 운영했음을 의미한다. 향후 도로의 윤곽이 모두 드러나면 염주성의 도시 구획 전모를 파악할 수 있을 것이라 기대된다. 또 도로 구역 내에서 주거지를 발굴함으로써 성내에 다양한 주거지가 존재했음을 상정할 수 있게 되었다.

이 주거지에는 두 줄의 고래 구들이 놓였고, 활석과 강돌로 고래 둑

〈그림 5〉 2011년 염주성 발굴 결과 드러난 도로, 구들 집터, 석축 기단 건축물터 구조

이 조성되었다. 길이 약 6.5미터이며 구들 내부에서 청동 과대 장식과 청동 핀셋 등 흔치 않은 유물이 발견되어 이 집에 상당한 위세의 인물이 살았음을 짐작케 한다. 이 성의 다른 지역에서 출토된 철제 차축과 양방兩方 통행의 도로를 통해 유추해 보면 이 집의 주인은 청동 과대를 한 의복을 입고 수레를 타고 다녔을 것이다. 이와 함께 주거지와 석축 기단 건물터 사이에 약 12미터 너비의 공터가 확인되었다(〈그림 5〉).

2011년 염주성 발굴 조사는 발해 지방성의 도시 구획 단초를 찾고 관청 혹은 창고 시설과 관련된 대형 건물터와 석축 기단 건물터 등을 확인함으로써 발해 유적 조사에 새로운 전기를 마련했다고 평가할 수 있다. 또한 출토된 철제 수레 차축, 화살촉, 찰갑, 구들, 윤제토기편, 모골기와편 등은 발해가 고구려를 계승하였음을 다시 한번 보여 준다.[26]

2) 2012년

2012년 발굴은 2011년 성과를 근거로 진행되었다. 47구역은 전년도에 노출된 석렬 기단 구조물 연장을 확인하는 것으로 시작하여, 기존 구역에서 서쪽으로 둑 1미터를 두고 10×5미터 범위를 먼저 발굴하며 47구역의 4섹터로 명명하였다.

이곳의 표토를 제거하고 20센티미터 깊이로 정리하자, 대형 온돌이 드러나기 시작하였다(〈그림 6〉). 이때 염주성에서는 최초로 발해 시기의 철제 창 2점(길이 25.9센티미터, 24.1센티미터)이 고래 사이에서 수습되었다. 연해주 체르냐치노에 이어 두 번째로 출토된 것이다. 특히 온돌의 재발견

〈그림 6〉 2012년 염주성 온돌 유구 전경

〈그림 7〉 2012년 염주성 출토 다듬잇돌

은 발해가 고구려를 계승하였다는 것을 또다시 입증한 계기가 되었다.

이와 함께 발해 유적 발굴사상 최초로 다듬잇돌(장방형 구조로 길이 67센티미터, 너비 18센티미터, 높이 8센티미터)을 발굴했다(〈그림 7〉). 다듬잇돌은 그동안 사료를 통해 발해 사신 양태사楊泰師가 남긴 시詩로만 전해 왔는데 이를 역사상 처음으로 발굴하였다는 점에서 고고학적 가치는 물론 학술적으로도 큰 의의가 있다.[27] 또 발해 도끼(길이 15.4센티미터), 완형의 입방체 유물, 청동 과대 장식 등이 염주성에서는 처음으로 출토되었으며, 연해주에서는 두 번째에 해당한다(〈그림 8〉). 다량의 각종 토제, 석제, 철제 유물들이 풍성하게 발굴되어 발굴 의의를 더욱 높였다.

2012년도 발굴 보고서 작성을 위한 유물 분석 중에 낙타의 뼈(다리 지

〈그림 8〉 2012년 염주성 출토 철제 창, 도끼, 입방체 유물, 와당편 등

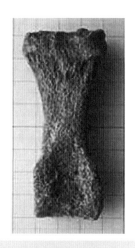

〈그림 9〉 2012년 염주성 출토 쌍봉낙타 제1지골
(동북아역사재단 편,《연해주 크라스키노 발해성 2012년도 발굴 조사》, 2013, 도면 496.)

골)를 확인하였다. 이 뼈는 발해 유적에서는 처음으로 확인된 것으로서
발해가 서역과 직접 교역하였음을 보여 주는 중요한 증거이다(〈그림 9〉).
더욱이 이 뼈가 발해의 동쪽 끝인 염주성에서 발견됨으로써 발해의 국
제 교류가 중앙뿐 아니라 지방에서도 이루어졌으며, 염주성도 국제 교
류에서 중요한 역할을 담당하였음을 알 수 있게 되었다. 낙타 뼈 발굴
은 발해의 대외 교류가 어느 한쪽에 치우쳐 진행되지 않았으며 동서를
아우르며 광범위하게 확산되었음을 보여 준다.[28]

3) 2013년

2013년 발굴로 발해 청동거울鋼鏡을 연해주에서 최초로 발굴했으며,

2011년에 발굴된 도로와 직각으로 교차하는 도로 유구도 확인하였다.

연해주에서 사상 처음 발굴한 청동거울(크기는 7.51×7.55센티미터, 두께는 0.13센티미터)은 발해 유물 전체를 통틀어서도 4점뿐이다. 청동거울의 특징은 방형이며, 뒷면 가운데 꼭지를 중심으로 화판이 8개인 꽃 하나가 부조되었다. 꽃에서 팔방으로 구슬 점선이 진행되어 거울 뒷면을 모두 8개의 공간으로 구획하고 있고, 각 구획에는 작은 구슬로 2개의 작은 꽃이 부조되었다(〈그림 10〉). 기존의 발해 청동거울로는 홍준어장 고분군,[29] 북대 고분군,[30] 화룡 용해고분군[31] 등에서 각각 1점씩 출토된 바 있지만, 염주성의 청동거울이 그중 가장 온전하고 아름다운 문양을 지녔다고 평가된다.

도로 유구는 2011년 발굴된 도로와 직각을 이루는 곳으로 47사이트의 8섹터에서 지자기 탐사를 통해 발해 이전으로 추정되는 내성을 추적하는 과정에서 드러났다.[32] 석렬은 폭 1.2미터, 추정 도로 폭은 2.8미

0   2 cm

〈그림 10〉 2013년 염주성 출토 청동거울銅鏡

〈그림 11〉 2013년 염주성 내 도로 유구 노출 모습

터, 노출 도로의 길이는 10.4미터이며(〈그림 11〉),[33] 염주성의 도로와 주거지, 시설물들이 계획된 시설임을 짐작할 수 있다. 발해 집터로 추정되는 이곳에서 청동거울 외에도 다량의 토기편, 철제 화살촉과 고달, 토제 입방체 유물 등이 출토되었다. 이를 토대로 다음 연도의 심화 발굴에서 내성의 존재[34]를 확인할 수 있으리라 기대되었다.[35]

4) 2014년

① 남북 도로와 동서 도로, 교차로

2011년과 2013년에 일부 확인된 두 도로의 예상 교차 지점에서 16

〈그림 12〉 2014년 염주성 도로 유구(동서, 남북 방향 교차로)

×10미터 구역을 발굴하여 도로와 교차로 부분을 확인하였다. 지금까지 남북 도로는 16미터, 동서 도로는 29미터가 노출되었다. 도로에는 일반 돌과 자갈이 깔렸고, 잘게 깨트린 토기편과 기와편, 동물 뼈, 고누알, 공깃돌, 철제와 청동제 유물 등이 도로를 따라 출토되었다(〈그림 12〉). 지금까지 발견된 발해 유적 중에서 정연한 도로망이 이어진 도시 구획은 상경도성밖에 없었지만, 동서·남북 방향의 도로와 교차로 발굴을 통해 지방 성에서도 도시 구획하에 도로가 축조되었음을 확인할 수 있었다.

② 토제 탑 모형

원통형의 기대 위에 8층 탑이 놓여 있는 입방체 유물(〈그림 13〉)은 가

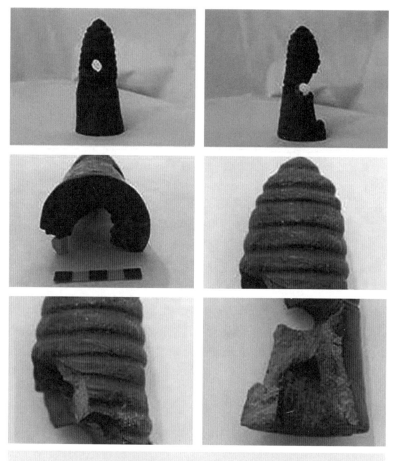

<그림 13> 2014년 염주성 출토 '토제 탑' 모형 입방체 유물

족에게 복을 가져다주는 조상들의 혼령의 거처를 형상화한 것으로 해석할 수 있다.[36]

입방체 토제 탑 모형은 원추형이며 높이는 14.2센티미터이다. 아랫부분은 표면이 매끈하고 윗부분은 높이 6.4센티미터부터 시작하며 너비가 0.8~0.10센티미터인 8개의 돌대로 이루어져 있다. 정상 부분은 둥그스름하게 마무리된다. 기저부는 높이의 절반 정도인 7센티미터이며 아랫부분에는 원추형의 구멍이 나 있는데 높이는 3.8센티미터다. 윗부분의 너비는 1.8센티미터, 아랫부분의 너비는 3센티미터, 원추형 구멍의 고리 모양 기저부 두께는 1.9~2센티미터이다. 유물의 중간 부분과 그 위로 2개의 상호 교차하는 구멍이 있다. 아랫구멍은 직경 1.7~1.8센티미터, 윗구멍은 직경 1.5~1.7센티미터로 구멍 사이에는 두께 0.3~0.4센티미터의 칸막이가 있다. 표면은 거의 흑색이며, 속심은 갈회색과 암회색이다. 교차하는 구멍들, 특히 아랫구멍에는 그을음 흔적이 남아 있는데 유물 안쪽에서도 확인된다.

전체적으로 독특한 형태를 띠고 있는 이 유물은 정상 부분을 포함하여 모두 9층 탑 형태를 연상시키며 발해 유적에서는 처음 발견된 것이다.[37] 이에 대한 해석은 앞으로 더 논의해야겠지만 2004년 염주성 기와벽실 유구에서 출토한 사원 형태를 유물과 비교할 수 있으며,[38] 발해 불탑과 종교문화에 큰 자료가 될 것으로 여겨진다.

기타 유물로는 철삽, 낫, 열쇠, 차관, 비녀못, 화살촉, 손칼, 청동제 띠꾸미개, 홍옥 구슬 등이 출토되었다.

5) 2015년

① 발해 전체 시기 문화를 한눈에 볼 수 있는 토층土層 노출

발해 유적 발굴사상 획기적인 성과인 토층 노출은 성내 북서부 지역 중 절터 및 성벽 조사 지역으로부터 남쪽으로 뻗어 나온 유구를 생토층

까지 발굴한 결과이다(최고 2.3미터까지 발굴). 전체적으로 보면 표토층으로부터 제21 인공층(아래로 21차례 계속 다듬어 나간 결과)이며, 6단계의 건축층으로 구분된다. 이번 토층이 노출되기 전까지는 염주성의 문화층을 5단계로 설정해 왔다.[39] 그런 의미에서 토층 노출은 염주성 전체 문화층의 시간적, 공간적 폭을 확대한 것으로 평가할 만하다. 이후 AMS 연대 측정 결과로 얻어질 절대연대는 발해 이전은 고구려와의 계승성을, 발해 이후는 발해 유민과의 연계성을 확증해 주는 자료가 될 것이다(〈그림 14〉).

제19, 제21 최하층에서 고구려계 토기가 출토되었다. 연대 측정에 따라 고구려 문화로 확인될 경우 염주성의 축성이 고구려대에 이루어진 것으로 볼 수 있을 것이란 기대가 있다. 이는 앞서 소개했듯이 2007~2010년 염주성 발굴에서 제기된 발해 조기 문화층에 대한 실증

〈그림 14〉 2015년 염주성 발굴 최대 성과 중의 하나인 발해 전체 시기 토층의 노출

자료로서 주목받고 있다. 또 염주성에서 근래까지 발굴된 유물과 유구를 이번에 노출된 토층과 비교하여 분명한 연대와 문화대를 규정하는 계기가 될 것이다. 이는 중국의 동북공정 논리를 뒤바꿀 수 있는 고고학 자료로 발해는 고구려를 계승한 나라임을 국내외에 재천명하는 근거가 될 것이다.

② 청동 낙타상

2015년 염주성 발굴에서 출토된 최고이자 최상의 유물은 발해 유적 발굴사상 처음으로 출토된 청동 낙타상(가로 1.8센티미터×높이 1.9센티미터)을 들 수 있다(〈그림 15〉). 청동 낙타상은 2012년 염주성에서 출토된 낙타 뼈와 함께 서역과의 교류를 증명하는 것이다. 이 유물로 염주성이 신라와 일본의 교통로 외에도 서역과 직접 교류하였음을 알 수 있다. 유구 명칭 47-2섹터의 심화 발굴에서 출토되었으며, 이곳은 청동 낙타상과 함께 같은 규모의 조형물 2점이 출토되어 잠정적으로 염주성 공예품 제작소로 추정하였다.

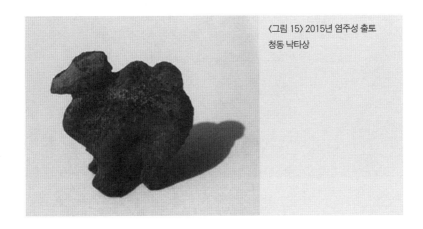

〈그림 15〉 2015년 염주성 출토 청동 낙타상

③ 저장 시설(움) 군群

　2012년 온돌과 다듬잇돌이 출토된 47-4, 5섹터에서 서쪽 방면으로 발굴 방향을 잡아 50구역으로 명명하고 발굴을 전개하였다. 둑을 사이에 두고 10×5미터씩 두 개의 섹터로 진행하였는데 그중 동쪽의 1섹터에서 저장 시설인 수혈(움)이 4군데에 걸쳐 발견되었다(각각 가로세로 1미터 이상, 깊이 50센티미터). 저장 시설이 이와 같이 한군데 밀집된 것은 염주성이 처음이다(〈그림 16〉). 이는 유구 분포를 통해 볼 때 온돌과 다듬잇돌이 나온 거주 공간과 도로 유구 사이에 위치하여 염주성 내에서 음식·도구 등을 공동으로 저장하던 시설로 여겨진다. 이곳에서는 동물 뼈, 대형 토기편, 부싯돌, 방추차편, 철제 꺾쇠, 과대 장식, 입방체 유물편, 각종 토기, 기와편 등이 다량 출토되어 염주성 유물 창고로 불렸

〈그림 16〉 2015년 염주성 제50구역 저장군, 도로, 초석 노출 모습

〈그림 17〉 2015년 염주성 출토 편병

다. 저장 시설 1구역에서는 편병(扁甁, 한쪽 면이 납작한 병) 1점이 출토되었는데(〈그림 17〉), 이 편병은 한국의 완도 청해진 장도 유적에서 발굴된 것과 크기와 형태가 같아 장보고 선단과의 교류를 확인할 수 있는 자료로 평가받는다.[40]

④ 동서 도로 추가 확인 및 확장 발굴

2011년 발굴부터 염주성의 발굴 방향은 내성을 확인하기 위한 도로의 체계적 발굴이 중점이 되었다. 그 결과 2014년에 남북 방향의 교차로를 발굴하였으며, 관청터 발굴의 교두보로 50구역을 설정하여 진행하였다. 그러던 중 2섹터(10×5미터)에서 전년도의 교차로 중 동서 연장 도로 13미터를 확인하였다(〈그림 18〉). 도로 유구의 특성상 각종 뼈, 토기편, 화살촉, 기와편, 고누알 등이 산포되어 있었다. 2섹터에서는 대롱무늬와 위아래로 빗금이 새겨진 암키와편 2점도 출토되었다. 도로 유구를 확인한 후 서쪽으로 발굴을 확장하여 관청터 발굴을 기대했다. 그 결과 50-3섹터 서북부에서 기대했던 건물의 주춧돌들이 노출되었다.

〈그림 18〉 2015년 염주성 도로 추가 확인

염주성 발굴 방향

이상 염주성 발굴의 전개 과정을 시기별로 정리해 보았다. 1993년
이후 한·러 크라스키노 염주성 발굴은 지속된 발굴과 성과를 통해 염
주성터의 역사·고고학적 위상과 발해사 정립에 중요한 디딤돌이 되
었다. 특히 발굴 초기에는 이 성의 연대를 8~10세기로 비정했지만,
2007년 이후 발해 조기 문화층과 고구려 시기의 층위와 유물 단초를
확인하면서 발굴의 전환을 이루었으며 향후 발굴 방향도 제시할 수 있

게 되었다. 그 위에서 2011년부터 이어지는 염주성 발굴 조사는 발해 지방 성의 도시 구획 단초를 찾고 관청 혹은 창고 시설과 관련 있을 대형 건물터와 석축 기단 건물터 등을 확인함으로써 발해 유적 조사에 새로운 전기를 마련하였다. 또 하나 간과할 수 없는 것이 바로 2005년 이후 러시아가 진행하고 있는 지구물리학적 조사이다.[41]

염주성 발굴은 심화 발굴과 확장 발굴이라는 이원화를 통해 획기적인 성과를 거두었다. 심화 발굴의 성과가 있기까지는 지구물리학적 측정 방법을 통해 파악한 지층과 유물을 발굴로 입증하는 과정으로 이루어졌다. 최근 발굴은 크게 5가지로 성과를 들 수 있겠다.

첫째, 염주성 발굴사상 처음으로 발해 전체 시기의 토층을 노출하여 염주성의 고고학적 가치와 고구려 계승성을 확인하였다. 둘째, 발해 유적 발굴사상 처음으로 출토된 청동 낙타상을 통해 (낙타 뼈 포함) 발해의 서역 교류가 염주성까지 전개되었음을 확인하였다. 셋째, 저장 시설군이 염주성에서 발견됨으로써 공동 저장 시설 공간을 설치하여 생활하였고, 편병 한 점으로 발해와 신라가 염주성을 통해 해양 교류를 하였음을 확인하였다. 넷째, 동서 교차로에 이어지는 동서 13미터 도로를 확인함으로써 염주성이 상경성과 같이 도시 구획을 지닌 도성임을 재확인하였다. 다섯째, 확장 발굴 결과 염주성의 관청터 발굴을 본격적으로 시작할 수 있는 계기를 마련하였다. 이는 염주성의 중심 구조물이 있는 북중부 지역으로 발굴을 확장하는 첫걸음이며 본격적인 발굴의 시작을 의미한다.

■ 주

1) 크라스키노성을 염주성으로 부르는 것에 대해 김은국, 〈발해와 일본의 교류와 크라스키노성〉《동아시아 속의 발해와 일본》, 경인문화사, 2008, 185쪽 참조. 따라서 이 글에서 크라스키노성은 염주성으로 표기한다.

2) 최근까지 크라스키노 발해성의 발굴 조사 역사에 관한 개관은 E.I. 겔만 · V.I. 볼딘, 〈크라스키노성의 성격과 조사의 역사〉《연해주 크라스키노 발해성 2012년도 발굴 조사》, 동북아역사재단, 2013, 70~74쪽 참조.

3) 본문에서 사용하는 '발해 조기(早期) 문화층'은 발해 이전의 고구려 문화의 설정이다. 다만, 아직 구체적인 유물과 문화층이 명확하지 못한 면에서 잠정적으로 '발해 조기'로 표기하였다. '조기'와 '초기'는 사전적 의미에서 '시작하기 전'과 '시작한 후 도입 부분'으로 구별하여 사용한다. 발해사의 경우 발해는 고구려를 계승한 국가이므로, 발해 건국 이전의 문화는 고구려 유민의 문화이다. 그러나 현재 중국과 러시아 연해주에 분포한 발해 유적 발굴의 경우, 중국은 발해와 발해 이전을 모두 말갈 문화로 규정하며, 연해주의 경우는 러시아 학계에서 아직 고구려에 대한 이해가 부족한 단계이다.

4) 김은국, 〈크라스키노 발해성 발굴 조사 성과〉《2014 Asia Archaeology 국제학술심포지엄》, 국립문화재연구소, 2014, 33쪽. 기타 관련 논고는 말미의 참고문헌 참고.

5) 이에 대한 결과는 대륙연구소, 《러시아 연해주 발해 유적》, 1994 및 고구려연구재단, 《러시아 연해주 크라스키노 발해 사원지 발굴 보고서》, 2004 참조. 특히 1993년 발굴 기간에는 북한 학자들이 발굴하고 있는 연해주 코프이토 유적지 정상에서 남북 학자들이 만날 수 있었다. 〈그림 2〉 참조.

6) 최근까지 투입된 크라스키노 발해성 발굴 관련 조사 인력과 기관에 대해서는 송기호, 〈해외 유적과 연해주 조사〉《2012 Asia Archaeology 국제학술심포지엄》, 국립문화재연구소, 9~25쪽 참조.

7) 최근까지의 연해주 발해 유적 발굴 진행에 대해서는 김은국, 〈크라스키노 발해성 발굴 조사 성과〉 및 윤형준, 〈연해주 발해 무덤의 지역성〉《2014 Asia Archaeology 국제학술심포지엄》, 국립문화재연구소 참조.

8) 고구려연구재단, 《러시아 연해주 크라스키노 발해 사원지 발굴 보고서》, 2004 참조.

9) 고구려연구재단, 《2004년도 러시아 연해주 발해 유적 발굴 보고서》, 2005 참조.

10) 2004년도 기와벽실 유구 목탄 측정 결과는 고구려연구재단, 《2005년 러시아 연해주 크라스키노성 발굴 보고서》, 2006, 부록 235~238쪽 및 본 글의 〈표1〉 참조.

11) 당시 이 고누판을 Плита из песчаника(砂岩製板石)으로 표현하는 데 그친다. Болдин В.И., Ивлиев А.Л., Гельман Е.И., Лещенко Н.В. Уникальная находка на

Краскинском городище // Россия и АТР Владивосток 2005 № 3, 81쪽.

12) 발해 유민들이 남긴 유적을 따라가면 현재 몽골 지역까지 이른다. 그중 몽골 내 거란 도성인 친톨고이 유적은 러시아 연해주에 위치한 발해 염주성 발굴 보고의 비교를 통해 발해 유민이 연계가 되어 발해 문화의 파급을 확인할 수 있었다. 그중 고누알의 비교가 주목된다. 이런 가운데 2004년 염주성에서 출토된 고누판이 재조명되었다. 염주성의 고누판은 한국의 전통적인 '참 고누판'으로 현재 제주도에서부터 개성 만 월대, 황해남도를 거쳐, 두만강 건너에 위치한 염주성에 이른 것을 확인하였다. 발해 염주성의 고누판은 한국의 유물로는 신라의 고누판과 더불어 시기가 가장 앞선 것 이다. 최근 발굴된 제주 항파두리 유적의 고누판은 13세기경의 것이며, 중원 지역과 몽골국 내의 하르-발가스 성의 고누판 역시 모두 10세기 이후의 것이다. 이러한 분 석 결과를 토대로 고누와 고누판의 성격을 반영한 '고누 길(Gonu-road)'을 설정하 였다. 이것은 이른바 남북국사의 새로운 연구 주제로 자리매김할 수 있을 것이다. 한 국사에서 7~10세기는 신라와 발해가 남과 북, 두 나라 형세로 발전하였던 남북국시 대로 설정하지만 이에 걸맞은 실증 자료가 아직 없다. 따라서 염주성에서 출토된 고 누판은 남북국사의 고리를 이어 주는 실물 자료로 재평가되어야 한다.(염주성의 고 누판과 '고누의 길'에 대해서는 김은국, 〈한 · 몽 발해 유적과 '고누의 길'〉《역사민속 학》46집, 한국역사민속학회, 2014 : 동북아역사재단, 《2014년도 한 · 몽 공동학술회 의》, 2014, 81~85쪽 및 본 글의 〈그림 1〉 참조.)

13) 2005년도 제34 구역에서 완전하게 드러난 온돌은 연해주 발굴사상 가장 큰 규모였 다(고구려연구재단, 《2005년도 러시아 연해주 크라스키노성 발굴 보고서》, 2006, 28~32쪽 및 37쪽 결론 참조).

14) 동북아역사재단, 《2006년도 러시아 연해주 크라스키노성 발굴 보고서》, 2007. 2005 년도 AMS 측정 결과는 같은 보고서, 350~353쪽 수록 참조.

15) 동북아역사재단은 2006년 9월, 고구려연구재단을 편입하여 확대하면서 대부분의 기존 사업을 승계하였다. 그 이전의 염주성 발굴사업 역시 동북아역사재단이 추진하 여 진행하였다. 동북아역사재단, 《2007년도 러시아 연해주 크라스키노성 발굴 보고 서》, 2008 참조.

16) E.I. 겔만, 정석배 역, 〈러시아 연해주 발해 유적 발굴의 현황과 의의〉, 《高句麗渤海研 究》 第38輯, 高句麗渤海學會, 2010, 266쪽 및 E.A. Bessonova, 2007, 'Application of micromagnatic mapping for defining geological and anthropogenic heterogeneities in recent coastal sediments of the Ekspeditsii Bay' Russian Journal of Pacific Geology vol.1, no. 6 참조.

17) 〈크라스키노 출토 명문 도륭 홍지(道隆 弘知) 소고〉 동북아역사재단, 《2008년 러시 아 연해주 크라스키노성 발굴 보고서》, 2009, 124~126쪽.

18) 동북아역사재단, 《2009년도 연해주 크라스키노 발해성 한·러 공동 발굴 보고서》 (Ⅰ), 2011, 143~148쪽 참조.

19) 동북아역사재단, 《2008년도 러시아 연해주 크라스키노성 발굴 보고서》(2009) 및 김은국, 〈발해와 일본의 교류와 크라스키노성〉, 《동아시아 속의 발해와 일본》, 경인문화사, 2008, 183~184쪽 및 본 글 〈표 5〉 참조.

20) 동북아역사재단, 《2009년도 연해주 크라스키노 발해성 한·러 공동 발굴 보고서》 (Ⅰ·Ⅱ), 2011.5 참조.

21) 동북아역사재단, 《2010년도 연해주 크라스키노 발해성 한·러 공동 발굴 보고서》, 2011 참조.

22) 김은국, 〈염주성 발굴은 동아시아 발해 유적 발굴의 이정표〉, 《동북아역사재단 뉴스》 2015-10 참조.

23) 2004년부터는 매년 크라스키노성에서 지구물리학적 조사도 수행하고 있다. 크라스키노성 내부와 주변에 대해 마이크로 자기 촬영이 이루어졌고, 성 북동부에서는 전기 측량도 실시되었다. 조사 방법론이 개발되었고, 성 내부의 구획과 여러 부분에서 건축물의 성격을 파악할 수 있는 잠정적 결론들이 내려졌다. E.A. Bessonova, 2007, 'Application of micromagnatic mapping for defining geological and anthropogenic heterogeneities in recent coastal sediments of the Ekspeditsii Bay' Russian Journal of Pacific Geology vol. 1, no. 6, pp. 537~549 : E.A. 베스손노바, A.L. 이블리예프, E.I. 겔만, 〈고고학 과제들 해결을 위한 크라스키노성의 지질·지구물리학적 및 지구화학적 방법 적용〉, 《발해: 역사와 고고학》-크라스키노성 고고학 조사 시작 30주년 기념 국제학술회의 발표문(논문), 블라디보스토크, 2010, 20~23쪽.

24) E.A. Bessonova, 2007, 'Application of micromagnatic mapping for defining geological and anthropogenic heterogeneities in recent coastal sediments of the Ekspeditsii Bay' Russian Journal of Pacific Geology vol. 1, no. 6, 545~548쪽.

25) 김은국, 〈발해성의 도시 구획을 연해주에서도 확인〉, 《한국고고학저널 2011》, 국립문화재연구소, 2012, 170~171쪽 참조.

26) 《2011년도 연해주 염주 발해성 한·러 공동 발굴 보고서》 (동북아역사재단, 2012. 12)

27) 楊泰師 〈밤에 다듬이소리를 들으며〉, 《渤海國志長編》 卷18 文徵 제4類 詩. 김은국, 〈발해성의 도시 구획을 연해주에서도 확인〉, 《한국고고학저널 2011》, 국립문화재연구소, 2012. 《연해주 크라스키노 발해성 2012년도 발굴 조사》, 2013.

28) 김은국, 〈염주성 발굴과 발해 디아스포라〉 《동북아역사재단 뉴스》, 동북아역사재단, 2013-11, 화보 및 8~9쪽 : 동북아역사재단, 《연해주 크라스키노 발해성 2012년도 발굴 조사》, 2013.

29) 黑龍江省文物考古研究所 編著,《寧安虹鱒魚場: 1992~1995年度渤海墓地考古発掘報告》(上・下) 文物出版社, 2009, 圖版 138 및 139.

30) 魏存成,《渤海考古》, 文物出版社, 2008, 266쪽.

31) 吉林省文物考古研究所、延邊朝鮮族自治州文物管理委員會辦公室, 〈吉林和龍市龍海渤海王室古墓葬發掘簡報〉,《考古》 6, 2009.

32) E.A. Bessonova, 2007, 〈Application of micromagnatic mapping for definig geological and anthropogenic heterogeneities in recent coastal sediments of the Ekspeditsii Bay〉 Russian Journal of Pacific Geology vol. 1, no. 6, pp. 537~549.

33) 김은국, 〈염주성 발굴과 발해 디아스포라〉《동북아역사재단 뉴스》 11월호, 동북아역사재단, 2013, 화보 및 8~9쪽.

34) E.I. 겔만・V.I. 볼딘, 〈크라스키노성의 성격과 조사의 역사〉《연해주 크라스키노 발해성 2012년도 발굴 조사》, 동북아역사재단, 2013, 73~74쪽 및 주 31. E.A. 베스손노바, 위의 글 참조.

35)《연해주 크라스키노 발해성 2013년도 발굴 조사》, 동북아역사재단, 2014 참조.

36) 입방체 유물에 대한 다양한 해석과 이해에 대해서는 E.V. 아스따센꼬바, 정석배(역), 〈발해 주민의 표현 및 장식・응용미술-연해주 유적 발굴 조사 자료를 통해〉,《고구려・발해 연구》 42집, 2012, 184쪽 참조.

37) 동북아역사재단 편, 〈연해주 크라스키노 발해성 2014년도 발굴 조사〉, 2015. 12. 참조.

38) Н.В. Лещенко. Особенности быта населения Краскинского городища, РОССИЯ И АТР, No. 4, 2013, 148쪽, 〈그림 10-2〉.

39) 中澤寬將, 〈渤海の地方城郭の形成と展開〉,《北東アジア中世考古学の研究-靺鞨・渤海・女真-》, 六一書房, 2012, 129~135쪽: 中澤寬將, 〈古代・中世環日本海沿岸の港町—日本海対岸地域からみた奧州津軽十三湊〉,《島と港の歷史學》, 中央大學出版部, 2015, 148쪽.

40) 김성배, 〈장보고와 장도 청해진 유적〉《島嶼文化》 16, 국립목포대학교 도서문화연구원, 1998. 국립문화연구소《장도 청해진 유적 발굴 조사 보고서》, 2001. 국립문화연구소《장도 청해진 유적 발굴 조사 보고서 Ⅱ》, 2002 . 윤근일・김성배・정석배, 〈청해진의 종합적 고찰-장도 청해진 유적을 중심으로〉《장보고와 동아시아 세계》, 2002, 172~173 및 〈도면 10-2,3〉 참조.

41) E.I. 겔만, 정석배 역, 〈러시아 연해주 발해 유적 발굴 현황과 의의〉,《高句麗渤海研究》第38輯, 高句麗渤海學會, 2010, 266쪽. E.A. 베스손노바・A.L. 이블리예프・E.I. 겔만, 〈고고학 과제들 해결을 위한 크라스키노성에서의 지질 – 지구물리학적 및 지구화학적 방법의 적용〉,《발해: 역사와 고고학》, 크라스키노성 고고학 조사 시작 30주년 기념 국제학술회의 발표문(노문), 블라디보스토크, 2010.

■ 참고문헌

가. 발굴 보고서

- 대륙연구소 편,《러시아 연해주 발해 유적》, 1994.
- 고구려연구재단 편,《러시아 연해주 크라스키노 발해 사원지 발굴 보고서》, 2004.
- 고구려연구재단 편,《2004년도 러시아 연해주 발해 유적 발굴 보고서》, 2005.
- 고구려연구재단 편,《2005 크라스키노 발해 성터 발굴 보고서》, 2006.
- 동북아역사재단 편,《2006년도 러시아 연해주 크라스키노성 발굴 보고서》, 2007.
- 동북아역사재단 편,《2007년도 러시아 연해주 크라스키노성 발굴 보고서》, 2008.
- 동북아역사재단 편,《2008년도 러시아 연해주 크라스키노성 발굴 보고서》, 2009.
- 동북아역사재단 편,《2009년도 러시아 연해주 크라스키노성 발굴 보고서》, 2011.
- 동북아역사재단 편,《2010년도 러시아 연해주 크라스키노성 발굴 보고서》, 2011.
- 동북아역사재단 편,《2011년도 러시아 연해주 크라스키노성 발굴 보고서》, 2012.
- 동북아역사재단 편,《연해주 크라스키노 발해성 2012년도 발굴 조사》, 2013.
- 동북아역사재단 편,《연해주 크라스키노 발해성 2013년도 발굴 조사》, 2014.
- 동북아역사재단 편,《연해주 크라스키노 발해성 2014년도 발굴 조사》, 2015.

나. 연해주 발해 유적 발굴 관련

- 김은국,〈渤海와 日本의 交流와 크라스키노城〉,《동아시아의 발해와 일본》, 경인문화사, 2008.
- 김은국,〈크라스키노성과 후쿠라항〉,《고대 환동해 교류사-2부 발해와 일본》, 동북아역사재단, 2010.
- 김은국,〈南北國時代論과 渤海Diaspora〉,《고구려발해연구》 40, 고구려발해학회, 2011.
- 김은국,〈발해의 환동해 교류와 연해주〉,《백산학보》 97호, 백산학회, 2013.
- 김은국,〈記錄과 遺物로 본 渤海 滅亡의 이해〉,《2014년도 추계 발해국제학술회의 - 발해와 주변민족의 역사와 문화》, 고구려발해학회, 2014. 9. 19.
- 김은국,〈크라스키노 발해성 발굴 조사 성과〉,《2014 Asia Archaeology 국제학술심포지엄》, 국립문화재연구소, 2014. 9. 30.
- 송기호,〈해외 유적과 연해주 조사〉,《2012 Asia Archaeology 국제학술심포지엄》, 국립문화재연구소, 2012.
- 정석배,〈연해주 발해 시기의 유적 분포와 발해의 동북 지역 영역 문제〉,《高句麗渤海研究》第40輯, 高句麗渤海學會, 2011.

- V.I. 볼딘, 〈크라스키노성터 연구사〉(국문),《남·북·러 국제학술회의 고조선·고구려·발해 발표 논문집》, 고구려연구재단, 2005.
- E.I. 겔만·V.I. 볼딘, 〈크라스키노성의 성격과 조사의 역사〉(국문),《연해주 크라스키노 발해성 2012년도 발굴 조사》, 동북아역사재단, 2013.
- E.A. Bessonova, 2007, 'Application of micromagnatic mapping for defining geological and anthropogenic heterogeneities in recent coastal sediments of the Ekspeditsii Bay' Russian Journal of Pacific Geology vol. 1, no. 6.
- E.A. 베스손노바·A.I. 이블리예프·E.I. 겔만, 〈고고학 과제들 해결을 위한 크라스키노성에서의 지질-지구물리학적 및 지구화학적 방법의 적용〉,《발해: 역사와 고고학》, 크라스키노성 고고학 조사 시작 30주년 기념 국제학술회의 발표문》(노문), 블라디보스토크, 2010.
- E.I. 겔만, 정석배 역, 〈러시아 연해주 발해 유적 발굴의 현황과 의의〉,《高句麗渤海研究》第38輯, 高句麗渤海學會, 2010.
- В. Болдин, Е. Гельман, Н. Лещенко, А. Ивлиев. Уникальная находка на Краскинском городище, РОССИЯ И АТР, No. 3, 2005. (볼딘 외, 〈크라스키노성터에서 발견된 기와벽실 유적〉,《러시아와 태평양》3, 2005).
- 中澤寬將,《北東アジア中世考古学の研究-靺鞨·渤海·女真-》, 六一書房, 2012.
- 中澤寬將, 〈古代·中世環日本海沿岸の港町—日本海対岸地域からみた奧州津軽十三湊—〉,《島と港の歷史學》, 中央大學人文科學研究所 編, 日本中央大學出版部, 2015.
- E.V. 아스따셴꼬바, 정석배(역), 〈발해 주민의 표현 및 장식·응용미술-연해주 유적 발굴 조사 자료를 통해〉,《고구려발해연구》42집, 고구려발해학회, 2012.
- Н. В. Лещенко. Особенности быта населения Краскинского городища, РОССИЯ И АТР, No.4, 2013.

다. 고누 관련
- 아리엘 골란(Golan, Ariel) 저, 정석배 옮김,《선사시대가 남긴 세계의 모든 문양(Myth and symbol : Symbolism in prehistoric religions)》, 푸른역사, 2004.
- 장장식, 〈한·몽 고누놀이 비교 연구〉,《비교민속학》22, 비교민속학회, 2002
- 장장식,《한·몽 민속문화의 비교》, 민속원, 2002.
- 장장식, 〈민속놀이 고누의 비교 연구〉,《몽골 유목민의 삶과 민속》, 민속원, 2005.
- 장장식, 〈고려 만월대 출토 참고누판 연구〉,《한국 암각화 연구》제11·12집, 한국암각화학회, 2008.
- 장장식, 〈한국과 몽골의 판놀이 연구-고누형 판놀이를 중심으로〉,《비교민속학》38, 비교민속학회, 2009.

- 장장식, 〈비교문화사의 관점에서 본 한국과 몽골의 민속〉,《몽골학》제30호, 한국몽골학회, 2011.
- 장장식, 〈참고누 도판의 현존 상황과 의미〉,《한국 암각화 연구》제16집, 한국암각화학회, 2012.
- 〈호남 제일성에 새겨진 고누판〉,《전라 금석문 연구》6호, 전라금석문연구회, 2006.
- 〈고려 궁성지 – 고누판 발견〉,《전라 금석문 연구》9호, 전라금석문연구회, 2007.
- 濟州考古學硏究所,《2011 제주 항파두리 항몽 유적지 시굴 조사》, 제주고고학연구소, 2011.
- 濟州考古學硏究所,《제주 항파두리 항몽 유적 문화재 시굴 조사(2차) 보고서》, 제주고고학연구소 조사연구총서 제8집, 2013.
- 김은국, 〈한 · 몽 발해 유적과 고누 길〉,《역사 민속학》제46호, 한국역사민속학회, 2014.

역사적 관점에서 본 연해주 크라스키노성

현재 크라스키노성(염주성)은 문헌 자료에 근거하여 역사적으로 비정할 수 있는 연해주의 유일한 발해 유적이다. 이 성은 발해 동경용원부의 염주로 비정된다. 《신당서》〈발해전〉에는 다음과 같은 기록이 있다.

'예맥의 고지를 동경으로 삼고 용원부 혹은 책성부라고 불렀으며 경주, 염주, 목주, 하주 4개의 주를 관할하게 하였다.'(穢貊故地为东京, 曰龙原府, 亦曰栅城府, 领庆, 盐, 穆, 贺四州.)

'용원은 남동쪽으로 바다에 접하는데 일본으로 가는 길이다.'(龙原东南瀕海, 日本道也.)

동경의 위치는 역사학과 고고학 연구를 통해 확인되었다(김육불, 1982, 291~293쪽 / 이건재, 1986, 65~74쪽 / 동북역사지리, 1989, 375~380쪽). 여기에서 중요한 단서가 된 것은 동경이 상경(영안현 동경성진)의 남동쪽에 위치한다는 《신당서》의 기록이었다.

'정원 연간(785~805년)에 (대흠무는 상경에서) 동남쪽 동경으로 천도하였다.' (贞元时, 东南徙东京.)

그리고 가탐賈耽의 《고금군국지》를 인용하여 신라 정천군(지금의 덕원)부터 책성부까지 39개의 역이 1,170리에 해당한다고 한 《삼국사기》의 기록도 중요하다.

오늘날 훈춘시에서 서쪽으로 약 6킬로미터 떨어진 팔련성이 동경용원부의 유지라는 사실에 대해서는 이의가 없다. 그런데 훈춘에는 중세의 성이 몇 개가 더 있다. 이건재에 따르면 경주의 중심지는 팔련성에서 남쪽으로 3~4킬로미터 거리에 위치한 온특혁부성이라고 한다. 이것은 고구려 시기에 경주에 속한 용원현이었다. 또 고구려의 책성은 훈춘에서 동쪽으로 약 15킬로미터 떨어진 둘레 7킬로미터의 석축 성벽을 가진 사제성(沙齊城, 혹은 살기성)이라 한다. 그가 이러한 결론을 내린 논거는 고구려의 특징인 승문 적색기와와 격자문 적색기와가 온특혁부성과 사제성에서 발견되었기 때문이다(이건재, 1986, 65~74쪽).

또한 길림성 고고학연구소에 온특혁부성에서 발견된 고구려의 수키와 와당이 보관되어 있다는 점이다. 이 와당의 특징은 중심 부분이 2열의 동심원 권선으로 둘러싸여 있으며, 문양이 있는 부분은 각각 2줄의 융기선에 의해 모두 8개 구역으로 구분되어 있다. 그리고 8개 구역에는 볼록한 능형 모양의 연판이 1개씩 배치되어 있으며, 와당의 둘레에는 주연부가 높게 형성되어 있다. 이와 유사한 문양의 와당은 고구려 왕들의 무덤인 집안의 장군총과 태왕릉, 그리고 우산묘군에서 발견되었다(집안 출토 고구려 문물집수, 2010, 57~59쪽).

처음 크라스키노성을 염주로 비정한 이는 1960년대의 E.V. 샤브꾸노프였다(샤브꾸노프, 1968, 94쪽). 그는 비정의 논거로《신당서》의 기록과 포시에트 지역에 고대 군항이 있었을 가능성이 높다는 빨라디이 까파로프의 의견, 그리고 얀치헤강의 명칭이 염주의 명칭과 유사하다는 점을 들었다.

여기에 손진기는 염주의 위치에 대해 덧붙였다.《요사》〈지리지〉의 동경성조에서 개주에 대해 기록하면서 개주에 속한 염주는 원래 발해 용하군이었고, 옛날 이곳에는 해양, 접해, 격주, 용하 등 4개 현이 있었는데 나중에 모두 폐지되었다고 하였다.(鹽州, 本渤海龍河郡, 故縣四: 海陽, 接海, 格川, 龍河, 皆廢.)

《요사》에 의하면 개주에는 발해 용원부의 4개 주가 모두 포함되었다.《요사》에서는 이 주들에 속한 이전 현들의 명칭을 모두 언급하고 있으며, 염주의 현들에는 바다를 의미하는 '해海' 자가 존재한다. 이 점은 염주가 바닷가에 위치(동북역사지리, 1989, 378쪽)함을 암시하는 것이다. 또 '일본도'에서 육로의 마지막 지점이었음을 의미한다. 이 의견을 더욱 발전시켜 보면 해양과 접한 현의 명칭에 대해 '북쪽 해안에 위치하는', '바다에 접하는'으로 해석할 수 있다. 크라스키노성은 엑스뻬지찌야만灣 북쪽 해안에 위치한다. 피터 대제만灣에서 다른 해안 지역들은 바다의 서쪽에 해당된다. 이 경우 해양은 염주의 현들 중에서 첫 번째로 열거되는데 이는 해양이 염주 자체에 위치하였음을, 다시 말해 크라스키노성에 위치하였음을 말하는 것이다.

왕협은 염주가 크라스키노 지역에 위치하였다는 간접적인 증거 하나를 제시했다(왕협, 1991). 그는 염주의 '염盬'이 소금을 의미한다고 지적하면서 모구위(포시에트)에서의 소금 채취에 대한 《훈춘향토지》의 내용을 소개하였다. 또 1871년에 이곳을 방문한 빨라디이 까파로프도 노보-끼예브까(크라스키노)에서 소금을 채취한 것을 지적하였다(까파로프, 8쪽). 마지막으로 포시에트-모구위는 훈춘 부근에서 항해할 수 있는 유일한 항구이다. 훈춘에서 이곳까지 이르는 길은 오늘날까지 남아 있는데 지금은 여기에 자동차도로가 나 있다. 이 도로는 1885년에 훈춘에서 출발하여 노보-끼예브까(크라스키노)를 방문한 영국 학술조사단의 일원이었던 제임스의 기록과 일치한다(James, 1888, 347~355쪽).

이러한 여러 주장들을 통해 볼 때 크라스키노성은 발해 동경의 염주로 매우 근거 있게 비정된다고 하겠다.

고고학 자료들은 크라스키노성 주민들이 농업, 목축, 그리고 바다 수렵에 종사하였음을 증명하고 있다. 하지만 이 유적의 지리적 입지와 발해의 '일본도'가 이곳을 지난다는 문헌 자료를 볼 때 이 성의 기본적인 기능은 바닷길을 보장하는 것이었다.

발해는 모두 34회에 걸쳐 일본에 사절을 파견하였고, 일본은 13회에 걸쳐 발해로 사절을 파견하였다(왕협, 1991, 236쪽 / 왕승례, 2000 / 위국충, 2006, 515쪽). 왕협이 제시한 통계에 의하면 일본으로 파견된 발해 사절단은 단 한 번만 남경에서 바다로 출항하였고(776년), 나머지는 모두 포시에트 지역에서 출항하였다(왕협, 1991, 235쪽)고 한다. 이와 함께 귀국하는 일본 사절들은 모두 이곳에서 돌아갔을 것이다. 항구에서는 사절들을 위한 선박 건조와 장비 조달이 이루어져야 한다. 일본 문헌에 따르면 사절단은 1~17척의 선박을 이용했으며, 규모는 8세기에는 일정하지가 않아 23~300여 명으로 폭이 컸고, 820년대부터는 100~105명으로 일정하였다. 발해의 사절단은 861년 제27차 사절단부터 919년까지 모두 105명으로 구성되었다(주국침, 위국충, 1984, 259~269쪽 / 왕승례, 2000)고 한다.

각각의 사절단은 모두 일본에 공식적인 예물을 가져갔으며 답례품을 가져왔다. 이를 통해 국제적 교역이 이루어졌다. 발해-일본 간 예물에 의한 교역관계가 발전함에 따라 국가 간의 공식 교역과 비공식적인 사무역이 성행하게 되었다. 발해의 예물과 상품들은 주로 담비 가죽, 곰 가죽, 호랑이 가죽, 인삼, 꿀, 그리고 다른 지역의 특산물들로 기본적으로 질적인 성격을 띠었다. 나중에는 여기에 귀금속, 토제 용기 및 자기, 장화, 외투 등 수공업 생산품이 추가되었다.

발해 사절단의 공식 예물의 양은 3회 사절단에 대한 잔존 기록을 통해 파악할 수 있다(왕승례, 2000, 256쪽). 727년, 처음으로 일본을 방문한 발해 사절단은 300벌의 담비 가죽을 가져갔다. 739년, 두 번째 사절단은 7장의 호랑이 가죽, 7장의 곰 가죽, 6장의 표범 가죽, 30근(약 18킬로그램)의 인삼, 그리고 3곡(약 180리터)의 꿀을 가져갔다. 871년, 제28번째 사절단은 7장의 호랑이 가죽, 6장의 표범 가죽, 7장의 곰 가죽, 그리고 5곡의 꿀을 가져갔다.

일본으로부터 받은 답례품도 이보다 적지는 않았다. 발해의 왕과 대사부터 시작하여 말단에 이르는 사절단의 모든 단원들에게 줄 예물을 기록한 《연희식延喜式》에 따르면, 105명으로 이루어진 발해 사절단은 공식 예물로 부드러운 비단[絹] 40필, 거친 비단[絁] 475필, 비단 실[絲] 420구絇, 비단 솜[綿] 2,040둔(약 465킬로그램)을 받았다(왕승례, 2000, 258쪽). 사절들은 발해 정부가 제공하는 공식 예물 외에도 자신의 이름으로 선물을 가져갔다. 859년의 사절 오효신에게 준 답례품을 통해 볼 때 그와 같은 선물은 공식 예물보다 몇 배나 더 많았다(주국침, 위국충, 1984, 194쪽). 사절단 단원들이 시장에서 행한 사교역도 큰 규모로 이루어졌을 것이다. 특히 871년에는 일본 정부가 처음에는 관리들과 귀족들만 발해 사절단과 교역할 수 있게 하였다가, 다음 날에는 일반인들과 상인들에게도 허락하였다. 이때 발해 사절단 단원들에게 40만 냥을 주어 시장에서 일본 상품을 살 수 있게 하였다(왕승례, 2000, 262쪽).

따라서 크라스키노성에는 사절들을 위한 주막과 사절단이 가져가는 예물과 상품들을 보관하는 창고가 있었을 것이다. 포시에트만은 크라스키노성 바로 옆에 위치한 물이 얕은 엑스뻬지찌야만에 비해 선박이 다니기에 훨씬 더 적합해 항구는 포시에트에 위치했을 것이다. 이를 뒷받침하는 증거로 포시에트에서도 중세의 토기가 발견되었다. 이곳에는 포시에트 동굴 유적이 있는데 이곳에서 발해와 금 시기의 문화층이 확인되었다(Nikitin, 1998). 포시에트 부근의 대형 발해 유적은 크라스키노성이 유일하다. 이 성이야말로 항구를 통제하던 행정 중심지였으며, 사절단이 바다로 나가기 전 마지막으로 체류한 지점이었을 것이다.

크라스키노성과 염주의 존속 시기는 발해와 일본 간에 사절이 파견된 시기를 통해 간접적으로 판단할 수 있다. 첫 번째 사절단은 727년에 파견되었다. 당시 항구와 항구를 통제했던 거점이 분명히 존재했을 것이다. 발해의 땅에 세워진 거란의 동단국의 마지막 사절단은 930년에 일본에 도착하였다. 아마도 그 이후에 염주는 요동으로 옮겨지고 이전의 도시(크라스키노성)는 폐기되었을 것이다.

거란은 천현 3년 말(928년 말~929년 초)에 발해인들을 요하 유역과 자신들의 상경(내몽골 파림좌기)으로 이주시키기 시작하였다. 일본으로 파견된 사절단은 이주가 시작되고 거의 1년 후에 파견되었다. 이주 과정은 한 해 만에 끝나지는 않았을 것이다. 예를 들어, 발해 솔빈부의 주민들은 세종 연간인 947~951년에 동경의 강주로 이주되었다(《요사》 38). 분명 크라스키노성에는 930년대 초까지 사람들이 거주하였을 것이다. 하지만 이 유적에서는 11~12세기의 특징적인 유물들이 발견되지 않았다. 다시 말하면 동단국은 서쪽으로 옮겨 가며 이 성을 폐기했다는 것이다.

김육불은 개주와 발해 동경용원부에 대한 《요사》를 논평하였다. 그는 성종이 신라(고려가 분명-A.L. 이블리예프)를 정벌하면서 폐기된 성들을 수리하고, 1014년 그곳에 쌍주와 한주 2개 주에 1천여 호를 정착시켜 그것을 개봉부 개원절도사로 불렀다(聖宗伐新羅, 還周覽城基, 復加完葺, 開泰三年 遷雙韓二州千餘戶實之, 號開封府開遠軍節度.)는 기록에 대해 당시 성이 옛 용원에 있었을 것이며, 남쪽에는 이주시키지 않았다는 의견을 제시하였다. 또한 다른 모든 이주된 주들과 현들이 이곳에서 아주 멀리 위치하기 때문에 의심스럽다는 점도 함께 피력하였다(김육불, 1982, 292쪽).

실제로 성종은 거란-고려 전쟁 당시 한반도 서쪽 해안을 따라 진군하였다. 이곳은 두만강 유역과는 멀리 떨어진 지역이지만 발해 동경의 주들과 현들의 주민들이 이주를 당한 개주가 위치한 곳을 지나는 길이었다. 필자가 보기에 이 문제에 대해서는 이건재가 논리적인 해결을 하고 있다고 생각된다. 이건재는 《요사》의 개주에 관한 기록에 대해 두 기록을 합친 것으로 보았다. 하나는 그 주민들이 거란에 의해 요녕성 애하 유역의 개주로 이주를 당한 발해 용원부의 역사이고, 다른 하나는 거란이 고려 원정 시에 그 군대가 지나가는 길목에 세운 요의 개주에 대한 기록이라는 것이다(이건재, 1986, 67~69쪽).

홍미로운 사실은 《요사》의 이 기록에 따르면 동경 지역에는 이미 발해 이전에 고구려의 경주가 위치하였다는 것이다. 이건재는 온특혁부성을 고구려의 경주로, 그리고 발해의 경주와 용원현으로 비정한다. 이에 대한 근거는 이곳에서 출토된 고구려 기와와 팔련성에서 남동쪽으로 불과 3킬로미터 떨어져 있다는 점을 들었다(이건재, 1986, 71~73쪽). 만약 이것이 사실이라면 포시에트 지역의 항구와 크라스키노성은 발해 이전인 고구려 때 이미 존속하였다는 의미가 된다. 하지만 아직까지 크라스키노성에서 고구려 시대의 유물은 발견되지 않았다. 게다가 상기한 고구려 유물들이 발견된 유적들(온특혁부성과 사제성)은 고구려 유적 분포 지역과는 멀리 떨어져 있다.

역사학자들은 이 지역을 북옥저 거주 지역으로 비정하기도 한다. 이 성들의 기본 과제는 고구려에 복속된 옥저의 땅을 통제하는 것이다. 동해를 통한 니가타-후쿠이 지역으로의 직선 항로는 발해인들이 처음 개척했다. 일본 정부가 처음에 발해 사절단들을 지금의 큐슈섬 후쿠오카로 오도록 종용한 것은 동해를 통한 루트가 개발되지 않았기 때문이었다. 고구려인들은 서해를 지나 한반도를 남쪽으로 돌아가는 전통적인 항로를 따라 일본에 도착하였을 것이다. 그러므로 바닷길의 출발지로서 크라스키노성은 고구려 때는 발해 때와 같은 의미를 갖지는 못한다. 따라서 역사적 기록들을 통해 다음과 같은 결론을 내릴 수 있다.

- 크라스키노성은 발해 동경용원부의 염주였다.
- 이 성의 기본적인 기능은 '일본도'의 바닷길을 보장하는 것이었다. 왜냐하면 일본도에서 육로의 마지막 지점이었기 때문이다.
- 성은 720년대보다 늦지 않은 시기에 축조되었고, 930~940년대보다 늦지 않은 시기에 폐기되었다.

▣ 참고문헌

- 王侠,〈唐代渤海人出访日本的港口和航线〉《渤海的历史与文化》, 王承礼 · 刘振华 主编, 长春：延边人民出版社, 1991, 231~242쪽.
- 王承礼,《中国东北的渤海国与东北亚》, 长春：吉林文史出版社, 2000, 429쪽.
- 为国忠 · 朱国忱 · 郝庆云,《渤海国史》, 北京：中国社会科学出版社, 2006, 622쪽.
- 孙进已 · 王绵厚等 主编,《东北历史地理》. 第一卷；第二卷 / 孙进已 · 冯永谦 等 主编, 哈尔滨：黑龙江人民出版社, 1989, 414쪽.
- 李健才,〈珲春渤海古城考〉《东北史地考略》, 吉林文史出版社, 1986, 65~76쪽.
- 吉林省文物考古所, 集安市博物馆, 吉林省博物院 编著,《集安出土高句丽文物集粹》, 北京：科学出版社, 2010, 216쪽.
- 金毓黻.《渤海国志长编》, 社会科学战线杂志社, 1982, 646쪽.
- 朱国忱 · 魏国忠,《渤海史稿》, 哈尔滨：黑龙江省文物出版编辑室, 1984, 288쪽.
- James, 1888: James H. E. M. The Long White Mountain or A Journey in Manchuria with some account of the history, people, administration and religion of that country. London: Longmans, Green, and Co. and New York: 15 East 16th street. – 502p.
- Nikitin, 1998: Nikitin Y. G. Some results of research of Possiet Grotto // The Society of North Eurasian Studies. Newsletter No. 12. – Tokyo. pp. 1~8.
- Кафаров : Архимандрит Палладий Кафаров. Пребывание во Владивостоке и посещение южноуссурийских портов в 1871 году. Архив Русского географического общества. Разряд 60, опись 1, № 11. (빨라디이 까파로프 , 승원관장. 1871년도의 블라디보스톡 방문과 유즈노-우쑤리스크 항구들 체류 // 러시아지질학협회 문서보관소, 라즈래드 60, 오삐시 1, № 11. 리스트 8.)
- Шавкунов, 1968: Шавкунов Э.В. Государство Бохай и памятники его культуры в Приморье.–Л.: Наука, 1968. – 128с. (E.V.샤브꾸노프,《발해국과 연해주의 발해 유적들》, 레닌그라드, 나우-까, 1968, 128쪽.)

크라스키노성의 축성

입지와 일반적 특성

크라스키노성은 연해주 남부 하산 지구의 엑스뻬지찌야만cove으로 흘러들어 가는 쭈까노브까강(얀치헤)의 우안 하구 가까이에 위치한다. 이 만은 동해 포시에트만bay 서쪽 부분에 위치한다. 이 해안은 옛 강의 하상 흔적인 좁고 작은 만creek들에 의한 해안선 굴곡이 특징적이다. 성은 강변과 엑스뻬지찌야만에서 400미터 떨어져 있고, 가장 가까운 만bay과는 약 100미터 떨어져 있다. 크라스키노 마을에서는 남서쪽으로 2킬로미터 거리에 위치한다.

성의 평면 모양은 장방형에 가깝지만 북벽은 모양이 궁형이다(〈그림 1〉, 〈그림 2〉). 성벽의 둘레 길이는 1,380미터이며, 내부 면적은 약 12.6헥타르이다. 현재 성벽의 잔존 높이는 1.5~2미터이다. 승원관장 까파로프가 1871년에 이 성을 보았을 때도 지금과 모습이 같았다.

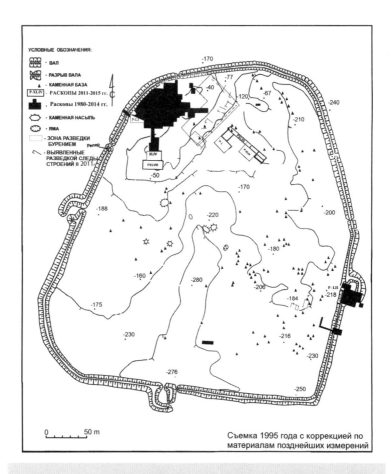

<그림 1> 크라스키노성 평면도

'만에서 반 웨르스타 거리에 옛 성터가 하나 있는데 거의 타원형이다. 이 성은 높이가 주변 지역보다 1 사젠이 높다.'(까파로프, 8)

풀로 덮인 성벽의 몇몇 부분에는 석축 구조물이 노출되어 있다. 성벽의 너비는 윗부분은 1미터, 기저부는 10~12미터이다.

〈그림 2〉 인공위성에서 본 쭈까노브까강 하구의 크라스키노성 입지(좌표 포함)

성은 두 번에 걸쳐 부분적으로 파괴되었다. 19세기 말, 한인 농부들이 성의 북쪽 부분에 농가를 축조하였고, 성내의 많은 지역을 경작지로 개간하였다(아노소프, 1928). 농부들은 배수를 위해 성 내부와 성벽을 관통하는 배수로를 만들었다. 또 1930~1950년대에 현지 국경수비대가 크라스키노성에서 군사 훈련을 하였는데 당시 성의 북쪽, 서쪽, 그리고 남쪽 부분 및 성벽에 참호와 교통호를 조성하였다. 그럼에도 불구하고 크라스키노성은 전체적으로 연해주의 다른 발해 유적들에 비해 보존 상태가 상당히 양호한 편이다.

성의 중심축은 동쪽으로 약간 기운 북쪽 방향이다. 남문지, 동문지, 그리고 서문지 3개의 성문이 있으며, 외측에 모두 옹성을 설치하여 방어를 공고히 하였다. 동문과 서문은 바다를 향하고, 남문은 쭈까노브까강을 향한다.

성 내부의 가장 높은 곳과 낮은 곳의 차이는 2~2.5미터이다. 북서쪽 부분이 성내에서 가장 높은 구릉을 이루고 있으며, 남쪽이 가장 낮다. 남문지에서 성의 북쪽 부분으로 거리일 수도 있는 넓은(30미터) 저지가 관찰되는데 성의 내부를 동부와 서부 두 부분으로 나누고 있다.

성벽 서쪽 부분에 대한 발굴 조사

성벽은 북서쪽 성벽 일부와 동벽 일부가 발굴되었고, 동문지도 부분적으로 발굴되었다. 성벽은 최소 두 단계 이상에 걸쳐 축조하였는데 성벽에 부속 구조물(치. 옹성)을 덧대어 쌓기도 하였고 수리도 하였다. 처음에는 거칠게 다듬은 덩이 돌(크기 0.3×0.4×0.8미터)들로 성벽을 쌓았다. 성돌은 기본적으로 설탕 색깔의 노르스름한 음영이 있는 백색 돌(응회암)들과 외면이 적갈색인 돌들이었다. 이 돌들의 산지는 쭈까노브까강과 까므이쇼바강 사이 및 글라드까야강 하구 근처로 알려져 있다. 돌들은 자연 채석장에서 채석하였고, 해수 침입만bay과 엑스뻬지찌야만cove의 북쪽 해안을 따라 운송해 왔다.

응회암으로는 체성의 내면과 외면을 쌓았고, 그 사이의 공간은 흙을 채웠다. 절터가 있는 곳의 서벽에 대한 발굴 조사를 통해 체성 외면에는 석축 높이가 2.6미터, 두께가 1.4~1.8미터인 것이 확인되었다. 체성 외면의 석축에는 8~9단으로 덩이 돌들이 쌓여 있다. 이 석축 부분을 해체하여 조사한 것이 아니었기 때문에 그 내면 구조가 어떠한지는 아직 파악하지 못하였다. 체성 외면 석축의 안쪽 면은 높이가 0.9~1.2미터이고, 덩이 돌을 6~7겹 쌓은 것이 확인되었다. 내측의 면석 아래층은 횡단면이 방형인 높이 0.4미터의 큰 덩이 돌로 쌓았다. 위층들의 덩이 돌들은 높이가 10~15센티미터이다. 체성 외면 석축에는 외측과 외측 면석 아래로 모두 기단이 시설되어 있는데 두께 4~6센티미터인 납작한 판돌을 1열 쌓은 것이다(볼딘 외, 2001). 내측 면석은 한 줄을 쌓아 올렸고, 외측 석축부와 서로 2.2미터 떨어져 있다. 전체적으로 외측 석축은 내측 석축에 비해 0.4~0.6미터 정도 더 높게 쌓여져 있는데 성을 방어하는 군사들이 이것을 은폐물로 삼아 성벽을 지킬 수 있었을 것이다 (〈그림 3〉, 〈그림 4-1〉).

〈그림 3〉 덩이 돌로 쌓은 서벽: 1 - 성 안쪽에서 본 성벽의 내측 석축과 외측 석축 모습;
2 - 성 밖에서 본 외측 석축 모습; 3 - 성벽 내 내측과 외측 석축 사이의 배수로 모습

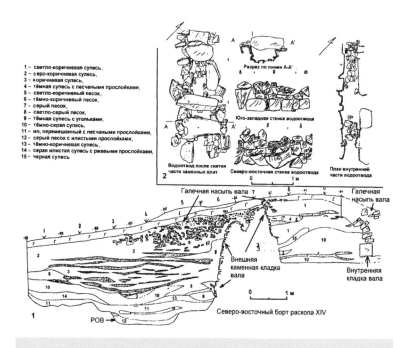

〈그림 4〉 서벽의 성벽 단면도 및 배수로 구조 평면도

성벽 밖에는 체성의 외측 석축부에서 밖으로 1.5미터의 거리에서 너비가 약 2미터이고 깊이가 0.3~0.4미터인 자그마한 해자가 발견되었다. 해자의 내부 퇴적토에서는 토기편들과 동물 뼈들, 그리고 나뭇조각들이 발견되었다.

나중에 성내에서 문화층이 높아짐에 따라 성벽을 증축할 필요가 생겼다. 이번에는 성벽의 외면을 흙으로 다져 올리고 표면은 자갈돌로 덮었다. 아마도 증축할 때 성 내부와 성벽 아래에 고인 지하수를 배출시킬 필요가 있었을 것이다. 이와 관련하여 원래의 체성 석축부를 관통하게 도랑을 내고 그것으로 배수로를 만들었다. 이때 배수로에 의해 체성 외측 석축부의 내면이 파괴되었다.

배수로는 체성 석축부 외면과 내면 사이에 돌을 쌓아 만들었다. 이 배수구는 외형 전체가 높이 0.7~0.9미터, 너비 1~1.2미터이며, 체성 내측의 안쪽 면석에서 체성 외측 석축의 내면까지 2.7미터로 확인되었다. 내측 면석 부분에는 배수구의 입수구가 높이 0.5미터, 너비 0.4미터로 확인되었다. 배수구의 상면은 큰 판돌로 덮여 있다(〈그림 3-3〉, 〈그림 4-2〉).

배수로에 대한 정리 조사를 통해 배수로 내부가 상당히 고른 상태였음이 밝혀졌는데 북동벽은 화강암 덩이 돌을 1겹으로, 남서벽은 사암 덩이 돌을 기본적으로 2겹으로 쌓아 벽이 수직이 되게 하였다. 아래에 위치하는 덩이 돌들은 땅속에 약간 묻었고, 배수로 바닥에는 자갈돌과 와편을 깔았다. 배수로 바닥은 석벽 아래 가장자리보다 10~15센티미터가 높다. 배수로 깊이는 20~30센티미터이고, 너비는 40~50센티미터이다(〈그림 3-3〉). 배수로 바닥은 체성 외측 석축부 쪽으로 가면서 15~20센티미터 낮아진다. 이 사실은 성내에서 성 밖으로 이 배수로를 통해 물을 배출할 수 있었음을 의미한다. 이와 유사한 구조의 배수로가 발해 고르바뜨까성 성벽에서도 확인되었다.

흥미롭게도 북서쪽 발굴 조사를 한 체성 내측의 북쪽과 남쪽 부분은 사용한 석재와 돌을 쌓은 방법에서 서로 차이가 난다(〈그림 3-1〉). 이 사실은 성벽의 여러 구간을 서로 다른 그룹이 독자적으로 석재를 채취하여 축조한 것으로 볼 수 있다.

성내에서도, 그리고 성벽에서도 발해 시기보다 이르거나 늦은 단계의 유물이 발견되지 않았기 때문에 성벽 축조에서 나타난 두 단계는 모두 발해 시기에 해당됨이 분명하다. 성벽 축조 늦은 단계의 편년에 관한 간접적인 증거 자료로 성벽 위에 자갈돌로 덮은 부분에서 출토된 뒷면에 초승달이 있는 당의 개원통보를 들 수 있다. 이런 종류의 개원통보는 당에서 8세기 중엽부터 생산하기 시작하였다.

최근의 발굴 조사는 내외측에 석축을 하고 그 사이에 흙을 채워 넣은 성벽이 연해주의 발해 성들에서 예외가 아닌 규칙적인 것이었음을 증명하고 있다. 성벽에서 외측 석축부와 내측 석축부는 시넬니꼬보성, 니꼴라예브까2성, 오끄라인까성에서, 외측 석축부는 고르바뜨까성에서 각각 조사되었다. 그리고 석축의 흔적이 마리야노브까성과 고르노레첸스크3성에서도 확인되었다. 이는 12~13세기 1/3분기 여진의 평지성과 일련의 산성들에 나타난(추구예브까성, 니꼴라예브까성, 끄라스노야르성, 샤이가성, 유즈노-우쑤리스크성 등) 토축 성벽과 크게 대비되는 것이다. 이 중 몇몇 성들(니꼴라예브까성, 추구예브까성)에는 성벽의 표면에 돌을 깔기도 하였지만 내측이나 외측에 석축을 하지는 않았다. 이 사실은 이 성들을 축조한 사람들에게 서로 다른 축성 전통이 있었음을 의미한다.

석·토축 성벽을 가진 발해성들은 이 지역에서 완전히 동떨어진 것은 아니다. 이와 유사한 성벽들이 발해에 선행하였던 고구려성들에서도 확인된다. 먼저 지금의 중국 길림성에 위치하는 고구려의 수도였던 집안의 국내성을 예로 들 수 있다(위존성, 1994, 19~21쪽, 33쪽 / 이전복, 1991, 17쪽). 그와 유사한 석축 성벽들이 연해주 외의 발해성들에서는 영안 동경성진의 발해 상경성에서만 확인되었다(흑룡강성고고학연구소, 1999, 44~45쪽). 문헌 자료도 몇몇 발해성들에 석축 성벽이 있었음을 말해 주는데 남경남해부를 그 예로 들 수 있다(동북역사지리, 1989, 380쪽).

동벽과 동문지 발굴 조사

동벽과 옹성이 시설되어 있는 동문지에 대한 발굴 조사는 아오야마 대학의 타무라 고이치를 책임자로 하는 일본 고고학자들과 함께 실시하였다.

처음에는 치를 시설하지 않고 바로 덩이 돌로 성벽만 쌓은 것이 밝혀졌다. 치는 나중에 추가로 축조된 것이다. 치들 중 하나가 동문지 남쪽 부분에서 발굴되었다(〈그림 5〉). 치는 평면 모양이 장방형이고 성벽 밖으로 3미터 돌출되어 있으며, 너비는 2.4~2.7미터, 석축의 높이는 1.1미터이다. 치를 만드는 데 사용한 석재는 처음 성벽을 쌓을 때 사용한 석재와 비슷하다. 치의 기저부는 성벽 기저부보다 0.3미터 높게 위치한다(〈그림 6-1〉). 이 점은 치가 성벽 자체보다 더 늦게 축조되었음을 알려준다. 치를 축조하면서 성벽 체성부의 일부가 해체되었다. 치가 있는 부분의 성벽 기저부는 너비가 약 5미터이다. 이와 유사한 치를 고구려의 수도였던 집안 국내성의 치들에서 찾을 수 있다. 다만 국내성의 치는 규모가 훨씬 더 큰데 사실 성의 크기와 상응한다고 할 수 있다(국내성, 2004).

성문지의 방어 구조물은 장방형 모양이며 현재 무너진 상태에서의 규모는 25×38~44미터이다. 문지 발굴 조사는 동문지에서만 실시하였으며 아직 종료하지 못하였다. 동문지 옹성에 대한 발굴 조사를 통해 옹성 남쪽 부분의 성벽 높이가 2.6미터임이 확인되었다(〈그림 7〉). 성벽의 기초 부분은 옹성 남쪽 부분의 기초 부분보다 조금 낮게 위치한다는

사실도 밝혀졌다. 또한 옹성을 축조하는 데 사용한 석재들과 성벽 체성
부를 축조하는 데 사용한 석재들도 서로 차이를 보였다. 이 사실은 옹

〈그림 5〉 발굴 과정상의 동벽 치 모습

〈그림 6〉 동문지의 성벽 체성부와 옹성 연결 부분(1) 및 성벽 체성부와 치의 연결 부분(2) 모습

〈그림 7〉 성벽 체성부와 옹성 연결 부분 모습

성이 성벽 체성부보다 늦게 축조되었음을 알려 준다.

발굴 조사를 통해 옹성 성벽의 두께는 5.5미터인 것이 확인되었다. 옹성의 짧은 부분은 길이가 14.4미터이고, 긴 부분은 길이가 16.6미터이며, 성벽의 두께는 5미터에 이른다. 남서쪽 짧은 쪽 부분의 통행로 너비는 5미터이다. 성벽의 통행로에서 옹성 남서벽까지의 거리는 11.3미터이다. 성벽 체성에서 옹성 남서벽의 통행로까지는 거리가 7.8미터이다. 북동벽은 발굴되지 않았지만 모든 것을 통해 볼 때 옹성은 대칭적으로 축조되었음을 알 수 있다. 이 경우 옹성들의 내부 면적은 239평방미터가 된다.

남동쪽에서 옹성으로 자갈을 깐 도로가 있는데 2차로 사용된 깨진 기와들로 두텁게 덮여 있다(〈그림 8〉). 이 와적층에서 수레바퀴 자국들이 확인되었다. 기와를 다져 깐 다음에 입자가 거친 황색 모래를 깔았다. 이 모래층 위로 큰 자갈돌을 깔았는데 그 틈새에는 작은 자갈과 거친 입자의 모래를 다져 넣었다. 이 모래들로 인해 너저분한 회색으로 색깔이 바뀌었다.

동문지 옹성 내부 도로는 직각으로 성벽 통행로로 나 있다(〈그림 9〉). 이 도로의 옹성 내에서의 너비는 2.5~3미터이지만, 기와를 깐 것은 더 넓게 분포되었다. 성 안쪽에서도 이 도로의 일부를 관찰할 수 있었다. 단면이 렌즈 모양인 경사진 도로의 상면은 물길의 역할도 하였다.

동문지 조사 결과에 의하면 처음에 성문은 석축 체성부에 너비 약 5미터로 만든 통행로 모양이었다. 하지만 치와 옹성 축조, 그리고 누차에 걸친 수리를 통해 성문 통행로의 너비가 줄어들어 약 3.5미터가 되었다. 동문지에 자갈과 흙으로 성벽을 덧쌓은 것은 홍수의 위험 때문

〈그림 8〉 동문지 옹성 출구 쪽의 포장도로 모습

이라고 볼 수 있는 자료가 있다. 예를 들어, 동문지 통행로 지역의 체성 정상부는 다른 체성 부분과 마찬가지로 잔자갈을 깔았다. 서문지 및 남문지와 달리 동문지 옹성의 내부 공간은 두터운 토양층으로 채워져 있고, 그 표면은 주변 성벽과 거의 동일한 높이로 되어 있었다.

　몬순 기후와 누차에 걸친 홍수로 인해 무른 토양(사질토) 위에 응회암 덩이 돌로 쌓은 성벽은 훼손을 피할 수가 없었다. 성벽 수리에는 가공하지 않은 둥글거나 약간 둥근 큰 강돌, 덩이 돌들이 사용되었다. 이 석재들은 노보고로드스끼 반도의 중부 및 남부와 엑스뻬지찌야만 북동쪽 해안가에서 채취할 수 있었다. 석재들을 성으로 운반할 때는 6.5킬로미터 이하의 거리로 해안의 바닷길을 이용하였을 것이다. 이 석재들

〈그림 9〉 성벽 통행로와 동문지 옹성 안의 기와를 깐 도로 모습

로 성문의 옹성들도 축조하였다.

　나중에 성내의 문화층이 두꺼워짐에 따라(강의 범람에 의한 결과도 포함) 성벽 위로 흙을 다지고 그 위에 다시 자갈돌을 덮어서 증축하였다. 여기에 사용된 것과 비슷한 석재들은 쭈까노브까강 하상 퇴적층에서 찾을 수 있다. 석재들은 이곳에서 강을 따라 성으로 옮겨졌을 것이다. 그와 같은 자갈돌·흙 증축이 치와 성문, 옹성에서도 이루어졌다.

맺음말

크라스키노성(동경용원부의 염주 치소)은 포시에트만bay의 엑스뻬지찌야 만cove 해안에서 100~400미터 떨어진 모래 언덕에 축조되었다. 이 유적은 보존 상태가 양호하며 발해성에 대한 다방면의 연구에 중요한 가능성을 제공하고 있다. 성벽 구조물에 대한 발굴 조사는 서벽과 동벽 두 곳에서 실시되었다.

절터 가까이의 서벽에 대한 발굴 조사는 성벽 축조의 구조적 특성에 대한 정보를 처음으로 제공하였다. 처음에는 성벽을 덩이 돌들로 겹겹이 쌓아 만들고, 성벽 체성부가 흙을 채운 두 개의 석축부로 이루어져 있음이 밝혀졌다. 외측 석축부는 내측 석축부에 비해 더 높게 쌓았고, 그 기저부에는 성벽의 견고성을 위해, 그리고 물에 의해 토양이 씻겨 내려감을 방지하기 위해 판돌로 기단을 조성하였다.

지속적으로 바뀌는 자연 조건들로 인해 성내의 문화층이 두꺼워졌고, 성내에서 성 밖으로 배수 시설을 해야만 하였다. 주민들은 성벽 일부를 해체하고 배수로를 원래 성벽의 기초보다 훨씬 더 높게 시설하였다.

동벽에 대한 발굴 조사는 성벽의 세세한 구조에 대한 새로운 사실들을 알려 주었다. 성벽을 축조하고 성벽 사이에 (발해 유적들에서 전통적인) 통행로 모양의 성문 구조를 완성한 다음 성문을 지속적인 홍수로부터 보호할 필요성이 제기되었다. 따라서 발해의 건축가들은 성벽 체성부에 사용한 것과는 차이가 나는 석재들로 장방형의 옹성을 추가로 축조하였다. 타무라 고이치 교수는 이것이 732년 신라와 벌인 전투와 관련 있다고 추정하였다(타무라, 2011, 138쪽).

더 늦은 시기에는 치들도 축조하였는데 그중 하나가 발굴되었다. 치를 축조할 때는 기존의 성벽 체성부를 부분적으로 해체해야만 했다. 후에 성벽의 많은 부분들에서, 특히 동문지 일대에서 성벽을 수리해야만 하는 필요성이 제기되었다. 성벽 수축 때는 예비적으로 가공한 덩이 돌들이 아니라 큰 강돌들을 사용하였다.

크라스키노성 존속의 가장 마지막 단계에는 성벽 증축을 하였는데 이때는 흙과 자갈돌을 사용하였다. 이와 같은 자갈·흙 증축은 성벽 체성부뿐만 아니라 치와 옹성들에서도 확인되었다. 크라스키노성의 축성 연구를 통해 고구려인들의 경험과 건축 전통을 이어받은 발해 장인들의 독자적인 건축 방식과 기술에 대해 알게 되었다.

■ 참고문헌

• Аносов С.Д. Корейцы в Уссурийском крае.–Хабаровск-Владивосток: изд-во《Книжное дело》, 1928.–86с. (S.D. 아노소프, 우쑤리스크주의 한인들. 하바롭스크-블라디보스톡: 끄니즈노예 젤로 출판사, 1928, 86쪽.)

• Болдин В.И., Гельман Е.И., Ивлиев А.Л., Никитин Ю.Г.《Интеграция》на Краскинском городище: 4 года исследований. ВестникДВОРАН. 2001. № 3. С .74~90. (V.I. 볼딘, E.I. 겔만, A.L. 이블리예프, Yu.G. 니끼친, 2001, 크라스키노성에서의 '융합': 조사 연구 4년 // 러시아과학원 극동지소 소식지, № 3: 74~90.)

• Кафаров Палладий, архимандрит. Пребывание во Владивостоке и посещение южно-уссурийских портов в 1871 году // Архив Русского географического общества. Разряд 60, опись 1, № 11. (빨라디이 까파로프, 승원관장. 1871년도의 블라디보스톡 방문과 유즈노-우쑤리스크 항구들 체류 // 러시아지질학협회 문서보관소, 라즈래드 60, 오삐시 1, № 11. 리스트 8.)

• 魏存成. 高句丽 考古.长春: 吉林大学出版社, 1994.

• 国内城:-2002-2003年集安国内城与民主遗址试掘报告/吉林省文物考古研究所/集安市博物館. 北京: 文物出版社, 2004.

• 东北历史地理. 第二册. 哈尔滨: 黑龙江人民出版社, 1989.

• 黑龙江省文物考古研究所, 牡丹江市文物站. 渤海国上京龙泉府遗址-1997年考古发掘收获 // 北方文物. 1999年 第4期, 42~49页.

• 李殿福【著】, 西川宏【訳】. 高句麗·渤海の考古と歴史. 東京：学生社, 1991.

• 田村晃一. クラスキノ(ロシア·クラスキノ村における一古城跡の発掘調査). 東京：渤海文化研究中心, 2011年.

제2장

염주성
발굴의 여명

✳

■

크라스키노 절터
(E.I. 겔만 · A.L. 이블리예프/러시아과학원 극동 역사학 고고학 민족학연구소)

■

주거지와 경제 건축물들
(E.I. 겔만/러시아과학원 극동 역사학 고고학 민족학연구소)

■

크라스키노성의 수공업
(E.I. 겔만/러시아과학원 극동 역사학 고고학 민족학연구소)

크라스키노 절터

이곳에 대한 발굴 조사는 1980년 V.I. 볼딘에 의해 시작되었다(볼딘, 1980). 크라스키노 절터는 성내에 있으며, 이는 연해주 지역에서 조사된 다른 절터들과 구분되는 점이다(〈그림 1〉).

이 절터는 성 북서쪽 구릉지에 있으며 북벽과 이웃한다. 위 건축면에서 성내의 거주 구역들과 석축 담장으로 구분된다. 절 정문은 금당지 맞은편 담장 가운데 위치하며, 성벽 가까이에도 절로 출입할 수 있는 보조 출입구가 있다. 거주 구역 아래 제5 건축면 유구들에서 출토된 기와로 볼 때 이 절은 성이 축조된 시기부터 운용되었음이 분명하다.

한편 금당지 일대에서는 4개의 건축면이 관찰되었는데 이는 절 건축물들이 거주 구역의 주거지들에 비해 드물게 재건축되었다는 의미이다. 가장 아래인 제4 건축면은 절터 여러 지점에서 발굴된 개별 수혈식

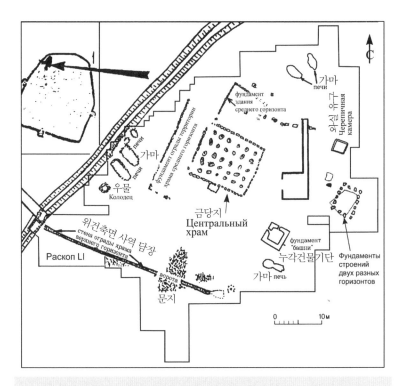

〈그림 1〉 불교 사역 내와 인접 지역의 유구 배치도

주거지들과 같은 시기에 해당한다. 이 주거지들은 절을 조영하기 이전에 존재하였다. 제3(중간) 건축면과 제2(위) 건축면은 절 건축물들과 관련된다. 가장 늦은 제1 건축면은 과거 절 영역 내에 만들어진 주거지들의 잔재로 구분된다. 이 경우 기본적인 절 건축물들은 주거지들에 의해 훼손되지 않았으며 아마도 성이 폐기될 때까지 존속하였던 것으로 여겨진다. 모든 건축물들은 동일하게 서쪽으로 20~25도 돌아선 남향이다.

금당지는 가장자리의 높이가 0.4~0.5미터, 가운데가 0.8미터인 흙

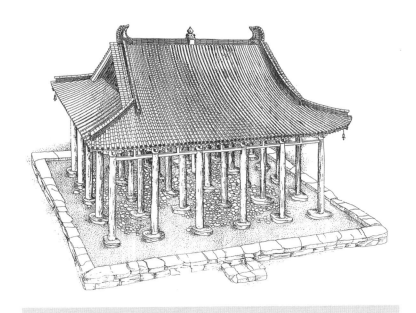

〈그림 2〉 크라스키노성 금당 복원도

기단 위에 인위적으로 조성되었다. 기단의 규모는 10.4×11.8미터(122.7 평방미터)이며(볼딘, 1981, 1993), 가장자리에 돌을 두 겹 쌓았다(〈그림 2〉). 기단 면석 위층은 쪼갠 편암 판돌로 쌓았지만(가장 큰 판돌은 35×60×83센티미터) 몇몇 부분은 두께 5센티미터의 얇은 사암 판돌로 보강하였다. 기단 면석 아래층은 가공하지 않은 더 얇은 사암 판돌로 쌓았다. 기둥을 세운 초석은 모두 30개가 사용되었으나 25개만 남아 있었다. 초석의 간격은 1.3~1.4미터로 5개씩 6열로 배치되었다.

금당 출입구는 남쪽이며 기단 가운데 부분에 계단이 있다. 계단의 크기는 0.12×1.3×1.3미터이며, 가장자리 양쪽에 두 줄로 돌을 쌓아 보강하였다. 금당 바닥에는 자갈을 깔아(0.1~0.2미터) 단단하게 하였고, 가

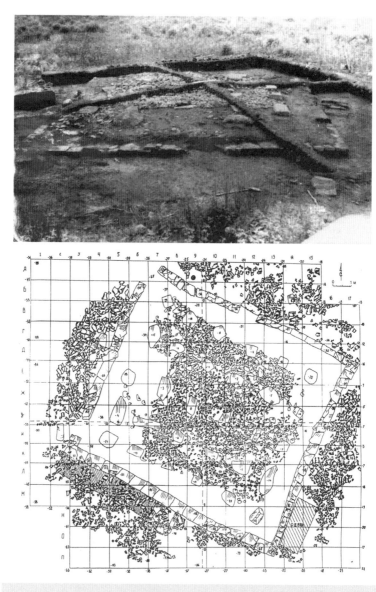

〈그림 3〉 크라스키노성 사역 내의 금당지 사진 및 평면도, 1981년.

운데 부분에 불단이 있다. 불단의 높이는 0.2미터, 면적은 약 1.5평방미터이며, 기단 위에 있는 금당은 8.3×9.5미터(78.8평방미터)이다.

지붕은 팔작지붕이었으며 기단 밖까지 나와 있었다. 그로 인해 지붕이 무너졌을 때 떨어진 기와들이 기단 밖에 띠를 두르고 있었다. 용마루는 양쪽 끝부분이 치미로 장식되었고, 가운데 부분에는 연봉오리 형태의 토제 장식물이 있었다. 연봉오리 기저부와 연판 일부가 출토되었다.

금당의 기와는 일반 암키와와 암막새기와(길이 36~37센티미터, 좁은 단부 너비 14.6~18센티미터, 넓은 단부 너비 15.2~24센티미터)(〈그림 4-2〉), 일반 수키와(길이 32.5~34.5센티미터, 넓은 단부 직경 15.5~16.6센티미터, 좁은 단부 직경 9.3~9.8센티미터), 다섯 개의 연판과 그 사이에 베틀 북 모양으로 장식된 수막새기와

1

2

〈그림 4〉 금당 지붕에 사용된 수키와(1)와 처마 암키와(2)

이다(〈그림 5-1〉)(볼딘 1993). 수막새는 완만하게 좁아지는 수키와(토수기와, 길이 37.5센티미터, 막새 직경 15.4~16.2센티미터, 좁은 단부 직경 9.6센티미터)에 부착되었다(〈그림 4-1〉). 소량의 수키와에는 위쪽 단부에 단이 져 있다(미구기와).

〈그림 5〉 크라스키노성 사역 내 출토 수키와 와당들

〈그림 6〉 위 건축면 금당 건물 출토 주철제 풍탁들

이 외에도 모서리기와와 착고기와가 함께 사용되었다. 일반 수키와 중에서 미구기와는 금당 서쪽 모서리 부분에서만 확인되었으며, 지붕을 수리할 때 사용한 것으로 추정된다.

금당지 발굴 조사 중 주철 풍탁 3점이 출토되었다. 이들은 두께가 얇은 편(0.6센티미터)이며, 윗부분에 구멍을 뚫어 끈을 맬 수 있게 했다. 그중 하나(9.5×14.5센티미터)는 육각 원뿔 모양으로 벽이 곧고, 벽에 초승달 모양의 구멍이 뚫려 있다. 다른 두 개(11.9×12.3센티미터, 11.5×13센티미터)는 팔각 원뿔 모양이며 벽이 둥그스름하다(〈그림 6〉). 이들은 모두 아래 가장자리가 가두리 장식으로 마무리되어 있다. 금당 바닥에서는 주철 완이 4점 출토되었다.

금당지에서 출토된 의례 용기는 불에 그슬린 완(등잔) 8점, 완 모양의 동체와 사자 다리 모양의 다리가 달린 삼족기편 6점, 삼채기편 5점 등이다. 삼채기 중에는 메달이 덧붙여져 있는 구상 동체 용기와 뚜껑 3점도 있다. 금당지 가운데 부분에 위치하는 추정 불단 앞에서는 도금한 청동 불상(높이 7.7센티미터)이 출토되었다(⟨그림 7-1⟩). 금당 입구 부근에서는 부조로 된 석제(사암) 불상 편 2점과 동일 기법으로 만든 앉아 있는 부처를 표현한 석제(사암) 불판 3점이 각각 출토되었다(⟨그림 7-2~4⟩, ⟨그림 8-1⟩).

중간 건축면의 금당 기단

1981년에 발굴 조사된 금당지 북쪽 아래의 문화층에서 금당으로 추정되는 건물의 흙 기단 경계가 확인되었다(볼딘 외, 2001). 이 기단의 서쪽 및 일부 북쪽 가장자리는 돌을 한두 겹 쌓아 마감하였다. 이 돌마감벽의 너비는 30~40센티미터, 높이는 15~20센티미터이다(⟨그림 1⟩). 이 기단의 북쪽과 동쪽에는 돌로 마감한 것이 남아 있지 않지만 단단한 암갈색 사질토 띠로 경계가 구분된다. 기단은 서쪽으로 20~25도 정도 돌아선 북남 방향이다.

위 건축면의 절 건축물들은 모두 그와 비슷한 방향이다. 기단 크기는 위 건축면 금당의 기단이 새로 발견된 기단 남쪽 부분을 덮고 있기 때문에 완전히 확인되지는 않는다. 다만 북쪽 길이가 약 8미터인 것은 확인되었다. 이 기단의 석축 마감 바깥쪽을 따라 깨진 기와무지가 노출되었는데 이 기단 건물의 지붕에서 떨어진 것들이었다. 이들 속에서 용마루를 장식했던 테라코타 치미편들도 발견되었다. 석축 마감 부분에서 출토된 와당들의 문양은 위 건축면 금당의 것과 차이를 보인다(⟨그림 5-2⟩).

한편 이와 유사한 와당이 서쪽인 성벽 가까이에 있는 우물 벽체와 우물 속 퇴적토에서 출토되었다. 이는 우물이 중간 건축면의 건물보다 늦

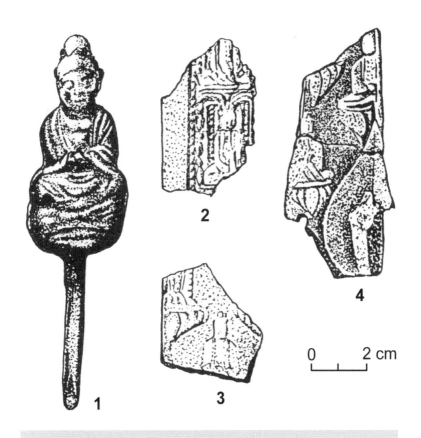

<그림 7> 위 건축면 금당 건물 출토 청동 좌불상(1)과 사암에 새겨진 불상 편들(2~4)

게 축조되었음을 뜻한다. 이 건물 기단보다 더 동쪽의 중간 건축면에서
는 금동불입상이 발견되었다(⟨그림 8-2⟩).

금당 마당의 담장 기초

이 담장은 불교 구역과 성안의 거주 구역을 구분하며 석축의 기초 부
분이 남아 있다. 담장 남서쪽 부분은 36미터이며 끝부분은 성벽에 잇

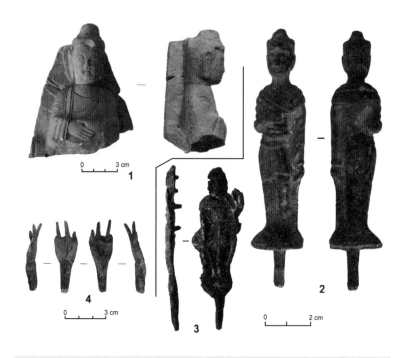

〈그림 8〉 사암 불상(1), 금동 불상(2), 금동 관음보살상(3), 청동 불수(4): 1 - 위 건축면 금당지,
2 - 중간 건축면, 3 - 사역 남쪽 담장 정문 부근, 4 - 금당 건물 북쪽의 경제 마당

대어져 있다(〈그림 9-1〉). 석축 기초는 너비 1미터, 높이 0.7미터이며, 가
운데에 3.7~3.9미터마다 직경 9~12센티미터, 깊이 21~29센티미터의
기둥 구멍이 있다. 이 구멍에 세워진 기둥들은 담장 위로 목조결구 부
분의 기초가 되었을 것으로 추정된다. 담장의 기초 구조는 동경성진의
발해 상경성 거주 구역을 둘러싼 담장의 기초 구조와 동일하다.

　담장 사이에는 너비 3.6미터의 정문이 위 건축면 금당지 출입구와
20미터 거리를 두고 서로 마주보고 있다. 정문 문길은 토기편들과 와
편들로 포장되어 있으며, 정문 일대에 암키와와 수막새기와 등이 섞인

〈그림 9〉 금당 담장 기초: 1 - 위 건축면 남쪽 담장, 서쪽에서 본 모습,
2 - 중간 건축면 서쪽 담장, 남쪽에서 본 모습

기와무지가 있는 것으로 보아 기와지붕이었을 것으로 추정된다. 정문
일대에서는 토제 용머리, 주철제 풍탁편 2점이 출토되었다. 정문 가까
이의 마당에서는 금동 불수, 관음보살상(〈그림 8-3〉), 회색 및 시유 토기
편들이 출토되었다. 절터로 통하는 너비 1.2미터의 또 다른 문지도 발
견되었는데 성벽과 담장 사이에 위치한다. 이 작은 문은 우물과 기왓가
마들로 이루어진 절 서쪽의 생산지대로 통하는 통로였을 것으로 추정
된다. 이곳에서도 자그마한 기와무지가 조사되었다.

중간 건축면 금당의 담장일 수도 있는 다른 담장의 기초는 중간 건
축면 건물 기단의 가장자리에서 서쪽으로 9미터 떨어진 곳에서 발견
되었다. 이 담장은 중간 건축면 건물 기단의 서쪽 가장자리와 사실상
평행을 이루고 있다(〈그림 9-2〉). 발굴된 부분은 서쪽이 19.7미터, 남쪽

이 5.6미터이다. 이 담장의 서쪽과 남쪽 부분이 연결되는 곳에서는 서쪽으로 너비 1.6미터의 문지가 있다. 이 일대에서는 토제 용머리가 출토되었다.

이 담장의 기초는 돌을 한두 겹 쌓아 만들었는데 아래층은 덩이 돌 모양으로 크기가 크고, 위층은 작으며 틈새는 점토를 발라 보강하였다. 담장 기초의 개별 부분들에서 흙 반죽을 사용한 흔적이 확인되었다. 담장 기초의 석축 너비는 40센티미터를 넘지 않으며 높이는 35센티미터이다. 담장 석축의 위층에서 시작하여 담장 기초의 외면을 따라 기와가 놓였는데, 그중에는 중간 건축면의 건물 기단 주변에서 출토된 것과 유사한 수키와 와당편들도 발견되었다.

와편들은 담장 기초의 외면 전체를 따라 분포하는 암회색의 불탄 사질토층에서도 확인되었다. 이 사질토는 부분적으로 숯이 집중되어 흑색을 띠기도 한다. 이 층의 두께는 2센티미터를 넘지 않으며 석축 기초 위에 세운 나무 담장이 불에 탄 것으로 추정된다. 기와는 이 나무 담장 지붕에서 떨어진 것이 분명하다. 연해주 우수리스크 지구의 끄로우노브까 마을 근방의 아브리꼬스 발해 절터에서도 이와 유사한 담장이 발견된 바 있다(발해국, 1994: 85).

담장 기초의 안쪽에서는 두 곳에서 기본 담장 기초와 직각을 이루게 배치한 담장 절단부가 발견되었다. 이것들은 마치 금당 마당을 몇 개의 개별 공간으로 분할한 듯하다. 모두 세 개의 공간으로 구분할 수 있는데, 담장 기초의 남서쪽 모서리 부분부터 첫 번째 횡 방향 벽까지의 공간을 차지하는 남서쪽 부분, 두 개의 횡 방향 벽 사이에 위치하는 중간부분, 그리고 북동쪽 부분이다.

이상 설명한 담장 기초들은 기본 담장 기초와 동일한 구조이다.

누각 기단

금당지의 남쪽 모서리에서 약 15미터 떨어진 곳에서 건물의 석축 기단이 발견되었다(볼딘 1994). 두세 겹으로 쌓은 기단은 4.2×4.4미터(18.06 평방미터)인 정방형으로 너비는 0.82~0.92미터이다(〈그림 10〉). 아마도 종이나 북을 안치한 누각이었을 것으로 추정된다.

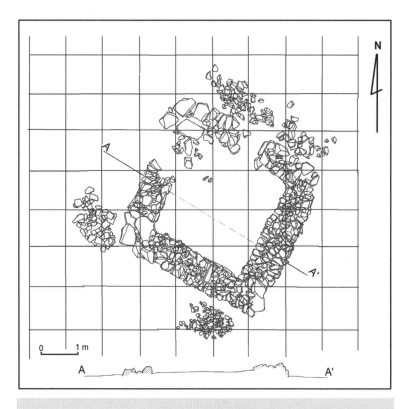

〈그림 10〉 누각 기단 평면도

석축의 내면과 외면은 바르게 열을 이루며 그 사이에는 방향과는 무관하게 작은 돌들이 채워져 있다. 지붕은 팔작지붕이며 무너져 내린 기와는 기단의 위뿐만 아니라 주변에서도 발견되었다. 누각의 지붕에 사용된 기와는 기능에 따라 몇 가지 유형으로 구분할 수 있다. 일반 암키와와 문양이 시문된 처마 암키와(길이 32~36.5센티미터, 좁은 단부 너비 18~19센티미터, 넓은 단부 너비 20~21센티미터), 일반 토수기와와 와당이 부착된 5개 유형의 수막새기와(길이 34~36센티미터, 좁은 단부 너비 8~12센티미터, 넓은 단부 너비 15~16센티미터)(〈그림 5-3~7〉), 미구기와(길이 37~39센티미터, 좁은 단부 너비 9~10센티미터, 넓은 단부 너비 15센티미터), 차꼬기와(일부 잔존), 곱새기와(일부 잔존), 적새기와(길이 33~36센티미터, 넓은 단부 너비 7센티미터), 모서리기와(일부 잔존) 등이다.

발굴 조사 도중에 용마루를 장식한 치미편들이 출토되었다. 누각 지붕은 기저부가 꽃잎들로 둘러싸인 연봉오리 형태의 토제 소상으로 장식되어 있다(〈그림 11〉). 기단 주변에서 일반적으로 박공에 부착하는 동물머리 장식을 한 토제 유물과 다른 지붕의 장식물들이 함께 출토되었다.

와실 유구

금당지 북동쪽 모서리에서 동쪽으로 14미터 떨어진 곳에서 기와를 재사용하여 만든 수혈식 기와벽실 유구가 조사되었다(고구려연구재단 외, 2005 / 볼딘 외, 2005). 이 유구는 지표에서 0.5~0.6미터 깊이의 제2 건축면 레벨에서 돌·토기편·다량의 와편이 무지 형태로 노출되었다. 이 유구의 한쪽 벽체에서는 이웃한 위 건축면 주거지에 속하는 대형 토기

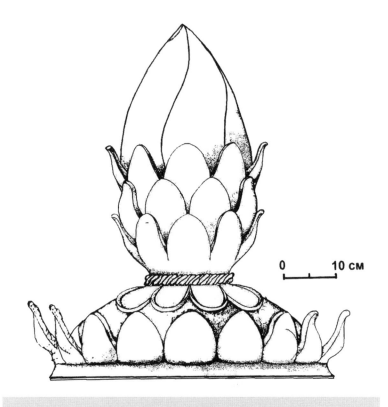

〈그림 11〉 연꽃 모양의 지붕 용마루 장식품 복원도

(옹) 1점도 발견되었다. 이 주거지에 살던 사람들이 옹을 땅에 묻었을 때 이 유구의 벽체 일부가 훼손되었다.

이 유구는 잠정적으로 와실 유구로 부르기로 하였다. 와실 유구는 구조가 움을 연상시킨다. 다시 말해서 사질토에 방형의 구덩이를 파고, 벽 안쪽으로 기와를 쌓아 벽체를 조성한 것이다(〈그림 12〉, 〈그림 13〉).

이 구덩이는 거의 방형이며 동쪽 변이 서쪽으로 약 30도 틀어진 북남 방향이다. 벽체는 기와를 수평으로 쌓았다. 수키와도 쓰였지만 대부

<그림 12> 와실 유구, 서쪽에서 본 모습

분 암키와를 사용했다. 기와들 사이에서 판돌과 토기편도 확인되었다. 기와는 편들이 모두 크기 차이가 나기 때문에 벽체의 내면은 고르고 외면은 고르지 않게 쌓았다. 와실을 만든 건축가들에게는 땅속에 있어 눈에 보이지 않는 벽체 외면은 그렇게 중요하지 않았던 것 같다. 다만 이구조는 벽체를 튼튼하게 하는 데에도 도움이 되었을 것이다. 내부 공간은 2.6×2.3미터(5.98평방미터)이며, 벽체 길이는 2.75~3미터, 깊이는 1.3미터를 넘지 않는다. 방향은 서쪽으로 25~30도 북남 방향으로 틀어져 있다.

벽체들은 보존 상태가 서로 달랐다. 동벽의 길이는 2.75미터, 높이는 1~1.3미터로 비교적 잘 보존되어 있었다(〈그림 13-4〉). 이 벽은 주로 암

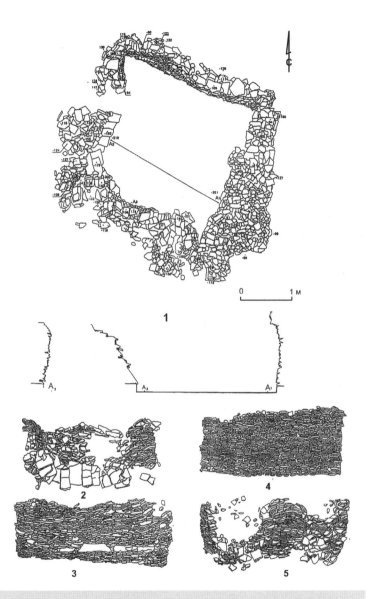

〈그림 13〉 와실 유구: 1 – 평면도 및 단면도, 2~5 – 내부 모습, 서벽(2), 북벽(3), 동벽(4), 남벽(5)

키와를 쌓아 만들었는데 볼록한 면이 밖을 향해 있었다. 와적 중에는 문양이 있는 처마기와도 확인되었다. 수키와도 있었고 심지어 수키와 와당편들도 섞여 있었다. 동벽의 와적은 모두 46겹인데 이곳에만 약 1,020점의 와편이 사용되었다. 벽 윗부분은 40겹부터 시작하여 내부 가운데로 기울었는데 어쩌면 아치 천정의 시작 부분일 수도 있다.

북벽도 보존 상태가 양호하였다⟨〈그림 13-3〉⟩. 이 벽은 동벽과 달리 아랫부분에 기와와 함께 다양한 크기의 돌을 쌓았다. 벽 중간 부분은 내부 안쪽으로 약간 눌렸는데 외부에서 가해진 토압으로 인해 변형이 일어난 것으로 추정된다. 북벽 길이는 3미터, 내부 벽 길이는 2.6미터, 높이는 1.2미터이다. 기와는 44겹이 쌓여 있으며 이 벽 와적에는 약 970점의 와편이 사용되었다.

서벽은 전체가 훼손되어 있었다⟨〈그림 13-2〉⟩. 다만 북벽 및 남벽과 연결된 모서리 벽이 일부 잔존하였다. 서벽의 길이는 2.4미터를 넘지 않고, 높이는 1.15미터로 주로 암키와편이 사용되었다. 북쪽 부분이 가장 파괴가 심하며, 기저부 부근에 무너져 내린 다량의 암키와편들이 있었다. 와적 벽 중간 및 아랫부분의 와편들보다 길이가 더 긴 기와들은 아치 천정의 연결 부분 벽에 사용되었을 것으로 추정된다.

남벽도 심하게 훼손되었다⟨〈그림 13-5〉⟩. 와적 벽은 동쪽 및 서쪽 모서리 부분과 가운데 부분이 남아 있었다. 이 벽의 동쪽 절반은 심하게 파괴되었는데, 이것은 위 건축면과 관련이 있다. 와실이 있는 곳에 금당의 마당을 만들고 높이가 81센티미터나 되는 대형 토기를 묻기 위해 구덩이를 파면서 와적 윗부분이 파괴되었다. 이 벽의 서쪽 부분도 크게 훼손되었다. 길이는 2.58미터, 높이는 1.2미터이다.

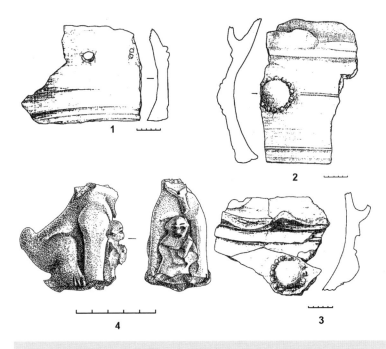

<그림 14> 와실 출토 토제 유물들: 1~3 – 지붕 장식품들, 4 – 사자(?)와 원숭이 상

와실의 벽체들은 서로 직각을 이루게 쌓았다. 지금은 와실의 천정이 어떤 모양이었는지 알 수가 없다. 아마 천정 구조에도 기와가 사용되었을 것이다. 이에 대해서는 동벽 안쪽으로 기운 일부 와적과 내부의 기와무지를 통해 알 수 있다. 상기한 바와 같이 동벽 안쪽으로 기운 부분과 서벽 부근에 길이가 긴 와편들이 있는 것은 아치 천정이 있었음을 보여 주는 것일 수도 있다.

한편 와실 천정이 편평한 목조 천정에 기와를 몇 겹 덮은 구조였을 가능성도 배제할 수 없다. 이 의견에 대해서는 동벽 윗부분에서 발견된 불에 탄 목재 조각들이 증명한다. 또한 와실의 북벽 부근 바닥에서, 특히 북서쪽 모서리 바닥에서 선반 혹은 받침대로 쓰였을 것으로 추정되는 불탄 목조 구조물의 흔적이 확인되기도 하였다.

발굴 구역의 상면 사질토에서 와실 주변을 따라 두께 15~20센티미터인 짙은 색의 간층들이 동심원 모양으로 와실 일대를 둘러싼 것이 확

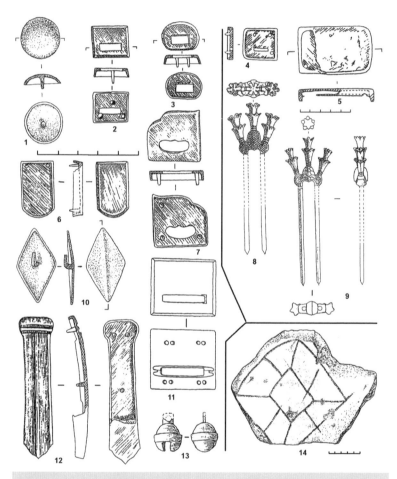

〈그림 15〉 와실 내부 퇴적토 출토 유물: 1, 10 - 장식 패식, 2~4, 7, 11 - 띠꾸미개, 5, 6, 12 - 띠 끝장식, 8, 9 - 비녀, 13 - 방울, 14 - 놀이판(1~3, 6~10, 12, 13 - 청동; 4, 5 - 철; 11, 14 - 돌)

인되었다. 이 간층들은 단면 조사에서 기와벽실 쪽이 높게 비스듬히 위치함이 확인되었다. 이것은 기와벽실 위 분구의 흔적일 수도 있다. 분구는 위 건축면에 의해 훼손되었다.

이 유구의 지하 유구, 다시 말해서 와실의 용도가 무엇이었는지는 분

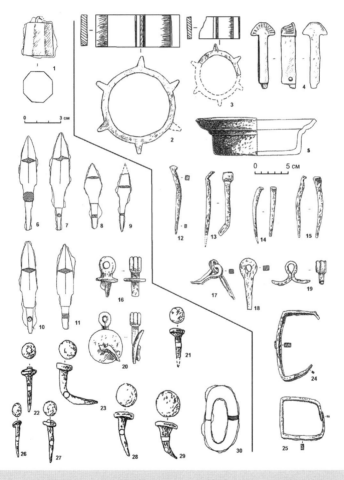

〈그림 16〉 와실 내부 퇴적토 출토 철제 및 주철제 유물: 1 – 추, 2, 3 – 차관, 4 – 비녀못, 5 – 다리미, 6~11 – 화살촉, 12~15, 21~23, 26~29 – 못, 16~20 – 배목, 24~25 – 꺾쇠, 30 – 버클

명하지 않지만 무덤, 성물 보관소, 저장고 등의 의견이 제시되었다. 저장고라는 의견이 가장 설득력이 있다. 크기와 모양이 비슷한 석축 벽을 한 저장고인 움이 체르냐찌노 2 주거 유적 부근에서 발굴된 바 있다(니끼친, 정석배, 2010). 내부 퇴적토에서 출토된 작은 편 상태의 유물들로 볼 때 그 유물들은 와실이 폐기되고 난 후 와실 내부로 들어간 것이며, 그것들은 폐기물 구덩이에 버려진 것들이었다. 내부 퇴적토에서는 다음과 같은 유물들이 출토되었다.

- 토제 동물 형상 아랫부분인데 이 동물 앞에 원숭이가 있다. 금당 지붕의 장식품일 것이다(〈그림 14-4〉).
- 원통형의 기저부 위에 연꽃봉오리 모양이 장식된 토제 지붕 장식 편들(1981년도에 와실 유구 가까이에서 발굴된 금당지 지붕에서 떨어진 기와무지에서 이와 비슷한 모양의 연꽃봉오리 장식이 출토됨)(〈그림 14-1~3〉).
- 자기와 시유 토기편들(삼색 납유를 시유한 2개체에서 떨어져 나온 발해 삼채기편 4점, 하북성 정주 가마에서 생산한 정요 자기 접시편 1점).
- 청동 띠꾸미개, 비녀, 방울(〈그림 15-1~3, 6~10, 12, 13〉).
- 철제 및 석제 띠꾸미개들(〈그림 15-4, 5, 11〉).
- 철제 낫, 삽, 칼, 못, 꺾쇠, 열쇠, 문 부속품, 고리, 판상 유물, 배목, 화살촉(〈그림 16-6~30〉, 〈그림 17〉).
- 주철제 다리미, 차관, 비녀못, 추, 솥(〈그림 16-1~5〉).
- 석제 패식, 구슬, 놀이판(〈그림 15-11, 14〉).
- 토기 동체부편 및 와편으로 만든 놀이알들.
- 와실에서 옹, 소옹, 호, 화병, 대접, 대완, 소완, 접시, 뚜껑, 주전자

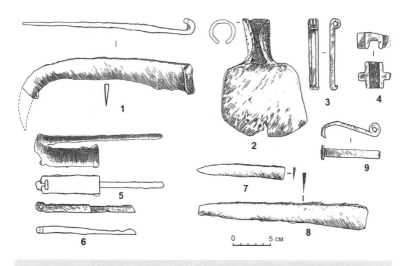

〈그림 17〉 와실 내부 퇴적토 출토 철제 유물: 1 - 낫, 2 - 삽, 3, 4, 9 - 문 부속품(?),
5 - 자물쇠, 6 - 열쇠, 7, 8 - 칼

(주구가 달린 화병 모양 토기) 등을 포함해 45개 이상의 토기에서 깨진 토기편들이 출토되었다(〈그림 18〉).

와실에서 가장 많이 출토된 유물은 기와이다. 기와는 와실 축조 재료로서 와실 내에서 출토되었는데, 와실 내부 퇴적토에서 바닥까지 거의 모든 층에서 확인되었다. 기와는 모두 깨진 상태였다. 다만 남서벽 부근에서 넓은 아래쪽 단부에 지두문이 시문된 암키와 1점이 온전한 상태로 출토되었다. 기와는 색깔이 회색과 갈색-오렌지색 두 가지이며 수키와, 암키와, 그리고 처마기와였다. 와편 중에는 5개 형식의 와당도 편 상태로 발견되었는데 금당 및 누각 지붕에 사용한 것과 유사했다. 암키와 중 처마기와에는 대롱무늬, 구멍무늬, 가장자리의 눈금무늬, 새

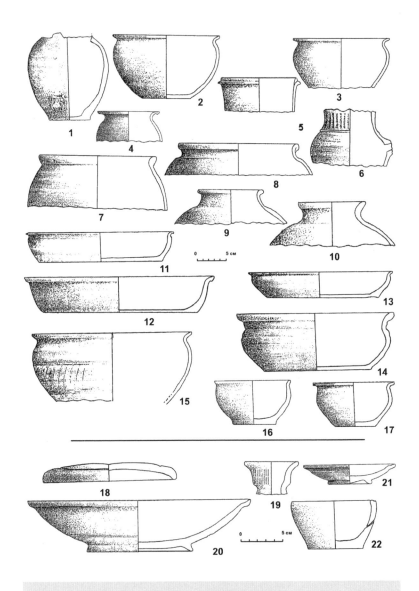

〈그림 18〉 와실 내부 퇴적토 출토 토기

김 능형무늬, 한쪽 혹은 양쪽의 지두무늬 등 다양한 문양들이 장식되어 있다.

현재 크라스키노성의 절터에는 존속의 마지막 순간에 적어도 2기의 건축물, 다시 말해서 금당과 누각이 있었을 것으로 추정된다. 그리고 이 시기에 지하의 와실 유구도 존재할 수도 있음이 확인되었다. 절 건물들은 성내의 다른 거주 지역과 (아직은 일부만 조사된) 석축 기초 담장으로 구분되어 있었다. 그 외에도 절터 일대와 그 근처에서 발굴을 통해 절 건축물을 조영할 때 사용하였을 기와를 소성燒成한 12기의 가마터가 발견되었다(볼딘, 2003). 금당과 와실 유구의 북쪽 구역에서는 절구와 땅에 묻은 저장용기를 포함하는 경제 마당의 흔적이 확인되었다(볼딘, 2001 / 볼딘, 2002 / 볼딘, 이블리예프, 2006). 이곳의 경제 구덩이들에서 출토된 청동 불수, 금동 광배와 받침대 등과 같은 불상 부속품들은 경제 마당이 절터와 직접적인 관련이 있음을 말한다.

■ 참고문헌

• Болдин В.И. 1980-о. Отчет об археологических исследованиях на Краскинском городище в Приморском крае в 1980 году // Архив ИА РАН. Р-1, № 7775. (V.I. 볼딘, 1980, 1980년도 연해주 크라스키노성 고고학 조사 보고서 // 러시아과학원 고고학연구소 문서보관소. Р-1, № 7775.)

• Болдин В.И. 1981-о. Отчет об археологических исследованиях на Краскинском городище в Приморском крае в 1981 году // Архив ИИАЭНДВ ДВО РАН. Ф.1, оп. 2, № 171. (V.I. 볼딘, 1981, 1981년도 연해주 크라스키노성 고고학 조사 보고서 // 러시아과학원 극동 역사학 고고학 민족학연구소 문서보관소. 폰드 1, 오삐시 2, № 171.)

• Болдин В.И. Буддийский храм Краскинского городища // Проблемы этнокультурной истории Дальнего Востока и сопредельных территорий. Отв. ред. Б.С. Сапунов. Благовещенск, 1993: 49-59. (V.I. 볼딘, 크라스키노성의 절터 // 극동 및 인접지역의 민족문화사 문제들. 책임편집 V.S. 사뿌노프, 블라고베쉔스크, 1993: 49~59.)

• Болдин В.И. 1994-о. О результатах полевых исследований на Краскинском городище в Приморье в 1994 году // Архив ИИАЭНДВ ДВО РАН. Ф.1, оп. 2, № 385. (V.I. 볼딘, 1994, 1994년도 연해주 크라스키노성 야외 조사 보고서 // 러시아과학원 극동 역사학 고고학 민족학연구소 문서보관소. 폰드 1, 오삐시 2, № 385.)

• Болдин В.И. 2001-о. Отчет о результатах полевых исследований на Краскинском городище в приморском крае в 2001 году // Архив ИИАЭНДВ ДВО РАН. Ф.1, оп. 2, № 457. (V.I. 볼딘, 2001, 2001년도 연해주 크라스키노성 야외 조사 보고서 // 러시아과학원 극동 역사학 고고학 민족학연구소 문서보관소. 폰드 1, 오삐시 2, № 457.)

• Болдин В.И. 2002-о. Отчет о результатах полевых исследований на Краскинском городище в приморском крае в 2002 году // Архив ИИАЭНДВ ДВО РАН. Ф.1, оп. 2, № 531. (V.I. 볼딘, 2002, 2002년도 연해주 크라스키노성 야외 조사 보고서 // 러시아과학원 극동 역사학 고고학 민족학연구소 문서보관소. 폰드 1, 오삐시 2, № 531.)

• Болдин В.И. Черепичные печи Краскинского городища // Проблемы археологии и палеоэкологии Северной, Восточной и Центральной Азии. Материалы международной конференции «Из века в век», посвященной 95-летию со дня рождения академика А.П.Окладникова и 50-летию Дальневосточной археологической экспедиции РАН. – Новосибирск: Изд-во Института археологии и этнографии СО РАН, 2003. С . 312 – 316. (V.I. 볼딘, 크라스키노성의 기왓가마들 // 북부, 동부, 그리고 중부아시아의 고고학과 고생태학 문제들. 아카데믹 А.P. 오끌라드니고프 탄생

95주년 및 러시아과학원 극동 고고학 학술조사 50주년 기념 국제학술회의 "세기에서 세기로" 발표자료집. 노보시비르스크: 러시아과학원 시베리아지소 고고학 민족학 연구소 출판사, 2003, 312~316쪽.)

- Болдин В.И., Гельман Е.И., Ивлиев А.Л., Никитин Ю.Г. 2001. «Интеграция» на Краскинском городище: 4 года исследований // Вестник ДВО РАН, № 3: 74-90. (V.I. 볼딘, E.I. 겔만, A.L. 이블리예프, Yu.G. 니끼친, 2001, 크라스키노성에서의 "융합": 조사연구 4년 // 러시아과학원 극동지소 소식지, № 3: 74~90.)

- Болдин В.И., Гельман Е.И., Лещенко Н.В., Ивлиев А.Л., Уникальная находка на Краскинском городище – подземная камера с черепичными стенами // Россия и АТР. 2005. № 3. – С. 66 – 83. (V.I. 볼딘, E.I. 겔만, N.V. 레쉔꼬, A.L. 이블리예프, 크라스키노성의 희귀 발견물 – 지하 기와벽실 // 러시아와 아시아태평양지역, 2005, № 3, 66~83쪽.)

- Государство Бохай (698-926 гг.) и племена Дальнего Востока России. Отв. ред. Э.В. Шавкунов. М.: Наука, 1994. 219с. (발해국(698~926년)과 러시아 극동의 제민족들. 책임편집 E.V. 샤브꾸노프, 모스크바, 나우까, 1994: 219쪽.)

- Болдин В.И., Ивлиев А.Л. Исследования Краскинского городища и археологическое изучение Бохая в Приморье // Россия и АТР. – Владивосток, 2006. № 3. С . 5 – 18. (V.I. 볼딘, A.L. 이블리예프, 연해주에서의 크라스키노성 발굴 조사와 발해에 대한 고고학적 연구 // 러시아와 아시아태평양지역, 블라디보스톡, 2006, № 3, 5~18쪽.)

- Никитин Ю.Г., Чжун Сук-Бэ. Исследование бохайских погребов на поселении Чернятино-2 // Бохай: история и археология (в ознаменование 30-летия с начала археологических раскопок на Краскинском городище): международная научная конференция, 4-9 сентября 2010 г., Владивосток: программа и тезисы. – Владивосток: ИИАЭ ДВО РАН, 2010. С. 52-53. [Yu.G. 니끼친, 정석배, 체르냐찌노 2 주거 유적에서의 발해 움 조사 // 발해: 역사와 고고학 (크라스키노성 고고학 발굴 30주년 기념): 국제학술회의, 2010년 9월 4~9일, 블라디보스톡: 프로그램과 명제들. –블라디보스톡: 러시아과학원 극동 역사학 고고학 민족학연구소, 2010, 52~53쪽.)]

- Отчет об археологических исследованиях бохайских памятников в Приморском крае России в 2004 году. Сеул: Фонд изучения Когурё, Институт истории, археологии и этнографии народов Дальнего Востока ДВО РАН. 2005. 453 . (고구려 연구재단 · 러시아과학원 극동 역사학 고고학 민족학연구소, 《2004년도 러시아 연해주 크라스키노성 발굴 보고서》, 2005, 453쪽.)

주거지와 경제 건축물들

머리말

주거지들과 경제 건축물들은 물질문화의 불가결한 한 부분으로서 언제나 고고학자들의 주목을 받았다. 이 유구들이 자연 조건들, 경제적 특성들, 민족적 전통들, 사회적 관계들에 종속되어 있다는 점은 이들에 대한 연구 방향을 결정한다. 다양한 양상의 고고학 자료들에서, 한편으로는 주거지 모양과 지리적 환경 사이에서, 주거지 면적과 사회 조직의 유형 사이에서, 그리고 주거지 크기와 마을 유적 사이에서 상관관계를 밝힐 수가 있다. 다른 한편으로는 그것들의 경제적 이용 지대의 생산성을 밝힐 수 있다.

발해의 주거지들은 아직 충분히 연구되지 못하였다. 대부분의 발해 유적에서는 주거지가 전혀 조사되지 못하였고, 일부 유적에서만 드물게 조사되었기 때문이다. 구역에 따라 5~6개 건축면이 확인된 크라스키노성에서는 보존 상태가 서로 다른 25기의 주거지가 전부 혹은 부분적으로 발굴이 되었고, 그 외에도 여러 종류의 경제 건축물도 조사되었다. 그 결과 발해 주거지들의 유형, 규모와 형태, 방향, 구조적 특성과 난방시설, 주거지 내의 경제적 대상들, 그리고 주거지 사이의 공간 등에 대한 정보를 얻을 수 있었다.

주거지들

현재 크라스키노성에서는 두 가지 유형의 주거지가 조사되었다. 노지가 있는 반수혈식과 쪽구들 난방 시설을 한 바닥이 약간 낮은 지상식이다(〈그림 1~8〉). 두 경우 모두 주거지는 장방형 모양이 일반적이지만 더러는 방형이고, 흔히 모서리를 둥글게 하였다. 주거지 방향은 유형에 관계없이 다양하지만 대부분 선호하는 방향이 한두 방향으로 일정하다. 크라스키노성의 주거지는 흔히 북동-남서 방향이며, 드물게는 북서-남동 방향, 북-남 방향, 서-동 방향으로 나 있다.

1) 반수혈식 주거지들

반수혈식 주거지의 수혈은 깊이가 0.4~0.5미터, 면적은 16~20평방

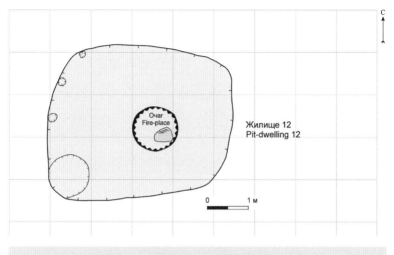

Очаг
Fire-place

Жилище 12
Pit-dwelling 12

0   1 м

〈그림 1〉 12호 주거지, 제5 건축면의 반수혈식 주거지

미터이다(〈그림 1〉, 〈그림 2〉). 몇몇 반수혈식 주거지에서는 기둥 구멍들
이 발견되었는데 기본적으로 주거지 가장자리를 따라 배치되어 있었
고, 간혹 주거지 가운데 부분에서도 확인되었다. 일련의 경우 일부 잔
존하는 석축 벽체의 기초 부분을 통해 판단할 때 기둥의 두께는 평균
0.2~0.3미터였다. 절대다수의 반수혈식 주거지는 가장 아래의 제5·
제6 건축면에서 발견되었지만 1기의 반수혈식 주거지가 제3 건축면에
서 조사된 경우도 있다(〈그림 2〉).

　전형적인 반수혈식 주거지의 예로는 12호 주거지를 들 수 있다. 이
주거지는 2007년과 2009년에 발굴(2007년도 조사 보고서, 2008, 〈도면 93〉 / 겔
만·김은국 외, 2011, 〈도면 519〉, 〈도면 526〉, 〈도면 568e〉)되었으며, 수혈의 깊이가
55센티미터(〈그림 1〉), 방향은 동-서였다. 노지는 직경이 약 1미터로 출
입구 가까이에 위치하였으며 가장자리를 따라 작은 돌을 이중으로 쌓

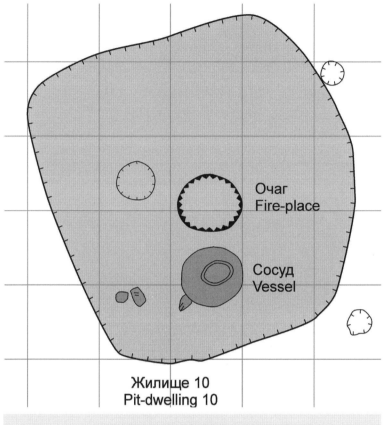

Очаг
Fire-place

Сосуд
Vessel

Жилище 10
Pit-dwelling 10

〈그림 2〉 10호 주거지, 제3 건축면의 반수혈식 주거지

앗다. 주거지 바닥에는 점토를 바른 것이 일부 확인되었다. 규모는 3.5
×4.5미터로 면적은 15.7평방미터이다. 입구는 잔존 기둥 구멍들의 배
치 상태로 보아 동쪽에 위치했을 것으로 추정된다. 이 주거지는 불탄
구조물이 주거지 내부 퇴적토의 윗부분에서 발견된 것으로 보아 폐기
된 후 불에 탔을 것으로 추정한다.

이 유형의 주거지 대부분은 주거지 벽체에 구멍 모양의 출입구를 가

지고 있었을 것이다. 반수혈식 주거지들에서는 기둥 구멍들이 발견되었는데 기본적으로 주거지 가장자리를 따라 배치되었고, 간혹 주거지 가운데 부분에서도 확인되었다(〈그림 1〉, 〈그림 2〉). 그렇지만 확보된 자료를 통해 반수혈식 주거지를 복원하기엔 아직은 충분치 못하다. 화재와 홍수는 발해 주거지들의 폐기 원인이었는데 거의 모든 반수혈식 주거지들은 폐기 후 쓰레기 구덩이로 활용되었다.

2) 지상식 주거지들

이 유형의 주거지들은 일반적으로 바닥이 땅속으로 0.2~0.3미터 들어가 있다. 이들의 면적은 15~57평방미터이지만 평균 20~30평방미터를 넘지 않는다(〈그림 3〉~〈그림 6〉). 벽체의 기초를 조성하는 데 있어 보통 돌을 사용하였는데 돌을 1~3층 쌓고 점토를 발랐다. 석축 벽체의 너비는 0.25~0.35미터를 넘지 않는다. 반수혈식 주거지들에서와 마찬가지로 입구를 만들었다.

모든 지상식 주거지에는 쪽구들 형식의 난방 시설을 하였지만 대부분 보존 상태가 좋지 못하며, 특히 제2~제4 건축면 주거지들이 훼손이 심하다. 이 사실은 그 주거지들이 재건축되었고, 구들에 사용된 석재들이 새 주거지를 만들 때 재사용되었기 때문으로 설명된다. 대부분의 경우 구들은 고래가 2줄이고 평면 형태는 'ㄷ' 자 모양이다. 구들의 고래를 만들 때는 땅에 크고 납작한 돌을 수직으로 세우고 그 위에 다른 적당한 돌을 올려 덮었다. 따라서 구들 고래는 단면이 'Π' 자 모양이었다.

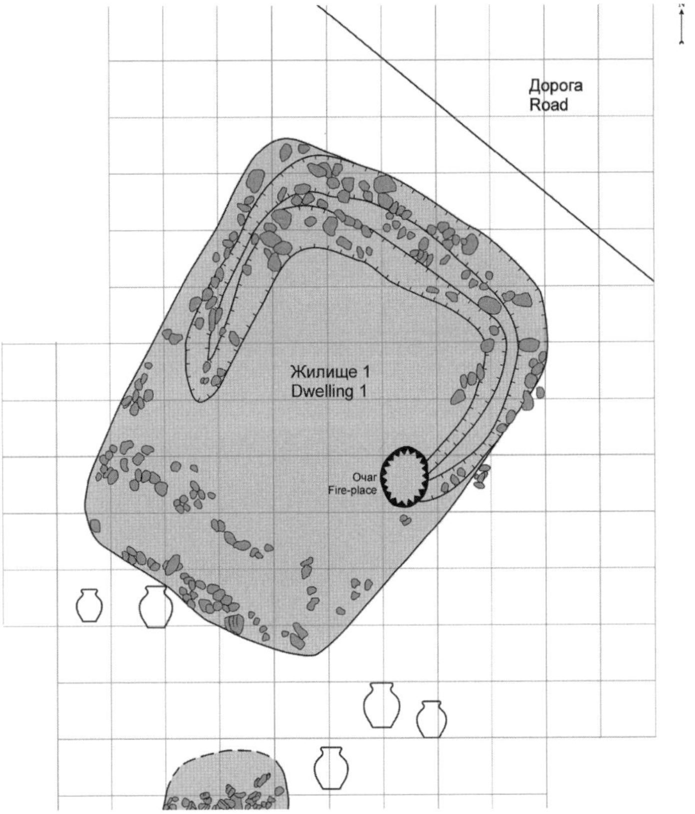

〈그림 3〉 1호 주거지, 위 건축면의 구들이 딸린 주거지

이때 모든 돌 구조물은 점토를 발라 보강하였다. 구들 한 칸의 크기는 주거지 크기에 따라 차이가 나며, 구들 너비는 대부분 1미터가 넘었다. 고래의 너비는 평균 22~30센티미터이다. 구들에는 일반적으로 한두 개의 아궁이가 있었다. 아궁이의 크기는 직경이 0.55~1.4미터로 다양하였고, 깊이는 0.25~0.5미터였다.

쪽구들이 딸린 주거지들 중에서 각각 2005년과 2012년에 발굴된 1호

〈그림 4〉 1호 주거지 모습, 북동쪽에서

주거지와 19호 주거지의 상태가 가장 양호하다(2005년도 발굴 조사 보고서, 2006 / 겔만, 김은국 외, 2013). 이 2기의 주거지는 모두 위 건축면에 해당된다. 위 건축면에서는 대개 표토-부식토층 제거 및 뒤이은 정리 조사 도중에 주거지들의 일부가 노출되었다. 이 층에는 경작 흔적들도 남아 있다. 경작 흔적들은 주거지들의 양호한 보존 상태에 거의 영향을 끼치지 못하였다.

1호 주거지는 평면상 장방형이며 바닥이 땅속으로 조금(0.3미터 이하) 들어갔고, 가장자리를 따라 벽체를 위한 석축 기초가 남아 있다. 이 벽체의 석축 기초는 자갈돌과 작은 덩이 돌들을 한두 겹 쌓고 점토로 보강하였다(〈그림 3〉, 〈그림 4〉). 이 주거지는 모서리가 방위 방향으로 나 있

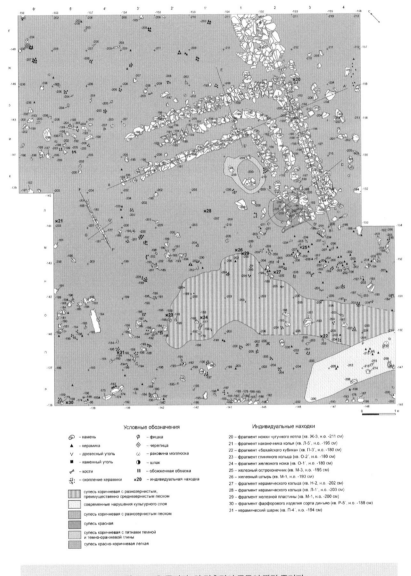

Условные обозначения

⊘ – камень   Φ – фишка
▲ – керамика   ⊕ – черепица
V – древесный уголь   ω – раковина моллюска
■ – каменный уголь   ◐ – шлак
✍ – кости   ‖ – обожженная обмазка
✲ – скопление керамики   ×20 – индивидуальная находка

супесь коричневая с разнозернистым, преимущественно среднезернистым песком
современные нарушения культурного слоя
супесь коричневая с разнозернистым песком
супесь красная
супесь коричневая с пятнами темной и темно-оранжевой глины
супесь красно-коричневая легкая

Индивидуальные находки

20 – фрагмент ножки чугунного котла (кв. Ж-3, н.о. -211 см)
21 – фрагмент наконечника копья (кв. Л-5`, н.о. -195 см)
22 – фрагмент «бохайского кубика» (кв. П-3`, н.о. -180 см)
23 – фрагмент глиняного кольца (кв. О-2`, н.о. -180 см)
24 – фрагмент железного ножа (кв. О-1, н.о. -180 см)
25 – железный острюконечник (кв. М-3, н.о. -195 см)
26 – железный штырь (кв. М-1, н.о. -193 см)
27 – фрагмент керамического кольца (кв. Н-2, н.о. -202 см)
28 – фрагмент керамического кольца (кв. Л-1`, н.о. -203 см)
29 – фрагмент железной пластины (кв. М-1, н.о. -200 см)
30 – фрагмент фарфорового изделия сорта диньяо (кв. Р-5`, н.о. -188 см)
31 – керамический шарик (кв. П-4`, н.о. -194 см)

〈그림 5〉 19호 주거지, 위 건축면의 구들이 딸린 주거지

염주성 발굴의 여명 · 125

으며, 크기는 9×6.4미터, 전체 면적은 57.6평방미터이다. 구들은 2줄의 고래를 가졌고, 주로 주거지 북동쪽 절반 부분에 위치하며, 평면은 'ㄷ'자 모양이다. 구들 북서쪽 칸은 길이가 5미터, 남동쪽 칸은 길이가 4.4미터이며, 주거지 뒷벽을 따라 나 있는 북동쪽 칸은 길이가 주거지의 너비인 6.4미터에 가깝다(〈그림 3〉).

고래는 단면이 'Ⅱ'자 모양이고, 너비는 평균 22~30센티미터이다. 성내의 토양이 기본적으로 사질토와 모래흙이기 때문에 물에 쉽게 씻겨 나갔으며, 이로 인해 불에 충분히 달구어지지 못한 부분의 고래들은 모양이 부정형으로 남아 있었다. 고래 벽체는 자갈돌을 수직으로 세운 다음에 점토로 보강하여 만들었고, 그다음에는 다른 납작한 돌들로 위를 덮었는데 역시 점토를 발라 보강하였다. 구들 너비는 남동쪽 칸과 북서쪽 칸은 1.2미터, 주거지 안쪽인 북동쪽 칸은 1.6미터였다.

구들에는 1개의 아궁이(0.9×1×0.3미터)가 사용되었는데 구들 남동쪽 칸에 위치하였다. 다른 하나는 북서쪽 칸에 인접해 있었지만 불에 달구어진 자국이 없어 보조 역할을 한 것으로, 그리고 경제 구덩이 역할을 한 것으로 추정된다. 이 구덩이의 바닥에서는 석탄과 토기편들이 출토되었다. 석탄은 땔감으로 사용된 것이며, 불에 탄 석탄 조각들이 주거지 내부 퇴적토 사방에서 확인되었다. 또한 아궁이에서도 숯들과 함께 발견되었다. 크라스키노성 가까이에서 지상에 노출된 석탄 산지가 발견된 바 있다.

주거지의 굴뚝 자리는 돌로 둘러싸인 렌즈 모양의 황색 점토 형태로 잔존하였다. 굴뚝 자리는 주거지 북쪽 모서리 부분에 위치한다. 주거지로의 입구는 남서쪽에 위치하였다. 이 주거지에서는 돌로 기초를 한 딸

<그림 6> 19호 주거지 모습, 북서쪽에서

린 건축물이 발견되었는데 현관이었을 수도 있고 주거지 입구 앞 지붕 아래의 베란다 역할을 하였을 수도 있을 것이다. 주거지 앞쪽에는 대형 토기를 몇 개 파묻어 놓았는데 위 건축면 주거지의 특징적인 현상이다.

19호 주거지는 일부만 잔존하였으며, 북-남 방향으로 나 있었고, 출구는 남쪽에 위치하였다(〈그림 5〉, 〈그림 6〉). 이 주거지의 북동쪽 모서리 부분은 너비가 1미터 이상인 석축 담장에 잇대어져 있었다. 주거지 길이는 동쪽에서 서쪽으로 약 8.5~9미터, 북쪽에서 남쪽으로 6.4미터 이상이었다. 면적이 54.4~57.6평방미터인데, 1호 주거지와 거의 비슷한 크기이다. 구들의 동쪽 칸은 길이 4.6미터로 온전하게 남아 있었고, 불에 탄 아궁이로 마무리되었다. 아궁이는 크기가 0.94×10.6×0.2미터이다. 구들 한 칸의 너비는 1.4미터를 넘지 않는다. 아궁이 및 구들 동

〈그림 7〉 19호 주거지 경제 구덩이 모습, 북서쪽에서

〈그림 8〉 19호 주거지 다듬잇돌 모습, 남서쪽에서

쪽 칸과 나란하게 1.32×0.9미터 크기의 말각 장방형 구덩이가 발견되었는데 벽체와 바닥에 황색의 점토가 두껍게 발라져 있었다(〈그림 7〉). 이 구덩이는 구들 동쪽 칸과 평행하게 배치되어 있다. 구덩이의 바닥과 내부 퇴적토에서 토기 동체부편들과 여러 점의 자갈돌, 그리고 작은 목탄들이 발견되었다. 하지만 불에 탄 흔적은 발견되지 않아 경제 구덩이로 사용되었을 것으로 추정된다. 구들 서쪽 칸은 부분적으로만 남아 있다. 이 주거지의 남서쪽 모서리는 다듬잇돌로 인정되는 장방형 돌이 있는 부분일 것으로 추정되었다(〈그림 8〉).

크라스키노성에서 반수혈식 주거지들은 제5, 제6 건축면과 예외적으로 제3 건축면에서 발견되었다. 따라서 노지가 딸린 반수혈식 주거지들은 이 유적에서 이른 단계를 반영하고, 구들이 딸린 지상식 주거지들은 보다 늦은 단계를 반영하며 가장 오랫동안 사용되었음을 알 수 있다.

크라스키노성에서는 발해의 다른 유적들 및 발해 이후의 유적들과 마찬가지로 구들로 대표되는 난방 시설을 사용한 것을 확인할 수 있다. 구들은 이른 시기부터 사용되었다. 판돌을 수직으로 세워 고래를 만든 쪽구들(평면이 'ㄷ' 자 모양, 'ㄱ' 자 모양, 'ㅡ' 자 모양의 1줄 고래)은 초기 철기시대 끄로우노브까 고고학 문화의 늦은 단계에서도 이미 나타나고(〈끄로우노브까 1 유적, 꼬르사꼬브까 2 유적, 끼예브까 유적 등〉 보스뜨레초프, 쥬쉬홉스까야, 1990), 그다음에는 올가-뽈쩨 문화에서도 평면이 'ㄱ' 자 모양인 1줄 및 2줄의 고래를 가진 구들이 사용되었다(노보고르제예브까성, 노보고르제예브까 마을 유적, 아우로브까성, 루다노브까성)(볼딘, 이블리예프, 2002 / 겔만, 2002 / 샤브꾸노프, 겔만, 2002). 그런데 구들이 딸린 말갈의 주거지는 연해주 지역에서는 아직 발

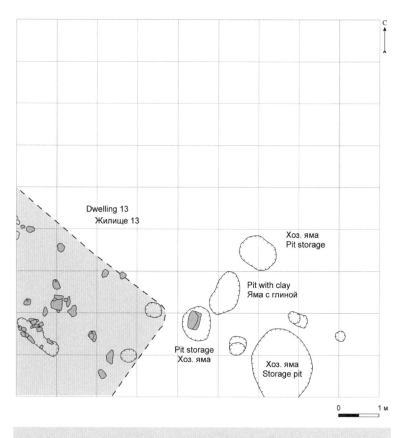

〈그림 9〉 13호 주거지와 경제 구덩이들이 있는 마당

견된 바가 없다. 따라서 그와 같은 유형의 구들은 서로 다른 그룹의 주민들에 의해 발해 문화로 전해졌을 것이다. 즉 판돌을 수직으로 세워 구들 고래를 만든 고구려인들에 의해 직접적으로 전해졌을 것이다. 문헌에 따르면 말갈은 고구려인들과 오랫동안 접촉하였고, 고구려인들 일부는 발해의 구성원이 되었다. 따라서 발해 주거지들에 단면이 'Ⅱ' 자인 고래 구들이 존재하는 것은 복잡하고 다문화적인 과정의 결과였다.

경제 건축물들

1) 경제 구덩이들

크라스키노성과 다른 발해 유적들에서 가장 널리 사용된 경제 건축물은 구덩이였다. 경제 구덩이들은 내부의 퇴적토를 통해 볼 때 용도가 다양하였지만 흔히 식료품과 건축 자재들을 저장하는 저장 구덩이로 사용되었고, 폐기물 구덩이로도 사용되었다. 크라스키노성에서는 몇몇 경제 구덩이들 위로 차양을 친 것이 확인되었고, 구덩이 자체는 벽

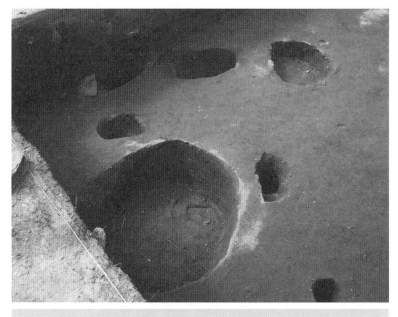

〈그림 10〉 13호 주거지 마당의 경제 구덩이들 모습, 남동쪽에서

에 점토를 두껍게 발라 마무리하였다(〈그림 9〉, 〈그림 10〉).

2) 우물

크라스키노성의 우물은 절터 내에 위치하며, 오랫동안 사용되었고, 전체 깊이는 약 3미터이다(겔만 외, 2000). 우물 구덩이는 평면상 윗부분은 원형이며, 아랫부분은 방형이다(〈그림 11〉, 〈그림 12〉). 우물 윗부분의 직경은 레벨에 따라 70~115센티미터, 방형 부분은 한 쪽 길이가 115센티미터이다. 모서리들은 거의 방위 방향으로 배치되었다. 이 우물은 기왓가마들 가까이에 축조되었는데, 아마도 우물물은 기와 생산과 다른

〈그림 11〉 사역에서 발굴된 우물 모습, 동쪽에서

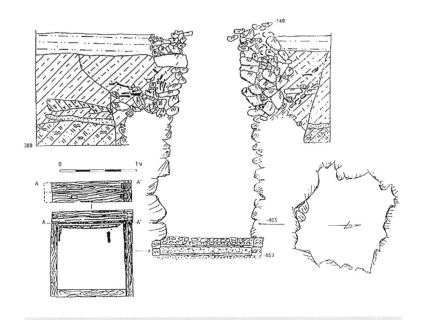

<그림 12> 우물의 평면 및 단면도

경제적 필요에 사용되었을 것이다.

우물의 축조 재료로는 돌과 폐기된 기와를 섞어서 사용하였지만, 우물의 외면 부분과 방형 구덩이 아랫부분은 돌만 쌓았다. 우물은 두께가 14~15센티미터인 두 겹의 판재와 각목(2열)으로 짠 목곽 구조물 위에 만들었다. 우물 바닥에는 중간 및 작은 크기의 자갈을 깔았고, 그 아래에는 독특한 구조의 여과 장치가 배치되었다(〈그림 13〉). 여과 장치는 모래층들로 이루어져 있었는데 이 모래층들은 참나무 틀에 고정시킨 가느다란 버들가지를 엮어 만든 두 개의 바자울 사이에 위치한다. 우물 내의 목조 구조물들은 모두 원래 모습대로 보존되어 있었다. 우물은 성 존속의 마지막 순간에 폐기되었다.

〈그림 13〉 우물 바닥에 깔린 자갈과 여과 장치가 있는 목조 구조물 모습, 동쪽에서

우물 구덩이의 윗부분은 돌들과 깨진 기와들로 조밀하게 채워져 있었다. 우물 구덩이의 160~170센티미터 깊이에서 우물의 뚜껑, 다시 말해서 두 조각난 두께 4~5센티미터의 납작한 판돌이 발견되었다. 뚜껑의 절반인 이 판돌은 움직이지 않는 고정된 부분이었을 것이며, 나머지 절반은 목재로 만들었을 것이다. 판돌 아래에는 내부 퇴적토에서 두께 30~40센티미터의 뻘이 된 모래에 섞인 돌과 와편들이 발견되었지만 수량은 많지 않았다. 아마도 우물 아래로 떨어진 이 판돌이 우물로 떨어지는 돌과 기와를 차단하였을 것으로 짐작된다.

이 층에는 다량의 동물학 자료들(작은 담수 고둥 껍데기, 바다 홍합 껍데기, 작은 뼈들, 곤충 날개 등)과 식물학 자료들이 포함되어 있었다. 식물학 자료 중에서는 개암 껍데기와 고갱이, 잣 껍데기, 우엉 가지 등이 있었다. 이 층은

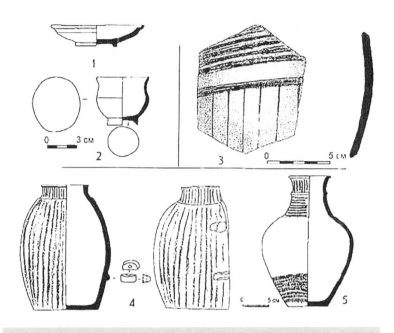

<그림 14> 우물 내부 퇴적토 출토 유물들: 1 - 토기 접시, 2 - 목제 완,
3 - 토기 기벽으로 만든 6각형 유물, 4 - 편병, 5 - 거란 토기

우물이 폐기된 순간의 물 높이를 말해 준다. 왜냐하면 그 아래에서는 불에 탄 흔적이 없으며, 물이 있는 층에서 보존된 판재들, 나뭇가지들, 풀들, 곤충들 등이 발견되었기 때문이다. 큰 판재 하나는 이 층에서 거의 우물 바닥에 이르기까지 확인되었다. 이곳 물 높이 아래에서는 눌려 깨진 토기들과 편들, 온전하거나 편 상태의 수키와와 암키와 등의 유물이 출토되었다.

우물 구덩이에서 수습한 몇몇 토기들과 기와들은 심하게 불에 탄 흔적이 있었다. 토기는 22점을 복원하는 데 성공하였다. 이 토기들은 모두 물레로 제작하였고, 모양이 호, 화병, 화병형 토기, 옹, 편병, 구상 동체 토기 등 다양하다. 몇몇은 크라스키노성의 위 건축면을 편년하는데 많은 도움이 되었다(《그림 14》). 이 중 하나는 목에 두 개의 융기대(목 가운데 부분과 기저 부분)가 돌아가고 있고, 동체 아랫부분을 굴림 시문구로 새긴 기운 눈금으로 장식된 화병이다. 이 토기는 모양과 문양이 926년에 발해를 정복한 거란의 것과 완전히 일치한다(이블리예프, 1985, 102~104, 119~120). 이것은 연해주에서 처음으로 발견된 거란 토기이다. 아울러 신라와 거란 토기의 특징을 함께 보이고 있는 편병도 흥미롭다.

우물 바닥에서 발견된 나무로 만든 완은 러시아는 물론이고 다른 나라를 포함한 발해 유적에서 발견된 첫 번째 목제 용기이다. 우물을 만들기 위해 파낸 구덩이 내부 퇴적토에서는 흙으로 만든 미니어처 용머리가 출토되었다.

우물의 남서쪽 부분에서는 기와를 한 겹 쌓아 만든 1.3×2미터 크기의 장방형 열이 발견되었다. 이 기와 일대에는 땅이 심하게 달구어져 있었다. 이것은 우물 위에 설치되었던 기와 차양의 잔재일 수도 있다. 차양은 4개의 기둥으로 받쳐졌을 것인데 직경 20센티미터의 구멍이 4개 남아 있다. 화재의 흔적은 우물 주변과 금당 벽체를 따라, 그리고 성벽 일대에서도 확인되었다.

이 우물은 전체적으로 평양에서 발굴된 고구려 우물과 닮았다(강태온, 1986, 38~39). 이 고구려 우물은 대성산 성벽에서 남쪽으로 3킬로미터 떨어진 고사에서 발견 및 발굴되었다. 이 고구려 우물의 깊이는 9미터이다. 이 우물 역시 바닥에는 목곽 구조를 하였으며, 석축으로 쌓아 올렸다. 윗부분의 단면은 원형, 중간 부분은 팔각형, 아랫부분은 방형이다. 우물 구덩이의 직경은 아랫부분이 115센티미터, 중간 부분이 120센티미터, 윗부분은 105센티미터이다. 우물 바닥의 목곽 구조물(방형)은 직경 15센티미터, 길이 1미터 이상의 통나무를 결구하여 만들었다. 고구려 우물에서도 크라스키노성 우물과 마찬가지로 토기들(30점 이상)과 와편들, 그 외에 벽돌과 철제 및 청동제 유물들이 출토되었다. 생물 자료로는 연체동물 껍질들, 사슴뼈와 뿔, 복숭아 씨앗 등이 출토되었다.

크라스키노성 우물과 고구려 우물은 공통점이 많다. 그중에서 우물 윗부분은 단면이 원형이고 아랫부분은 방형이라는 구조적 특성이 주목된다. 또 두 종류의 건축 자재를 사용하였다는 점, 다시 말해 우물 구덩이에는 돌을, 바닥에는 목재를 사용하였다는 점도 들 수 있다. 우물의 기본적인 규모도 비슷함을 지적할 수 있다. 우물 바닥의 장방형 부분은 크라스키노성과 고구려 우물이 모두 각 변의 길이가 115센티미터로 동일하다. 고구려 우물의 통나무 두께(15센티미터)와 크라스키노성 우물의 판재 및 각목 두께(14~15센티미터)도 거의 비슷하다. 그렇지만 발해의 우물 축조가 고구려 전통을 단순히 복제한 것이라고 할 수는 없는데, 발해의 건축가들은 실제에서 자신들의 지식을 창조적으로 적용하였기 때문이다.

맺음말

크라스키노성에서 25기의 주거지를 발굴 조사한 결과 반수혈식과 난방 시설을 적용한 지상식 등 두 유형의 주거지가 확인되었다. 노지가 딸린 반수혈식 주거지는 이 유적의 아래 건축면들에 해당한다. 위 건축면들에서는 구들이 딸린 지상식 주거지가 많이 축조되었다. 주거지 규모는 시간에 따라 변동을 보였다. 가장 큰 주거지는 위 건축면들에 해당된다. 크라스키노성에서 조사된 주거지들의 구들은 고래가 2줄이며 평면이 'ㄷ' 자 모양이다. 이 주거지들에는 아궁이가 1~2개 있는데 몇몇 아궁이는 반폐쇄식이었다. 고래는 자갈 혹은 판돌을 수직으로 세워 만들었고, 단면이 'Ⅱ' 자 모양이었다.

주민들의 경제 활동은 주거지들 내부 및 그 주변에 집중되었다. 다양한 유적에서 여러 가지 용도의 저장 구덩이부터 시작하여 초석이 있는 지상 건물에 이르기까지 다양한 유형의 경제 건축물들을 확인할 수 있었다. 주민들에게 물 공급을 보장한 우물은 특히 중요한데 그중의 하나가 크라스키노성에서 발굴되었다.

■ 참고문헌

- 고구려 연구재단, 《2005년도 러시아 연해주 크라스키노성 발굴 보고서》, 2006, 241쪽.
- 김은국, E.I. 겔만, 정석배, 김은옥, E.V. 아스따셴꼬바, Ya.E. 삐스까료바, V.I. 볼딘, 《연해주 크라스키노 발해성 2012년도 발굴 조사》, 동북아역사재단 · 러시아과학원 극동역사학 고고학 민족학연구소 · 극동 연방대학교, 481쪽.
- 동북아역사재단, 《2007년 러시아 연해주 크라스키노 발해성 발굴 보고서》, 2008, 448쪽.
- 동북아역사재단, 《2009년도 연해주 크라스키노 발해성 한 · 러 공동 발굴보고서》, 2011, 권1, 331쪽, 권2, 511쪽.
- Болдин В.И., Ивлиев А.Л. Многослойный памятник Новогордеевское городище. Материалы раскопок 1986-1987 годов // Труды Института истории, археологии и этнографии народов Дальнего Востока. Том. XI. Актуальные проблемы дальневосточной археологии. – Владивосток: Дальнаука, 2002. – С. 46-58. (V.I. 볼딘, A.L. 이블리예프, 다층위 유적 노보고르제예브까성. 1986~1987년도 발굴 조사 자료 // 극동제민족 역사학 고고학 민족학연구소 논문집. 권 11. 극동 고고학의 당면 문제들. 블라디보스톡: 달나우까, 2002, 46~58쪽.)
- Вострецов Ю.Е., Жущиховская И.С. К вопросу о канах на памятниках кроуновской культуры Приморья // КСИА. – Вып. 199. – 1990. – С. 74-79. (Yu.E. 보스뜨레초프, I.S. 쥬쉬홉스까야, 연해주 끄로우노브까 문화 유적들의 구들에 대한 문제들 // KSIA. 199호, 1990, 74~79쪽.)
- Гельман Е.И. К вопросу о культурной принадлежности Новогордеевского селища // Археология и культурная антропология Дальнего Востока и Центральной Азии. Владивосток, 2002. С. 167-187. (E.I. 겔만, 노보고르제예브까성의 문화적 귀속성에 대한 문제 // 극동과 중부아시아의 고고학과 문화인류학. 블라디보스톡, 2002, 167~187쪽.)
- Гельман Е.И., Болдин В.И., Ивлиев А.Л. Раскопки колодца Краскинского городища // История и археологи Дальнего Востока. – Владивосток: изд-во Дальневосточного университета, 2000. – С. 153-165. (E.I. 겔만, V.I. 볼딘, A.L. 이블리예프, 크라스키노성 우물 발굴 조사 // 극동의 역사와 고고학. 블라디보스톡, 극동대학 출판부, 2000, 153~165쪽.)
- Ивлиев А.Л. Киданьская керамика // Древний и средневековый Восток. Ч. 1. М.: Наука, 1985. С. 100-125. (A.L. 이블리예프, 거란 토기 // 고대와 중세의 동방, 제1부,

모스크바: 나우까, 1985, 100~125쪽.)

- Шавкунов В.Э., Гельман Е.И. Многослойный памятник Ауровское городище // Труды Института истории, археологии и этнографии народов Дальнего Востока. Том. XI. / Актуальные проблемы дальневосточной археологии. – Владивосток: Дальнаука, 2002. – С. 75-109. (V.E. 샤브꾸노프, E.I. 겔만, 다층위 유적 아우로브까 성 // 극동제민족 역사학 고고학 민족학연구소 논문집. 권 11. 극동 고고학의 당면 문제들. 블라디보스톡: 달나우까, 2002, 75~109쪽.)

- Кан Тхэ Он. Обнаружен колодец периода Когурё // Корея (на русс. яз.), 1986, № 2. – С. 38-39. (강태온, 〈고구려 시기 우물 발견〉,《까레야》(러시아어), 1986, № 2, 38~39쪽.)

크라스키노성의 수공업

머리말

크라스키노성(염주성)은 발해의 행정·영역 체제에서 중요한 위치에 있었으며, 동경용원부에 속한 주의 중심지로서 몇 가지 중요한 기능을 수행하였다. 우선 국가 경제의 전략적 자원인 소금 채취를 보장하였고, 국내 및 국제 교역의 중심지 역할, 일본으로 가는 바닷길의 시작이 되는 항구 역할, 그리고 거대한 수공업 중심지 기능도 수행하였다.

크라스키노성에는 전문적인 생산 체제를 갖춘 가내수공업의 존재를 알려 주는 직간접적인 증거들이 있다. 이와 함께 성 주변 지역에는 대량생산 및 개별 상품 생산에 필요한, 그리고 모든 종류의 경제 활동에 반드시 필요한 자원들(바다, 강, 숲, 광물, 농업 자원들)이 집중되어 있다. 바다와 강으로 쉽게 나갈 수 있는 입지와 육로의 존재는 모든 종류의 자원을 빠르게 확보할 수 있게 하였다.

토기 생산

크라스키노성에서 가장 많이 발견된 유물은 토기이다. 이 유적의 문화층들에서 다양한 종류의 토기가 다량으로 출토되었다. 재료로는 현지의 점토를 사용하였는데 엑스뻬지찌야만 북쪽 해안 지역은 벽돌, 기와, 토기를 만드는 데 적합한 점토의 산지로 알려져 있다. 크라스키노산지의 융점이 낮은 점토-사질점토층은 두께가 5.1미터까지로 쭈까노브까강 제1 위 침수지 테라스에 분포한다(스예딘 외, 2013).

토기는 크라스키노성에서 생산하였는데, 일반적인 토기와 유약을 바른 것이 있으며, 수제와 물레로 생산한 것으로 구분된다. 그리고 시유 토기와 자기는 유입된 것이다.

수제 토기는 주로 말갈의 토기에서 나타나며, 손으로 제작하였고, 수량이 많지 않아 전체의 1퍼센트 이하이다(〈그림 1-1, 2〉). 이 토기는 가내 소비를 위해 집에서 바로 생산하였고(가내 생산), 경제적으로 큰 의미를 지니지 못하였다. 모양은 말갈의 특징인 심발형이다. 그 외에 미니어처 토기도 있는데 장난감이었을 것이다. 청동 주조에 필요한 도가니 같은 기술이 집약된 토기들도 손으로 만들었다.

성에서 출토된 수제 토기는 전체적으로 문양이 빈약하며, 대부분 작은 입자의 석리가 특징이다(전체 수제 토기 중 60퍼센트 이상). 나머지는 거친 입자의 태토로 제작하였다. 아래 건축면들에는 거친 입자의 태토가 있는 토기들이 위 건축면들에서보다 많이 눈에 띈다. 전통적으로 수제 심발형 토기는 음식을 조리하는 데 사용하여 흔히 더께와 그을음이 남아

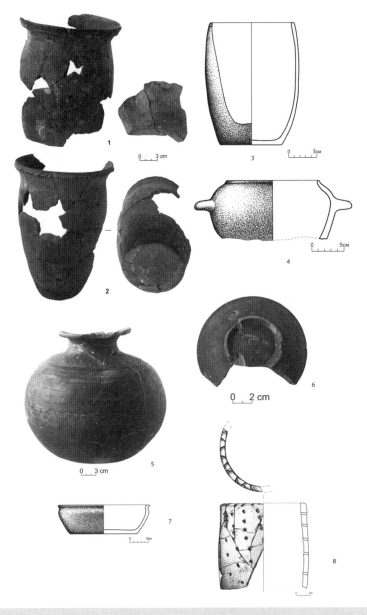

〈그림 1〉 토기 예들: 1, 2 − 수제 토기, 3~8 − 물레성형 토기

있으며, 토기 색깔은 오렌지-갈색부터 흑색까지 다양하다.

물레로 제작한 윤제 토기는 느린 물레와 빠른 물레에서 먼저 윤적법으로 성형하였다. 느린 물레로 만든 토기는 소량만 발견되며 기본적으로 심발과 발이다. 수제 토기와 느린 물레로 만든 토기 사이에는 계승성이 관찰되는데 토기의 구성 부분, 구연부 형성, 몇몇 종류의 문양, 그리고 표면 정면 방법 등에서 그것을 확인할 수 있다. 소성과 관련된 특징은 수제 토기에서 보이는 것과 완전하게 일치한다(〈그림 1-3〉).

빠른 물레로 생산한 전형적인 기형 토기들은 수가 많고 다양하다(〈그림 1-4~8〉, 〈그림 2-1~12〉). 윤제 토기는 28개 이상의 범주로 구분되며, 각각의 범주는 다시 몇몇 형식으로 세분된다. 대옹, 소옹(시루 포함), 호, 완, 대접, 뚜껑, 화병 및 화병형 토기, 발형 토기, 솥 모양 토기, 솥 모방 토기, 긴 목이 있는 병 모양 토기, 반, 접시, 작은 접시, 물 항아리 모양 토기, 구상 토기, 대야, 삼족기 등이 그것이다. 기벽을 도려낸 토기, 기대, 편병, 향로, 등잔, 컵, 삼족기, 뿔 모양 토기, 주전자 등은 드물게 발견된다. 대옹과 소옹은 시루를 포함하여 대부분 수평의 대상파수가 부착되어 있는데 발해 윤제 토기의 특징이다. 호에는 수직의 띠 모양 손잡이가 드물게 부착되었고, 솥 모양 토기와 솥 모방 토기에는 귀손잡이가 달려 있다.

발해 윤제 토기의 기술적 특성들은 상당히 단일적이다. 크라스키노성에서는 흔히 작은 입자의 자연 점토를 태토로 사용하였는데 이 점토의 산지가 주변에 위치한다. 토기 성형은 물레에서 윤적법으로 하였다. 기벽을 얇게 하고, 토기의 형태를 부여하기 위해 나무 박자를 이용하여 기벽에 타날을 하였다. 박자는 표면이 매끈한 것과 간혹 큰 능형 모양

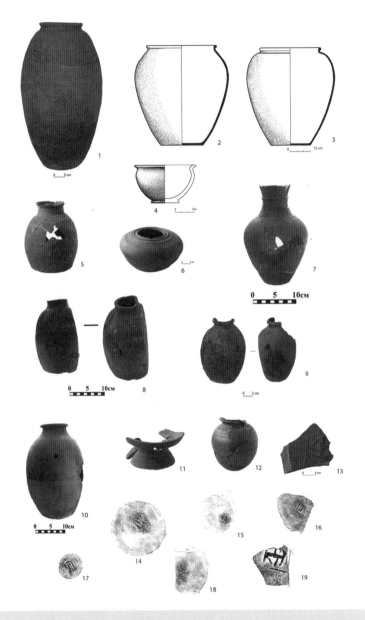

〈그림 2〉 토기 예들: 1~12 – 물레성형 토기, 13~19 – 부조 낙인이 있는 토기 바닥들

으로 새김을 한 것, 그리고 노끈을 감은 것이 있었다.

윤제 토기는 문양이 풍부하지 못하며 소박하고 눈에 잘 띄지 않는 마연 무늬가 특징이다. 마연 무늬는 기벽의 표면을 단단하게 하는 기술적인 기능도 있었다. 보통은 수평의 띠 모양 마연이, 드물게는 수직의 마연 띠가 경부와 동체부에, 더 드물게는 지그재그 모양의 마연이, 그리고 완전히 드물게는 나선 모양의 마연도 베풀어졌다. 개방 형태의 토기 (넓은 입이 있는 것) 내면에도 대개 마연 무늬가 발견되는데 대부분 능형 혹은 장방형 그물 모양이다.

발해의 도성들 중에서 크라스키노성에서만 토기의 외면에 백색 점토로 슬립을 입힌 다음 그 위로 수평의 띠 모양 마연 무늬 혹은 다른 마연 무늬를 베푼 것이 확인되었다. 음각 무늬는 다른 발해 유적들에서도 드물게 발견되며 기본적으로 평행하는 수평 침선을 하고 있으며, 간혹 지그재그 혹은 아치 모양으로 나타나기도 한다. 양각 무늬는 경부와 동체부 연결 지점에 융기대 모양으로만 이용되었다. 그 외에도 크라스키노성에서는 도장 무늬와 참외 선 모양 무늬도 드물지만 확인되었다.

크라스키노성에서 출토된 윤제 토기의 기술적 특성은 시간에 따른 소성 상태의 변화를 들 수 있다. 비록 환원 분위기에서 소성한 토기들이 우세하지만 그럼에도 불구하고 그 비율은 아래 건축면에서 위 건축면으로 가면서 점차 증가한다. 제5 건축면에서 평균 40퍼센트였다면 제1 건축면(위 건축면)에서는 70~75퍼센트나 된다. 환원 소성한 토기 그룹에는 속심과 기면이 다양한 음영이나 회색인 것들, 속심은 회색이고 기면은 흑색인 것들, 그리고 전체적으로 흑색인 것들이 포함된다.

다른 그룹의 토기들은 공기가 자유롭게 통한 산화 분위기에서 소성

한 특징을 보인다. 이 그룹에 속하는 토기의 수량은 아래 건축면에서 위 건축면으로 가면서 점차 줄어든다. 제5 건축면에서 22퍼센트였다면 제1 건축면에서는 11~18퍼센트가 나타난다. 이들은 모두 황색과 오렌지색부터 암갈색까지 '따뜻한' 색깔의 음영을 띤다.

세 번째 그룹은 위의 두 그룹에서 중간 위치를 차지하는 것들로 처음에는 산화 분위기에서 소성하였고, 마지막 단계에서는 연기 씌움을 하였다. 수량은 유구에 따라 심지어 한 건축면 내의 유구들에서도 큰 편차를 보이며, 모든 건축면들에서 출토된 전체 토기 수량의 평균 약 30퍼센트를 차지한다.

크라스키노성과 다른 발해 유적들에서 출토된 엄청난 양의 토기들은 규격화(크기, 형태, 문양, 제작 기술)는 물론 전문화된 생산품(물레 제작 토기)이었음을 말해 준다. 도공들이 토기 표면에 남긴 낙인들(〈그림 2-14~19〉)과 다량의 토기 생산에 들어갔을 엄청난 노동력은 이에 대한 간접적인 증거이다.

시유 토기는 일반적인 토기보다 드물게 발견되며 전체의 1퍼센트를 넘지 못한다. 시유 토기는 토기 생산의 기술적 수준을 파악하는 데, 교역관계를 밝히는 데, 또한 발해 사회 발전의 사회 · 경제 부문을 조명하는 데 중요한 의미를 가진다. 크라스키노성과 연해주의 다른 발해 유적들에서 출토된 시유 토기는 기술 특성과 화학 성분으로 볼 때 중국의 가마에서 제작된 것이 아니라 아직은 발견되지 않은 발해의 가마에서 생산되었음을 밝히는 단서를 제공한다. 시유 토기는 크라스키노성에서, 그리고 다른 발해 유적들에서와 마찬가지로 대내적 교역 대상이었다.

기와 생산

토기 생산과 마찬가지로 크라스키노성에서는 기와가 대량적, 전문적으로 생산되었다. 불교 건물들의 지붕, 사역 담장, 우물 차양 등에 기와를 사용하였다(〈그림 3-1~8〉). 한번 사용된 기와나 지붕에 올리지 못한 기와들은 우물 벽체와 반지하의 와실 벽체, 가마의 벽, 배수로 등에 재사용되었다. 또한 작은 와편으로는 방추차, 추, 놀이알 등을 만들었고, 길 위에 깔기도 하였다. 기와지붕을 하였을 것으로 보이는 관청 건물은 아직 발견되지 않았다. 크라스키노성에서는 다량의 기와와 기와를 소성할 수 있는 가마들이 발굴됨으로써 기와 생산의 증거들이 확보되었다(볼딘 외, 2001). 기와 소성을 위한 가마들은 아직은 사역 내에서만 발견되었다.

사찰 건물들을 축조하는 데 여러 가지 형식의 기와가 사용되었으며 수량은 기능에 따라 차이를 보였다. 대부분의 기와는 거친 태토의 소지로 만들었는데 기와 태토로는 모래가 자연적으로 섞여 있는 점토를 사용하였고, 필요할 때는 여기에 다시 모래를 추가하였다. 크라스키노성 주변에는 기와 생산에 적합한 점토 산지가 있다.

기와는 와통을 이용하여 만들었다. 와통에 먼저 천을 두르고 그 위로 점토 띠를 둘렀다. 점토는 노끈을 감은 나무 방망이로 두드려 단단하고 얇게 하였다. 말린 다음에는 수키와는 반으로, 암키와는 네 부분으로, 적새기와는 필요한 만큼 각각 분할하였다. 착고기와, 곱새기와, 그리고 모서리기와는 처음에 와통으로 모양을 만들었고, 그다음에는 마르지

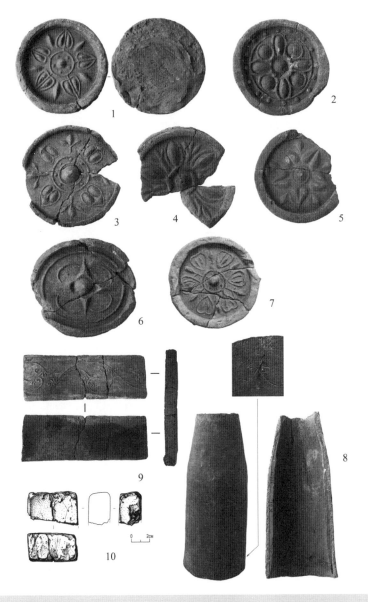

〈그림 3〉 토제 유물 예들: 1~7 – 사역 내 금당지 출토 수키와 와당들, 8 – 한자 명문이 있는 수키와,
9 – 문양이 있는 타일 전돌, 10 – 벽돌편

않은 상태에서 용도에 따라 불필요한 부분을 잘라 내거나 따로 모양을 냈다. 출토된 암키와는 전체 길이가 32~37센티미터, 넓은 단부 너비가 16~35센티미터, 좁은 단부 너비가 16~28센티미터, 두께가 1.5~2.5센티미터이다. 기와와 지붕 장식품들은 가마 옆, 축조할 금당 및 누각 옆에서 성형하였을 것이다. 가마들은 기와 소성을 마친 다음에 파괴하여 모래로 덮었고, 금당 옆 가마가 있던 공간은 용도에 맞게 꾸며졌을 것이다.

성벽과 인접하는 절터 내에서 모두 12기의 기와 소성을 하는 가마가 발견 및 발굴되었다(볼딘 외, 2001). 이 가마들은 깊지 않고, 평면이 거의 장방형인 구덩이(최대 길이 5.9미터, 최대 너비 2.3미터)를 파고 만들었다. 모든 가마의 벽체 윗부분은 돌(주로 자갈돌, 간혹 덩이 돌과 판돌)로 조성하였고, 내면은 벽토를 발랐다. 이 외에 개별 가마들의 일부분에는 큰 와편들을 사용하기도 하였다. 반구상의 가마 천정은 점토에 자른 짚이나 풀을 섞어 만든 흙반죽으로 축조하였다. 몇몇은 천정을 더욱 견고하게 하기 위해 흙반죽에 중간 크기와 작은 크기의 와편들을 섞기도 하였을 것이다.

10기의 가마는 아궁이 앞 구덩이, 연소실, 소성실, 그리고 1~2개의 굴뚝으로 이루어져 있다. 아궁이 앞 구덩이(소량의 땔감을 저장하는 데에도 사용하였을 것)는 바깥쪽에서 가마와 인접해 있다. 구덩이들의 내부 퇴적토 성분을 살펴보면 땔감으로 장작과 석탄(갈탄)을 이용하였다. 굴뚝은 아궁이 앞 구덩이 반대편 끝쪽에 위치한다. 굴뚝은 일반적으로 가마 바깥쪽에 위치하지만 간혹 가마 내부에 있기도 한다. 유사한 구조의 가마들이 중국 흑룡강성 영안현 동경성진의 발해 상경성 부근에서 확인되었다(주국침, 조홍광, 1986).

다른 2기의 가마는 타원형의 작은 공간 하나로 되어 있는데 아마도 지붕의 개별 장식품을 소성하는 보조 가마로 추정된다(길이 1.7미터, 최대 너비 0.8미터).

지적해야 할 것은 크라스키노성에서 발견된 가마들은 바닥과 벽 상태를 통해 볼 때 모두 일회용이었다는 점이다. 하나의 가마가 쓸모없게 되었을 때 그 자리에 다른 가마를 바로 만들었다. 이 경우 옛 가마에 사용된 건축 자재들(돌덩이들, 자갈돌, 와편들)은 새 가마를 만들 때 재사용되었다. 몇몇 가마에서는 토기편들도 발견되었다. 이곳에서는 토기도 소성하였을 가능성이 있다. 가마들은 모두 남동-북서 한 방향을 향하고 있는데 아마도 고대 장인들이 남동 몬순 바람을 활용하려 했기 때문일 것이다.

토제 물품 생산

점토는 가장 확보하기 쉬운 재료로 가정 경제에 널리 사용되었으며 한편으로는 건축 자재(벽, 마루, 구들, 저장 구덩이 등에 벽토로 사용)로, 다른 한편으로는 수공품 재료로 사용되었다. 점토로는 벽돌(〈그림 3-10〉), 타일 전돌(〈그림 3-9〉), 벼루, 촛대, 어망추, 방추차, 방적용 추, 마연기, 도가니, 타원형 단면의 납작한 고리, 구슬, 장난감(미니어처 토기), 동물 형상들(〈그림 4-5~7〉) 등 다양한 종류의 물품을 만들었다.

〈그림 4〉 토제 유물 예들: 1~4 – 상호 교차하는 구멍들이 있는 유물, 5 – 동물 형상의 금당 지붕 장식,
6 – 미니어쳐 말 머리, 7 – 미니어쳐 용머리

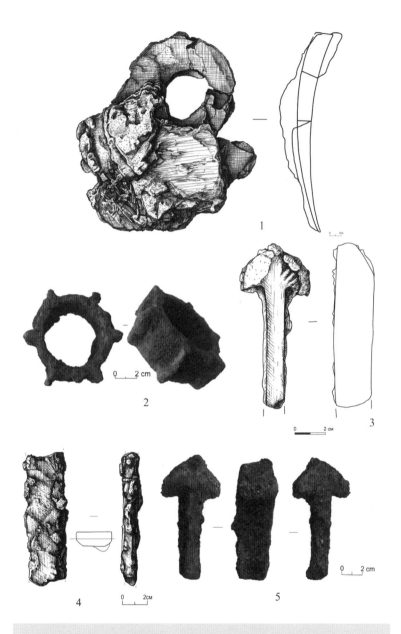

<그림 5> 주철제 유물 예들: 1 - 보습, 2 - 차관, 3, 5 - 비녀못, 4 - 솥 다리

크라스키노성 주민들의 일상에서 특별한 위치를 차지하는 유물 중 하나는 '발해 입방체'로 불리는 것으로, 장방형의 입방체에 대각선 방향으로 상호 교차하는 구멍들이 나 있다. 이 유물들은 수많은 발해 유적들에서 다양한 모양으로 발견되고 있으며 이곳에서는 절과 탑 형태의 것이 출토되었다(〈그림 4-1~4〉).

흑색 금속 가공

크라스키노성 주민들이 사용했을 철, 주철 제품은 청동 제품 생산과 마찬가지로 수많은 종류의 유물에 반영되어 있다. 주철로 만든 제품으로는 농기구(보습과 볏), 운송 수단 부속품(차관과 비녀못), 경첩, 금당지에서 출토된 잔·촛대, 풍탁, 다리미, 솥 편들 등이 있다(〈그림 5〉).

이 유적에서 출토된 철제품은 훨씬 다양하다. 농기구(삽, 낫), 공구(도끼, 집게, 정, 끌, 곡괭이, 톱, 타공기, 줄, 핀셋, 천공기, 송곳, 바늘-〈그림 6-1~3〉), 무기(화살촉, 찰갑, 칼-〈그림 6-4~13〉, 〈그림 7-4〉), 고정 도구(다양한 크기의 대가리가 없는 못, 대가리가 있는 못, 꺾쇠, 자릿쇠, 리벳, 배목, 다양한 크기의 판상 유물)와 생활용품(자물쇠, 열쇠, 갈고리, 빙상 미늘, 부엌 칼, 마무리 칼, 사슬, 회전 고리, 부싯쇠 등-〈그림 7-3〉, 〈그림 5, 6〉), 띠 및 마구 부속품(띠꾸미개, 테 고리, 버클, 띠끝꾸미개) 등(〈그림 7-1, 2〉)이 있다.

이와 함께 흑색 금속 가공에 대한 직접적인 증거인 선철 조각들, 슬

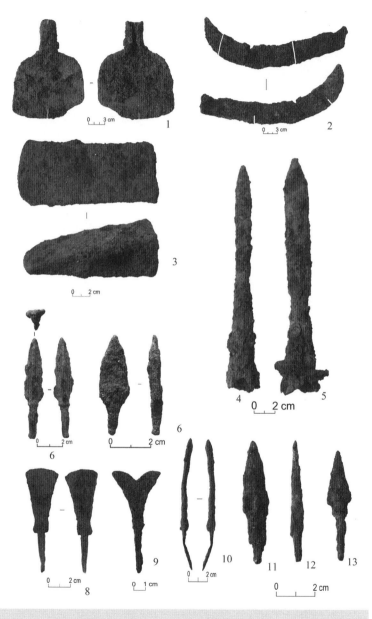

〈그림 6〉 철제 유물 예들: 1 - 삽, 2 - 낫, 3 - 도끼, 4, 5 - 창, 6~13 - 화살촉

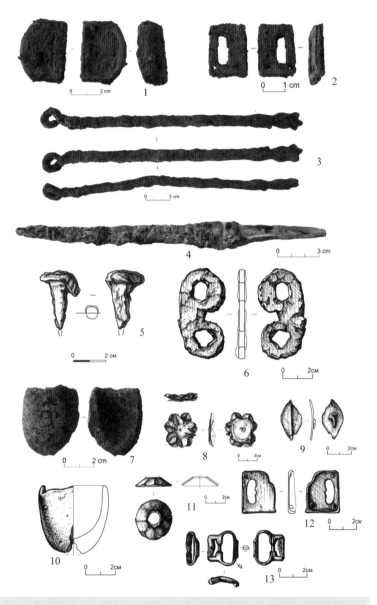

〈그림 7〉 철제(1~6)와 청동제(8~13) 유물 및 토제 도가니(7, 10): 1, 2, 12, 13 - 과대 장식 예들, 3 - 열쇠, 4 - 칼, 5 - 못, 6 - 부싯쇠, 7, 10 - 도가니, 8, 9, 11 - 장식품

래그들, 자투리 철들, 꼬인 철사들, 튀어져 나온 주철들 등 폐기물 형태의 것들도 있다. 선철 조각들은 금속 용액을 부은 거푸집 자국이 남아 있는 큰 조각들을 포함하여, 성 북서쪽 거주 지역에서 흔하게 발견된다. 이 점으로 미루어 발굴된 구역 부근에 대장간이 있었을 것이라고 짐작된다. 철제품 가공의 직접적인 유물들로는 대장간 집게, 정, 타공기, 줄, 톱, 여러 가지 연마 재료들(사암, 편암, 와편)로 만든 숫돌 등 금속 가공에 전문화된 공구들이다.

자연적으로 매장된 상태의 철광석 산지를 찾기 위해 주변 지역의 철 함유량이 많은 다양한 종류의 광물들을 선별하였다. 그리고 선별된 광물들과 성에서 출토된 선철, 철 및 주철 유물들에 대한 화학 성분을 비교하였다(스예딘 외, 2013). 아직까지 성에서 발견된 철제품의 원료로 볼 수 있는 광물의 산지를 찾았다고는 할 수 없다. 다만 분석 결과에 따르면 출토된 철제품과 주철 제품이 쭈까노보 마을 부근의 화강암에서 발전한 풍화외피와 유전적 관련이 있다고는 확언할 수 있다. 철광석 산지는 크라스키노 계곡 주변(까므이쇼보강 등)의 철광석 스카른일 수도 있다.

흑색 금속을 가공할 때 사용한 땔감은 목재 외에 석탄도 있었으며 석탄 매장지는 크라스키노성 주변에도 적지 않다. 불에 탄 석탄은 철제품을 자른 것들, 슬래그들, 그리고 선철 조각들과 함께 발견되곤 한다.

청동 주조 생산

크라스키노성 주민들의 청동 주조 생산에 대한 정보는 대부분 이 유적에서 발견된(130점 이상) 청동 유물들을 연구한 결과에 따른 것이다. 청동 유물들은 수공업자들의 높은 장인정신을 보여 준다. 청동 주조 생산의 흔적은 유색 금속을 포함한 슬래그들, 금속 물방울이 묻어 있는 도가니편들, 청동 주조 생산에 사용되었을 수도 있는 몇몇 공구들을 통해 확인된다(〈그림 7-7, 10〉).

크라스키노성에서 출토된 청동 제품 제작 기술에 대한 연구 결과 청동 주조 장인들은 양면 거푸집뿐만 아니라 한 면 거푸집도 사용하였다. 그리고 밀랍 모형에 주조할 수 있는 기술이 있었으며, 다양한 조건에서 단조할 수 있음이 확인되었다. 주조품 표면은 연마나 자르기로 가공을 하였고, 몇몇 제품에는 도금도 하였다. 출토 유물로는 띠 부속품, 마구, 칼집의 덮개 장식, 여러 가지 모양의 펜던트, 장식 못, 띠꾸미개, 용기의 편들, 비녀, 팔찌, 방울, 거울, 불상, 끌, 배목, 갈고리, 핀셋 등이 있다(〈그림 7-8, 9, 11-13〉). 또한 철제품과 결합한 청동 유물들도 여러 점 발견되었다.

현재 이곳에서 출토된 청동 유물들의 성분을 연구하고 있다. 예비 연구를 통해 구리-납 합금, 구리-주석 합금, 구리-납-주석 합금, 주석-납 합금 등 기본적인 유물 그룹이 구분되었다. 청동 재료의 산지는 확인 중이며, 출토된 도가니편들과 확보된 예비품이나 완성품의 재용해를 통해 볼 때 청동 제품 생산은 이 유적에서 직접 이루어졌을 것이다.

돌 가공

돌 가공은 발해인들의 복합경제의 한 부분이었으며 주민들의 경제에 중요한 역할을 하였다(《그림 8-5~9》). 크라스키노성에서는 가공한 건축 석재들이 확인되었는데 준비된 석재들은 성벽의 이른 시기에 아랫부분을 축조하는 데 사용되었다. 성의 주민들은 가공되지 않은 다양한 종류의 돌들을 건물들을 축조하는 데, 공공건물과 집을 짓는 데 사용하였다(스예딘 외, 2013).

사암으로는 절구를, 화강암으로는 완을, 바다 자갈돌과 경석으로는 몇 종류의 어망추를 만들었다. 흔히 매달기 위해 구멍을 뚫은 여러 형태와 크기의 숫돌들이 여러 유구에서 출토되었다. 주거지들에서 출토된 바른 타원형과 원형 자갈돌들은 타격 도구로 사용한 흔적이 있었다.

구슬 대부분은 다양한 음영의 홍옥과 석영으로, 납작한 원판 모양의 가슴 장식은 옥으로 만들었다. 주거지들에서는 사암을 깎아 만든 구상 유물이 흔하게 발견되었는데 약이나 소스를 섞는 데 사용하였을 것으로 추정된다. 와실 유구에서는 고누놀이를 위해 사암에 선을 그은 판돌이 출토되었다. 다량으로 발견된 놀이알들 중에는 사암으로 만든 것들도 있다.

크라스키노성이 입지한 곳에는 풍부한 광물 자원들, 자연적인 저수지와 광물 운송에 필요한 강 등 자연 자원들이 영역적으로 밀집되어 있다. 이 점은 이 도시의 주민들이 인접 지역의 광물 자원을 널리 사용하여 건축과 경제 활동을 할 수 있게 하였다.

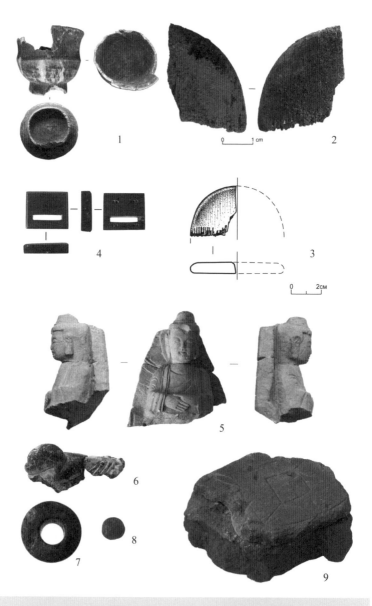

〈그림 8〉 목제(1~3)와 석제(4~9) 유물: 1 – 완, 2, 3 – 빗의 편, 4 – 띠꾸미개, 5 – 불상편, 6 – 새 모양 뚜껑 손잡이, 7 – 추, 8 – 목걸이 알, 9 – 사암 놀이판

가내수공업

크라스키노성 주민들의 전통적인 경제 활동 중에서 가내수공업은 중요한 부분이었다. 그럼에도 불구하고 문헌에는 이에 대한 정보가 매우 빈약하며, 많은 내용들이 고고학 자료들을 통해 알려졌다. 비록 고고학 자료들이 항상 구체적인 종류의 수공업에 대해 실제적 의미성을 반영하는 것은 아니지만 말이다. 우리가 확보한 다양한 종류의 물적 증거들로 방적, 나무 가공, 뼈 가공, 돌 가공, 토제품 제작, 직조 등과 같은 중요한 종류의 수공업들이 이루어졌음을 알 수 있다.

방적과 실 만들기는 의복 수요를 충족해 주기 때문에 가정경제에 중요한 의미가 있다. 거친 천을 만드는 원료는 야생 삼과 쐐기풀이었다. 거친 섬유들은 노끈을 만드는 데도 사용하였는데 노끈의 흔적들이 기와에 남아 있다. 또한 여러 종류의 직물을 짜는 데에도 사용되었다. 이렇게 만든 천은 기와를 만들 때 사용하였다. 기와를 성형하는 와통에 천을 둘렀고, 기와 성형 도중에 타날하는 방망이에도 노끈을 감았다. 토기 바닥과 기벽에도 천 자국이 발견된 것으로 보아 섬유 쪼가리들은 토기를 제작할 때도 활용되었다. 이 유적의 주민들이 방적을 한 흔적을 보여 주는 유물로는 토제 및 석제 방추차와 토기 고리와 추가 있다.

나무 가공은 발해인들의 중요한 경제 활동 중 하나로 크라스키노성에서는 이와 관련된 직간접 자료들이 출토되었다(《그림 8-1~3》). 나무 가공은 가내에서 한 것과 전문화된 장인이 한 것으로 구분되는데 간혹 자의적인 경우도 있다. 목재는 열주 유형의 건물(금당, 관청, 다른 건물들), 집,

경제용 건축물 등 모든 건축물 축조에 반드시 필요하였다. 일반적으로 목조 건축물의 흔적은 탄화된 목재편들의 상태로, 그리고 기둥 구멍이나 초석 같은 건축물의 구조적 형태로 발견된다(간혹 구멍에 자갈이나 깨진 돌을 점토와 함께 다져 넣은 경우도 있음). 크라스키노성에서는 나무 기둥을 꽂는 구멍들의 벽을 점토로 발랐으며, 초석들은 나무 기둥의 직경에 따라 크기가 달랐다. 복잡하게 연결을 한 모서리들이 휜 지붕을 가진 금당이나 다른 대형 건물을 축조할 때 다양한 결구 방식을 사용한 것이 고고학적으로 확인되었다. 크라스키노성 우물에서 발견된 각목과 판재를 2단으로 결구하여 만든 목곽 구조물(수분 포함층에서 발견되어 물이 스며든 상태였음)이 좋은 예이다(겔만 외, 2000). 삽입용 및 관통용 미늘을 사용한 예는 와실 유구에서 발견된 떡갈나무 목조 구조물에서 찾을 수 있다(고구려연구재단, 2005).

발해인들은 나무 제품을 만들고, 가공하고, 장식을 할 때 도끼, 자귀, 톱, 천공기, 조각칼, 몇 종류의 칼, 연마기 등 다양한 공구를 사용하였다. 가내 경제에 사용한 나무 제품들은 용기, 마구 부속품, 수레, 와통, 물레, 빗(주거지에서 탄화된 상태로 1점 출토) 등 다양하며, 집 내부와 외부를 치장하거나 도구들의 구성 부분(망치, 도끼, 톱, 낫, 삽 등의 자루)으로 사용되었다. 크라스키노성 우물 바닥에서는 나무로 만든 완이 1점 출토되었는데 손으로 도려내어 만든 것이다(겔만 외, 2000). 주거지 중 한 곳에서는 탄화된 빗이 편 상태로 출토되었다(겔만 외, 2011). 동문지에서는 판재 조각이 발견되었다.

장인이 선정한 목재의 종류는 물품의 용도와 재료 조달지의 상태에 따라 결정되었을 것이다. 출토된 탄화 목재들 중에는 소나무, 떡갈나무, 자작나무, 단풍나무, 버들나무, 오리나무, 아카시아나무, 사과나무, 배나무 등이 있다.

뼈 조각彫刻은 발해의 다른 주거 유적이나 성들에 비해 그리 많지 않았다. 아마도 이 유적의 토양이 뼈와 뼈로 만든 제품을 잘 보존하지 못한다고 유추할 수 있다. 그럼에도 불구하고 뼈들이 다량으로 발견되기 때문에 자원은 충분하였을 것으로 여겨진다. 뼈를 조각하여 물건을 만드는 데는 노루, 백두산 사슴, 붉은 사슴의 뼈와 뿔, 그리고 드물게는 멧돼지와 돼지의 송곳니가 유용하다. 이 유적에서는 화살촉에 부착하는 명적 예비품과 완성품, 활에 사용하는 뼈로 만든 덮개판, 동물 이빨로 만든 장신구, 놀이용 발 뼈마디, 장식판, 젓가락 등이 출토되었다.

맺음말

크라스키노성에서 출토된 유물들은 이곳에 거주하였던 주민들이 생계와 관련된 기본적인 종류의 수공업 제품을 생산하였음을 말해 주고 있다. 가장 큰 물품들은 나무로 만들었을 것이지만 이 재료는 극히 드물게 보존된다. 이 성에서 발견된 유물 중 수량이 가장 많은 것은 토기이다. 토제 물품(용기와 기와) 생산은 성의 주민들에게 가장 필요한 것이었다. 흙으로 만든 물건들은 다양한 용도로 사용되었기 때문이었다. 원래 목적에서 다 소용된 토제 물품은 건축 자재 등으로 재사용하였다.

발해 시대의 금속 제품 생산은 만주, 연해주, 그리고 아무르강 유역에서 말갈 문화가 발전하였던 앞 시기에 비해 훨씬 높은 수준으로 발전하였다. 크라스키노성에서는 이미 아래의 건축면에서 다량의 철 조각과 철제품의 편들이 발견되었다. 철, 주철, 청동 유물의 수량은 아래 건축면에서 위 건축면으로 가면서 크게 증가한다. 또한 금속 유물의 경우 형태와 기능이 증가하며, 청동 유물은 문양의 종류도 늘어난다.

　모든 종류의 수공업 제품들은 크라스키노성 존속 기간 동안 주민들의 생계에 반드시 필요한 부분이었으며, 경제적인 역할도 톡톡히 담당하였다.

■ 참고문헌

- 고구려 연구재단,《2004년도 러시아 연해주 크라스키노성 발굴 보고서》, 2005
- 동북아역사재단,《2009년도 연해주 크라스키노 발해성 한·러 공동 발굴보고서》, 2011, 권1, 331쪽, 권2, 511쪽.
- 朱國忱趙虹光, 〈渤海磚瓦窯址發掘報告〉《北方文物》第2期, 1986.
- Болдин В.И., Гельман Е.И., Ивлиев А.Л., Никитин Ю.Г. «Интеграция» на Краскинском городище: 4 года исследований. Вестник ДВО РАН. 2001. No 3. С. 74-90. (V.I. 볼딘, E.I. 겔만, A.L. 이블리예프, Yu.G. 니끼친, 크라스키노성에서의 "융합": 조사연구 4년 // 러시아과학원 극동지소 소식지, 2001, No 3: 74~90.)
- Гельман Е.И., Болдин В.И., Ивлиев А.Л. Раскопки колодца Краскинского городища // История и археологи Дальнего Востока. – Владивосток: изд-во Дальневосточного университета, 2000. – С. 153-165. (E.I. 겔만, V.I. 볼딘, A.L. 이블리예프, 크라스키노성 우물 발굴 // 극동의 역사와 고고학. 블라디보스톡, 극동대학교 출판부, 2000, 153~165쪽.)
- Съедин В.Т., Бессонова Е.А., Гельман Е.И., Зверев С.А., Коптев М.А., Ноздрачёв Е.А. Минеральное сырье Краскинского городища (Приморский край) // Вестник Дальневосточного отделения Российской Академии наук, No 1(167). 2013, с. 131-140. (V.T. 스예딘, E.A. 베스소노바, E.I. 겔만, S.A. 즈베레프, M.A. 꼬쁘쩨프, E.A. 노즈드라쵸프, 크라스키노성의 광물(연해주) // 러시아과학원 극동지부 소식지, No 1(167), 2013, 131~140쪽.)

제3장

염주성 발해인의
놀이문화

✳

발해의 표현 및 장식 · 응용 예술
(E.V. 아스따셴꼬바/러시아과학원 극동 역사학 고고학 민족학연구소)

크라스키노성 주민들의 문화에 보이는 말갈의 전통들
(Ya.E. 삐스까료바/러시아과학원 극동 역사학 고고학 민족학연구소)

발해의 놀이문화
(김은국/동북아역사재단)

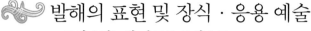 발해의 표현 및 장식 · 응용 예술
- 크라스키노성 자료를 중심으로

크라스키노성 출토 유물은 이 중세 도시 주민들이 가졌던 표현 예술의 종류에 대해 선명한 표상을 갖게 한다. 이 글에서는 이 유적 출토 예술품들에 대한 미학적, 이데올로기적, 편년적, 그리고 민족문화적 측면들에 대해 살펴보기로 한다.

발해의 기념비적 · 장식적인 작은 형상들과 판상 유물들은 불교의 이데올로기적 영향을 눈에 띄게 받으면서 발전하였다. 발해의 영역 내에서는 유물들이 주로 큰 도시의 중심지들을 통해 유행하였는데 그것은 바로 발해국의 엘리트들이 이 장소들에 집중되어 있었기 때문이었다. 그렇기 때문에 발해 동경용원부 염주의 치소였던 크라스키노성에서 출토된 유물들에서는 거대한 종교적 경향의 스타일과 도상의 영향을 크게 받았음이 확인된다.

〈그림 1〉 토제 건축물 장식들: 1, 3 – 지붕 장식, 2 – 치미, 4 – 용머리 일부

　성 북서쪽 부분의 절터에 대한 발굴 조사에서는 토제와 석제, 그리고 청동제 불상, 보살상, 불교 신상, 지물들이 출토되었다. 또한 치미, 동물 머리, 장식 판들, 끝 장식, '산보하는 동물', 와당 등 다양한 종류의 지붕 장식품들과 장식 부조 유물, 타일 전돌 등 벽체 장식품들이 출토되었다 (〈그림 1〉, 〈그림 2〉, 〈그림 4-1~2〉, 〈그림 6〉, 〈그림 7-1~3〉).

　이 도시의 행정부는 염주의 중심지 기능을 수행하면서 절과 관청 건 물을 축조하는 데 높은 품격을 유지하고, 발해 수도들을 본으로 삼으

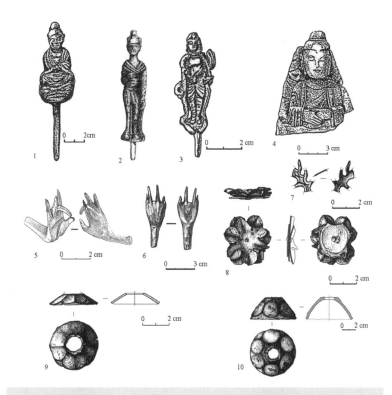

〈그림 2〉 불상과 불교 장식들: 1, 2 – 청동 불상, 3 – 금동관음보살상, 4 – 돌 불상, 5, 6 – 청동상 일부(손),
7, 8 – 청동 및 금동 광배 장식, 9, 10 – 청동 및 금동 연꽃모양 불상 대좌

려 노력하였다. 이에 대한 증거로 부조 불상편들과 '천불' 구도의 불상
편들을 예로 제시할 수가 있는데, 이 불상편들은 스타일과 도상이 팔련
성에서 출토된 토제 장식품들과 비슷하다(〈그림 2-4〉, 〈그림 6-2〉). 또한 크
라스키노성에서 출토된 문양으로 장식된 타일 전돌(〈그림 6-1〉)은 발해
상경성에서 출토된 것과 닮았다(위존성, 2008, 66쪽, 〈도면 29〉, 140쪽, 〈도면 93-
11〉). 절터 발굴 조사에서 출토된 동물이 부조로 표현된 토제 판상 유물
들과 용머리편, 치미편, 그리고 연봉오리 모양의 지붕 장식편들(〈그림

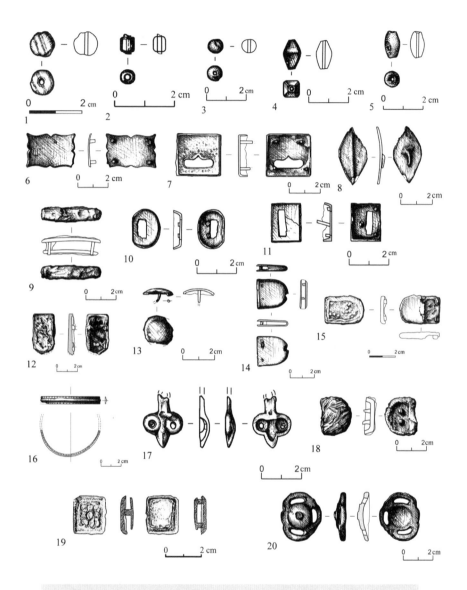

〈그림 3〉 흙, 유리, 돌, 청동으로 만든 유물들: 1, 3~5 – 석제 및 토제 목걸이 알, 2 – 유리 목걸이 알,
6~12, 14, 15, 18, 19 – 청동 띠꾸미개, 13 – 금동 장식 핀, 16 – 청동 팔찌,
17 – 청동 펜던트, 20 – 청동 띠 고정쇠

1))은 이 사역의 금당이 동경성진의 절과 같은 양식으로 장식되었음을 증명하며, 전체적으로 고대의 중국과 한국의 건축 양식과 상통한다(발해 상경성, 2009).

크라스키노성에서는 기와지붕에 사용한 모두 8개 형식의 와당이 출토되었다(〈그림 4-1, 2〉). E.I. 겔만이 구분한 건축면들과 와당 문양의 상호 관계는 각 와당들의 형식이 편년적 순차성을 보임을 말해 준다(아스따셴꼬바 · 볼딘, 2004, 126~127쪽). 위 건축면의 금당 운용 단계에는 첫 번째 형식의 문양이 등장한다(가장 늦은 단계). 이 와당의 문양은 발해의 수도 궁전 건물들에서 출토된 와당 문양들과 비슷하다(〈그림 6-9〉). 어쩌면 이 시기에 발해의 변두리 지역까지 종교 건물과 관청 건물을 축조하는 데 단일한 국가적 규격이 형성되었을 수도 있다. 따라서 발해 수도들의 특징적인 건축 요소들의 전파는 크라스키노성의 높은 위상과 함께 발해 중심지와 변두리 지역 사이에 형성된 연관관계에 대한 것이기도 하다.

발해의 수공업자들은 불상과 불판을 제작할 때 이미 형성된 정형을 따랐다. 그들은 불교 판테온과 지물들을 표현하는 데 엄격한 예술적 규범과 규칙을 지켰다(〈그림 2〉, 〈그림 7-1~3〉). 공식적인 독트린으로서 불교의 유행은 국가 정치의 이해에 의해 결정되었다. 따라서 불교 유물에는 이웃 나라들에서 이미 형성된 도상을 차용한 것이 분명하게 확인된다. 연구자들은 고구려와 수 · 당의 예술적 전통의 영향을 지적한다(샤브꾸노프 1996 / 음숙매, 2007 / 송옥빈, 2010, 2014 / 아스따셴꼬바, 2011, 2012, 2013).

하지만 예술은 그것이 종교적인 것이든 아니든 간에 이미 식어 버린 형상이 아니다. 불상과 불판은 중국과 한국에 도달하기 전에 이미 인도와 중앙아시아에서 오랜 형성 과정을 거쳤다(Rhie, 1988, 24~28쪽). 이 신앙

이 들어간 모든 나라에서는 그 지역의 역사, 전통, 그리고 풍습의 영향을 받아 부단하게 변하였고, 예술품에도 항상 반영되었다. 그와 비슷한 현상의 흔적들을 발해에서도 찾을 수가 있는데 발해에서는 자신만의 독특한 스타일이 점차 형성되어 갔다(Zhan Jun, 1994, 64~66쪽). 발해 미니어처 불상의 한 특징으로는 불상 아랫부분에 심봉이 있는 것인데 이 심봉의 도움으로 불상을 불단에 안치하였다(〈그림 2-1~3〉, 〈그림 7-1, 2〉). 이렇게 불상을 고정하는 방법은 발해의 중심 지역들뿐만 아니라 변두리 지역에서도 관찰된다. 이 역시 발해국의 사찰 장식품에 단일한 전통이 있었음을 증명한다. 발해 변두리 지역의 성내 거주 지역에서는 이 유적을 제외하고 아직까지 불교 도상과 관련된 유물이 어느 곳에서도 발견되지 않았다는 점도 매우 중요하다. 오늘날 크라스키노성은 연해주에서 성내에 발해의 불교 사찰이 운용된 유일한 거주 지역이다.

발해의 장식 · 응용 예술품들은 발해의 수공업, 여러 가지 범주의 생활, 주민들의 위상, 미학적 · 이데올로기적 표상들 등의 종류와 발전 수준을 반영하고 있다.

크라스키노성 수공업자들이 만든 석재 조각품들은 수도의 조각가들이 만든 것과 견주어도 수준이 떨어지지 않았다. 발해 수공업자들은 목걸이 알과 넓고 납작한 고리 모양의 펜던트 같은 장신구를 만드는 데 여러 종류의 석영(옥수, 수정)과 벽옥을 적극적으로 사용하였다(〈그림 3-1~5〉, 〈그림 8-1~7〉). 크라스키노성에서는 단면이 둥글거나 타원형인 구상의 목걸이 알들, 양원추형 목걸이 알들과 같은 매우 다양한 형태의 목걸이 알들이 출토되었다. 많은 목걸이 알들은 옥수의 한 종류인 오렌지색-붉은색의 홍옥으로 만들었다. 이 목걸이 알들과 고리 모양의 펜

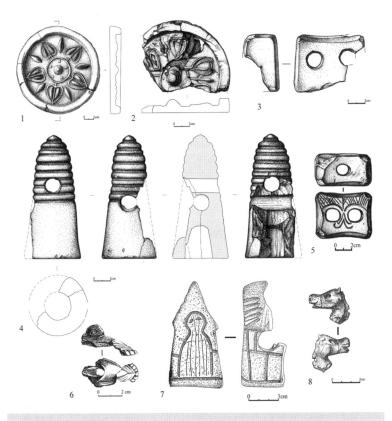

<그림 4> 토제와 석제 유물들: 1, 2 – 수키와 와당, 3~5, 7 – 상호 교차하는 구멍들이 있는 유물,
6 – 석제 미니어처 용기의 오리 모양 뚜껑, 8 – 토제 말 머리

던트들은 연해주는 물론 중국의 발해 유적들에서 완전하게 동일한 것
이 발견된다. 성의 거주 지역에 대한 발굴 조사에서 옥으로 만든 납작
한 고리편이 출토되었다(⟨그림 8-7⟩). 이것과 비슷한 환옥은 발해 고분들
에서 자주 발견된다(홍준어장 고분군, 체르냐찌노 5 고분군). 옥제품은 수입했을
것이며, 매우 비쌌을 것이다.

흑회색의 석영계 석재로 만든 오리를 멋지게 조각한 미니어처 용

기(혹은 보석함)의 뚜껑은 매우 드물게 발견되는데 크라스키노성에서 편 상태로 출토된 것이 있다(〈그림 4-6〉). 와실 유구를 발굴할 때 아랫부분에서 투공이 있는 장방형의 석제 띠꾸미개가 1점 출토되었다(〈그림 8-12〉). 이 석제 띠꾸미개 뒷면에는 각 모서리에 2개씩 둥근 구멍을 내어 서로 이어 놓았다. 이 구멍을 이용하여 띠꾸미개를 띠에 고정할 수 있었다.

이 유물과 가장 흡사한 유물은 연해주의 꼭샤로브까 8 무덤 복합체[1]에서 출토된 옥 혹은 석영암으로 만든 2점의 띠꾸미개 편[대한민국 문화재청 국립문화재연구소 외(러시아어본), 2015, 140쪽, 〈도면 10-1〉, 〈도면 3〉], 미하일로브까 지구의 니꼴라예브까 2 성과 일본 타카마추시 박물관에 전시되어 있는 띠꾸미개이다. 타카마추시 박물관의 띠꾸미개는 9세기로 편년된다.[2] 와실 유구의 존속 시기는 발굴 조사단에 의해 9~10세기 초로 편년되었다(볼딘 외, 2005, 82쪽). 니꼴라예브까 2 성을 포함하는 고르바뜨까 그룹의 성들은 8세기 말~9세기보다 늦지 않은 시기에 발해에 포함되었을 것이다(겔만, 2001, 19쪽 / 겔만 외, 2002, 127쪽). 거란에서는 그와 유사한 유물이 요 시기에 알려져 있었고, 10~12세기로 편년된다(요녕성고고학연구소, 1991, 106~119쪽, 123쪽). 따라서 석제 띠꾸미개는 발해의 돌 조각 예술의 일정한 편년적 단계를 반영하고 있다.

점토는 토기와 기와를 생산하는 데만 사용된 것은 아니었다. 크라스키노성에서는 점토를 생활용품과 장식품을 만드는 데도 적극적으로 사용하였다. 점토로 만든 목걸이 알들은 구상 혹은 타원체 모양이다(〈그림 8-5〉). 주거지 조사에서 출토된 미니어처 토제 말 머리는 아이들의 장난감이었음이 분명하다(〈그림 4-8〉, 〈그림 7-5〉). 우물을 만들기 위해 판 구덩

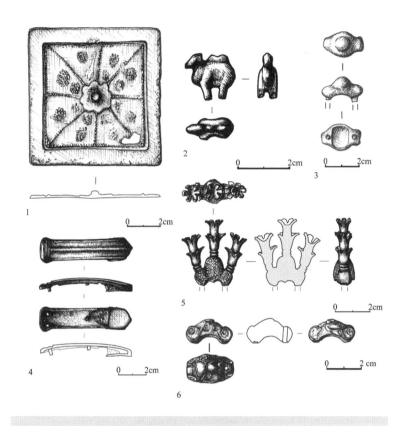

〈그림 5〉 청동 유물들: 1 - 청동거울, 2 - 청동 낙타상,
3, 5, 6 - 청동 및 금동 비녀장식, 4 - 청동 띠꾸미개

이에서 출토된 미니어처 용머리와 와실 유구에서 출토된 두 마리의 동물(사자와 원숭이)이 결합된 소상은 지붕을 장식하였던 장식품이었을 것이다. 그와 같은 형상들은 처음에는 기와를 고정하는 역할을 하였지만 나중에는 복을 상징하는 독자적인 예술품이 되었다. 용머리는 우물 위의 차양을 장식하였을 수도 있으며, 두 마리의 동물 형상은 와실 유구 지붕을 장식하였을 수도 있다.

독특한 범주의 유물로 상호 교차하는 구멍들이 있는 토제 유물이 있다. 이 유물들은 연해주와 중국 동북 지역에 분포하는 거의 모든 발해 유적에서 발견된다(Liudingshan and bohaizhen aristocratic cemetery, 1997, 97쪽). 크라스키노성에서는 이 유물의 거의 모든 종류가 출토되었다. 이 유적에서는 이 유물이 온전한 혹은 편 상태로 여러 유구들(사역, 주거지, 도로, 성문지)과 여러 건축면들에서 발견되었다.

　　이 유물의 색깔은 적갈색, 흑색, 혹은 명회색이며 그을음 자국이 남아 있는 것이 많다. 이 유물은 크기와 모양, 구멍의 수와 위치, 그리고 문양에 따라 서로 구분된다(〈그림 4-3~5, 7〉, 〈그림 7-6〉). 동문지에서는 지금까지 알려진 종류 중에서 가장 작은 미니어처 유물편이 발견되었다. 지금까지 발견된 관청 건물 혹은 숭배 건물의 모양을 한 4점의 유물 중에서 2점이 크라스키노성에서 출토되었다. 첫 번째 것은 치미로 장식한 기와지붕 건물의 모형인데 한쪽 측면에 사람 모양이 새겨져 있다(〈그림 4-7〉). 두 번째 것은 불교 건축의 특징적인 요소 중 하나인 9층탑 모형이다(〈그림 4-4〉).

　　상호 교차하는 구멍들이 있는 유물은 문양이 있는 것도 있고 없는 것도 있다. 크라스키노성에서는 두 종류가 모두 확인되었다(〈그림 4-3, 5〉). 문양이 있는 것 중에서는 기하 문양과 인물 문양으로 구분할 수 있다. 일련의 경우에 측면들에 새겨진 표현들은 인물 모양으로 보이게 할 목적이라 여겨진다. 몇몇은 작은 '귀'들이 표현되어 부엉이 얼굴 모습과 닮기도 하였다. 이 유물에서 확인되는 사람과 새 형상들의 관계에 대해서는 연구 결과가 이미 나와 있다(샤브꾸노프, 1989 / 슙꼬바 · 샤브꾸노프, 2000, 94 / Liudingshan and bohaizhen aristocratic cemetery, 1997, 97). 오늘날 이 유물의 기능에 대해 다양한 의견이 제시되어 있지만 아직 올바른 해답이 주어지지는 못하였다(샤브꾸노프, 1989, 116쪽 / 장숙화·이성·장로, 2004, 61~62쪽 / 볼딘 외, 2011 / 아스따셴꼬바, 2012).

다음의 사실에 주목할 필요가 있다. 크라스키노성에서는 이 유물이

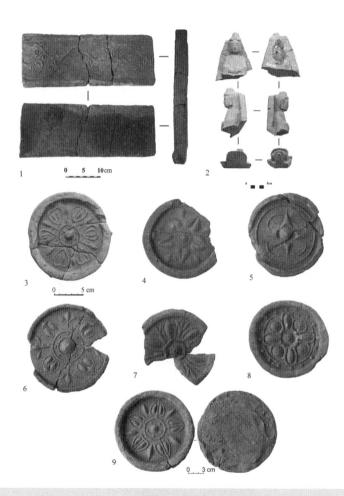

<〈그림 6〉 건축물 장식 요소들: 1 – 토제 타일 전돌, 2 – 석제 불상, 3~9 – 수키와 와당

다양한 유구들과 여러 건축면들에서 발견되고 있는데 이는 이 유물들을 일상적으로 사용하였음을 알려 준다. 이것은 일반적인 생활용품이었던 것이다. 이 유물들에 나타난 불에 그슬린 흔적들은 이 유물이 불과 관련되었음을 말해 준다. 이 유물은 실용적인 용도와 함께 상징적인 의미도 가졌을 것이다. 인물이나 동물 모습을 부여한 것은 절대로 우연이 아니었을 것이다. 불교 전래 이전과 이후 주민들의 표상을 구분하는 경향과 새로운 신앙의 영향으로 전통적인 시각이 점차 변해 가는 것이 분명하게 확인된다. 새로운 표상과 관련하여 일상생활에 일반적이었던 물건에 새로운 형태를 부여하였다. 그렇지만 그와 동시에 전통적인 신앙 실현, 샤머니즘적 숭배 혹은 의례 활동도 계속해서 이루어졌다. 이때 이 유물에 가연성 물질을 끼우고 불을 지폈다(이로 인해 이 유물의 눈 부위에 연기 자국이 나 있다). 다시 말해서 크라스키노성 주민들 사이에는 의심의 여지없이 공통적인 이데올로기가 존재하였지만 그것이 지배 엘리트들 및 단순한 문외한들에게도 동일한 것은 아니었다.

발해인들의 예술품에는 금속으로 만든 것들도 있다. 장식 · 응용 예술품 중에서 청동을 주조하여 만든 유물들은 특별한 범주를 이루고 있다. 이 청동 유물들은 크라스키노성에서 널리 사용되었으며, 띠 부속품(띠 끝 꾸미개, 띠꾸미개, 대구, 띠 고정쇠, 테 고리, 방울), 일반 가정용품(거울, 핀셋 등), 장신구(장식 못, 팔찌, 펜던트, 반지, 비녀), 그리고 미니어처 낙타상 등을 들 수 있다(〈그림 3〉, 〈그림 5〉, 〈그림 8-8~11, 13, 14〉).

크라스키노성은 도금을 한 유물이 출토된 연해주의 몇몇 발해 유적 중 하나이다(〈그림 5-5〉, 〈그림 7-1〉). 크라스키노성 주민들은 장식 · 응용 예술에서 청동 이외에 철도 사용하여 띠 부속품들과 덧 장식을 만들었다. 때로는 물건의 화려함은 보존하면서도 가격은 싸게 하려고 청동으로는 앞쪽 면만 주조하고 눈에 보이지 않는 뒷면은 철로 만든 것도 있다. 그와 같은 유물의 예로는 청동 띠꾸미개에 철제 받침판을 댄 혹은 철제 심봉을 연결한, 혹은 철제 혀를 가진 청동 버클과 같은 띠 부속품들을 들 수 있다.

이 성에서 출토된 금속제 유물들의 문양은 기하 무늬와 식물 무늬가 많고, 표현 형태는 부조인 것과 평면인 것이 많다. 몇몇의 문양들은 편년적인 의미를 가지기도 한다. A.L. 이블리예프에 따르면 형상 모양의 투공이 있는 장방형 띠꾸미개에 배치된 작은 구멍 모양의 기하 무늬는 8세기부터 10세기까지 유행하였다(A.L. 이블리예프, 2014). 2점의 띠 끝 꾸미개는 거란 시기의 특징과 문양을 가지고 있다(〈그림 8-11〉). 유물 모양과 문양이 밀접하게 관련된 것도 있다. 예를 들어 형상 모양의 띠꾸미개들, 형상 모양의 투공이 있는 띠꾸미개들, 아무르 유형의 투공 패식들, 새 모양의 펜던트들 등이 있다(〈그림 3-17〉, 〈그림 8-14〉).

청동 유물 중에는 발해 문화에만 나타나는 특징적인 것들도 있다. 연구자들은 청동 비녀의 머리 장식을 분석하면서 두 가지 형식을 구분하였는데, 이 형식의 머리 장식을 한 비녀는 오직 발해 유적들에서만 출토되었다(이블리예프 외, 2001, 150~154쪽). 이 두 가지 형식의 비녀가 모두 크라스키노성에서 출토된 바 있다(〈그림 5-5, 6〉).

크라스키노성에서는 문양으로 장식된 청동거울이라는 매우 드문 유물이 출토되기도 하였다(〈그림 5-1〉). 이 청동거울과 과거 이 유적에서 출토된 청동거울의 편들, 그리고 홍준어장 고분군에서 출토된 문양 없는 2점의 온전한 거울을 통해 발해 청동거울에 대한 예비 결론을 내릴 수 있다. 발해의 수공업자들은 중국 문화의 강한 영향으로 발해에서 당의 거울을 사용하였음에도 불구하고, 자신들만의 거울을 주조하였다. 발해의 거울은 대부분 방형이며, 얇고, 낮은 주연부가 있다. 그리고 가운데에 작은 고리 손잡이를 가진다. 연구자들은 이 유물이 현지에서 생산되었을 것으로 파악한다(겔만 외, 2015, 15~16쪽). 이 생각은 청동 주조 흔적들이 크라스키노성을 포함하여 연해주의 발해 유적들에서 발견되고

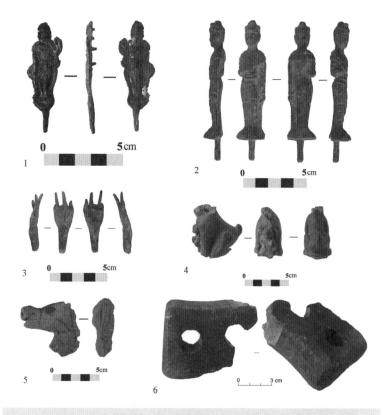

〈그림 7〉 토제와 청동 유물들: 1 – 금동관음보살상, 2 – 청동 불상, 3 – 청동 불상편, 4, 5 – 미니어처 토제 동물상, 6 – 상호 교차하는 구멍들이 있는 유물

있다는 점에서도 뒷받침된다(겔만, 고지마, 2013, 51~52쪽).

필자의 생각에 성내 청동 유물의 분포와 금동 유물들의 출토 위치는 중심 거리 및 사찰 가까이의 북쪽 부분에 특권층 주민들이 거주하였음을 증명할 것이다. 매우 다양한 청동 물품의 존재는 육로와 해로의 교차점에 위치하는 도시 및 항구의 위상을 반영하는 것이라고 본다.

발해 유적들에서는 아직까지 유리 생산의 중심지는 확인되지 않았다. 하지만 유리로 만든 유물들은 발견된다. 아마도 유리 제품들은 수입되었을 것이다. 크라스키노성에서는 유리구슬 2점이 발견되었다(〈그림 3-2〉, 〈그림 8-4〉). 이 유리구슬은 제작 기법으로 보아 기원이 근동에 있음을 보여 준다. 이와 비슷한 구슬이 홍준어장 고분군에서 출토되었다(영안 홍준어장, 2009).

뼈와 뿔 조각은 발해 주민들의 중요한 장식 · 응용 예술이었고, 뼈와 뿔을 조각하여 만든 수많은 생활용품과 장식품은 이 점을 증명하지만 크라스키노성에서는 이러한 유물들이 발견되지 않아 예외가 된다. 하지만 이 유적에서는 동물, 새, 그리고 물고기 뼈들과 조개껍질들이 꽤 발견되었다. 또 하나 놀라운 사실은 해안가에 위치했음에도 불구하고 아직까지 담수 및 해수의 조개껍질로 만든 장신구들이 출토되지 않았다는 점이다. 이 조개껍질로 만든 장신구들은 연해주 내륙의 발해 성터들과 주거 유적들에서 발견되곤 하였다(고르바뜨까성, 미하일로브까 지구의 니꼴라예브까 2 성, 꼰스딴찌노브까 1 마을 유적). 가능한 추측은 크라스키노성 주민들의 응용 예술에 뼈, 뿔, 그리고 조개껍질이 중요한 역할을 하지 못하였다는 것이다.

크라스키노성 주민들의 표현 및 장식 · 응용 예술품을 통해 볼 때 동

경용원부 염주로서 이 성의 위상을 다시 한번 돌아보게 된다. 이 유적
은 연해주 지역에서 불교 사찰이 발견된 유일한 발해의 성터이다. 다량
으로 발견된 석제, 토제, 청동제(금동제 포함) 불상 등과 판상 유물들은 이
성의 숭배 건물과 관청 건물이 발해의 수도들과 동일한 형식으로 장식

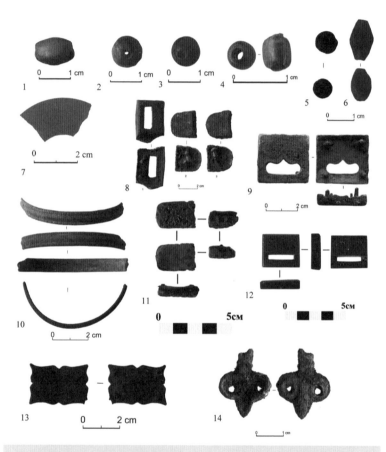

〈그림 8〉흙, 유리, 돌, 청동으로 만든 유물들: 1~3, 6 – 석제 목걸이 알, 4 – 유리 목걸이 알,
5 – 토제 목걸이 알, 7 – 납작한 환옥편, 8, 9, 11, 13 – 청동 띠꾸미개, 10 – 청동 팔찌,
12 – 석제 띠꾸미개, 14 – 청동 펜던트

되었음을 보여 준다. 또 매우 다양한(고도의 예술품들 포함) 수입품 유물들과 청동 주조 물품들은 교역로의 교차점에 위치한 항구도시로서의 위상에 대해서도 말해 준다.

표현 및 장식·응용 예술품들은 크라스키노성 엘리트들과 일반 민중의 문화에 함께 존재하였다. 엘리트 문화는 불교의 영향을 강하게 받으며 발전하였으며, 특히 기념비적이거나 장식적인 상들에 잘 발현되었다. 장식·응용 예술은 엘리트의 지위를 보여 주거나 사회적으로 의미를 가지는(위신재적) 물품에 잘 반영되어 있다. 민중 문화는 발해 주민들의 전통적인 관념과 미학적인 맛을 그대로 보존하였다.

크라스키노성 출토 유물들은 단일하고 온전한 현상으로서 발해 예술에 대해 말해 준다. 이 유적에서 발견된 유물들은 발해 문화의 특징을 고스란히 보여 주기 때문이다. 그와 함께 이 성에서 출토된 희귀한 유물들은 종교 중심지로서의 독자적인 특성도 보여 준다고 할 수 있다.

■주

1)한국 조사단은 이 유구를 무덤이 아닌 석축 구조물로 보고하였다(옮긴이 주).

2) 이 띠꾸미개에 대해서는 코지마 교수(가나자와시 대학)의 전언으로 알게 되었다.

■ 참고문헌

- 대한민국 문화재청 국립문화재연구소 · 러시아과학원 극동 역사학 고고학 민족학연구소, 《연해주 콕샤로프카 유적: 콕샤로프카-1 평지성, 콕샤로프카-8 석축 구조물》, 2015.
- 遼寧省文物考古學研究所 外, 〈阜新海力板遼墓〉 《遼海文物學刊》 第1期, 1991.
- 阴淑梅, 〈渤海上京城發現的銅佛像〉 《北方文物》, 第2期, 2007.
- 魏存成, 《渤海考古》, 文物出版社, 2008.
- 張淑華李成張璐, 〈吉林出土的多孔器及相關問題〉 《北方文物》, 第1期, 2004.
- 黑龙江省文物考古研究所 編著, 《宁安虹鳟鱼场 : 1992~1995年度渤海墓地考古发掘报告》, 文物出版社, 2009. 上册页 1~543 ; 下册页 544~621+212 图版.
- 黑龙江省文物考古研究所編著, 《渤海上京城 : 1998~2007年度考古发掘调查报告》, 文物出版社, 2009. 上册页 1~571 ; 下册页 573~666页+412 图版 ; 附图.
- Liudingshan and bohaizhen aristocratic cemetery and capital site of the Bohai state, Tang dynasty. The Institute of Archaeology Chinese Academy of Social Sciences. – Beijing : The Encyclopedia of China Publishing House, 1997. 129p.
- Rhie M. Marylin. Interrelationship between the Buddhist art of China and the art of India and Central Asia from 618~755 A. D.. Napoli, 1988. 44p.
- Асташенкова Е. В. Влияние художественных стилей Когурё и Тан на изобразительное и декоративно-прикладное искусство бохайского населения Приморья // Тезисы международной конференции «Новые перспективы в изучении истории Когурё и Бохая, 28~29 ноября 2011, Владивосток, С .87~97.(Е.А. 아스따셴꼬바, 연해주 발해 주민들의 표현 및 응용 · 장식 예술에의 고구려와 당의 예술적 양식의 영향 // '고구려와 발해 역사 연구에의 새로운 전망들' 국제학술회의 발표 논문집, 2011년 11월 28~29일, 블라디보스톡, 87~97쪽.)
- Асташенкова Е. В. Изображения Будд, Бодхисатв и буддийских божеств в искусстве Бохая // Гуманитарные исследования в Восточной Сибири и на Дальнем Востоке. 2013, № 5. С .76~82.(Е.А. 아스따셴꼬바, 발해 예술에의 부처, 보살, 그리고 불교 신상 표현들 // 동시베리아와 극동의 인문 연구들, 2013, № 5, 76~82쪽.)
- Е.А. 아스따셴꼬바, 발해 주민들의 표현 및 장식 · 응용 예술(러시아 연해주 유적 출토 유물을 중심으로) // 국제학술회의 발표 논문집, 10월 8~9일, 속초, 2012, 105~112쪽 (한국어본).
- Асташенкова Е. В., Болдин В. И. Декор концевых дисков Краскинского городища //

Россия и ATP. 2004. № 1. C .122~129.(E.А. 아스따셴꼬바, V.I. 볼딘, 크라스키노성 출토 와당의 문양 // 러시아와 아시아 태평양 지역, 2004, № 1, 122~129쪽.)

- Болдин В. И., Гельман Е. И., Лещенко Н. В., Ивлиев А. Л. Уникальная находка на Краскинском городище. Подземная камера с черепичными стенами // Россия и ATP.–Владивосток : Дальнаука, 2005. – № 3. – C .66~83.(V.I. 볼딘, E.I. 겔만, N.V. 레셴꼬, A.L. 이블리예프, 크라스키노성의 희귀 유물. 기와 벽체가 있는 지하실 // 러시아와 아시아 태평양 지역, 블라디보스톡: 달나우까, 2005, № 3, 66~83쪽.)

- Болдин В. И., Лещенко Н. В. К вопросу о назначении глиняных и каменых изделий со взаимопересекающимися отверстиями из бохайских памятников Приморья // Дальний Восток в древности и средневековье: проблемы, поиски, решения: материалы региональной научной конференции. Владивосток, 2011. C .91~96.(V.I. 볼딘, N.V. 레셴꼬, 연해주 발해 유적 출토 상호 교차하는 구멍이 있는 토제 및 석제 유물의 기능에 대한 문제 // 고대와 중세의 극동: 문제들, 탐색들, 해결들: 지역 학술회의 자료집, 블라디보스톡, 2011, 91~96쪽.)

- Гельман Е. И. Предварительные итоги исследований городища Горбатка в 2000~2001 гг. // Россия и ATP.–Владивосток : Дальнаука, 2002. – № 3. – C .95~98.(E.I. 겔만, 2000~2001년도 고르바뜨까 성 발굴 조사의 예비적 총괄 // 러시아와 아시아 태평양 지역, 블라디보스톡: 달나우까, 2002, № 3, 95~98쪽.)

- Гельман Е.И., Никитин Ю.Г., Болдин В. И., Ивлиев А. Л. Исследования на городище Горбатка // Россия и ATP.–Владивосток : Дальнаука, 2001. – № 1. – C .12~19.(E.I. 겔만, Yu.G. 니끼찐 , V.I. 볼딘, A.L. 이블리예프, 고르바뜨까성 발굴 조사 // 러시아와 아시아 태평양 지역, 블라디보스톡: 달나우까, 2001, № 1, 12~19쪽.)

- Гельман Е. И., Асташенкова Е. В., Буравлев И. Ю., Бойко А. А. Бронзовое зеркало из Краскинского городища // Мультидисциплинартные исследования в археологии. Вып. 2. Городища и поселения. Владивосток: ИИАЭ ДВО РАН, 2015. C .9~16.(E.I. 겔만, E.А. 아스따셴꼬바, I.Yu. 부라블레프, A.A. 보이꼬 , 크라스키노성 출토 청동거울 // 고고학에서의 융합 연구, 제2호, 성과 주거 유적. 블라디보스톡: 러시아과학원 극동 역사학 고고학 민족학연구소, 2015, 9~16쪽.)

- Гельман Е. И., Кодзима Ё. Бронзолитейное производство бохайцев в долине р. Илистой // Вестник Томского государственного университета. Сер. История, № 2,(апрель) 2013. C .22~25.(E.I. 겔만, 고지마, 일리스따강 유역의 발해인들의 청동 주조 생산 // 똠스크 대학교 소식지. 역사 시리즈, № 2, 2013(4월), 22~25쪽.)

- Ивлиев А. Л. Эпиграфические материалы Бохая и бохайского времени из Приморья // Россия и ATP, 2014, №4, C .207~217.(A.L. 이블리예프, 연해주 발견 발해 및 발해

시기의 명문 자료들 // 러시아와 아시아 태평양 지역, 2014, №. 4, 207~217쪽.)

- Ивлиев А. Л., Болдин В. И., Никитин Ю. Г. Бохайские бронзовые шпильки // Произведения искусства и другие древности из памятников Тихоокеанского региона – от Китая до Гондураса.–Владивосток : Изд-во ДВГУ, 2001. – С .149~155.(A.L. 이블리예프, V.I. 볼딘, Yu.G. 니끼친, 발해의 청동 비녀들 // 태평양 연안 지역–중국에서 곤두라스까지–유적들 출토 예술품들과 다른 유물들. 블라디보스톡: 극동국립대학교출판부, 2001, 149~155쪽.)

- Сун Юйбинь. Анализ культурных факторов декора концевых дисков бохайской черепицы // Бохай: история и археология(в ознаменование 30-летия с начала археологических раскопок на Краскинском городище).–Владивосток: ИИАЭ ДВО РАН, 2010. С. 88-93.(송옥빈, 발해 기와 와당 장식의 문화적 요인들 분석 // 발해: 역사와 고고학(크라스키노성 발굴 조사 30주년 기념)–블라디보스톡: 러시아과학원 극동 역사학 고고학 민족학연구소, 2010, 88~93쪽.)

- Сун Юйбинь. Поиск истоков происхождения орнамента «перевернутое сердце» на бохайских концевых дисках // Средневековые древности Приморья. 2014. Вып.3. С .329~344.(송옥빈, 발해 와당에 보이는 '뒤집어진 심엽' 문양의 기원 탐색 // 연해주의 중세 유물들. 2014, 제3호, 329~344쪽.)

- Чжань Цзюнь. Особенности развития культуры Бохая // Медиевистские исследования на Дальнем Востоке России. Владивосток: Дальнаука, 1994.–С .57~68. (Zhan Jun, 발해 문화 발전의 특성들 // 러시아 극동의 중세 연구들. 블라디보스톡: 달나우까, 1994, 57~68쪽.)

- Шавкунов Э. В. Декор бохайской кровельной черепицы и его классификация // Археологи Северной Пацифики.–Владивосток: ИИАЭ ДВО РАН, 1996. – С . 127~144.(E.V. 샤브꾸노프, 발해 지붕 기와의 장식과 형식 분류 // 북태평양 지역의 고고학. 블라디보스톡: 러시아과학원 극동 역사학 고고학 민족학연구소, 1996, 127~144쪽.)

크라스키노성 주민들의 문화에 보이는 말갈의 전통들

머리말

크라스키노성(염주성)을 축조할 무렵에 피터 대제만의 남부 해안 지역과 포시에트만 해안 지역에는 이미 말갈 종족들이 거주하고 있었다. 이 해안 지역에서는 약 20개소의 말갈 고고학 문화 유적들이 확인되었다. 말갈 유적들에 대한 조사는 이 지역 주민들이 복합적인 생활 방식을 영위하였음을 보여 주었다. 이에 대해서는 수혈식 주거지들이 있는 장기간 주거 유적들(뜨로이짜 2), 사냥꾼과 어부의 계절 주거 유적들(바라바쉬 3, 포시에트 동굴), 주거-공방 유적(뜨로이짜 5), 패총(로모노소바 2) 등과 같은 다양한 유적들의 존재를 통해 알 수 있다. 그 외에도 섬들에 위치하는 유적들도 있다(리꼬르다섬, 안찌뻰꼬섬). 주거 유적들 외에도 알레우트만에 위치하는 고분군도 잠정적으로 말갈의 것으로 간주된다(끄바쉰, 1994).

해안 지역의 말갈 주민들은 기장과 보리 같은 작물을 재배하면서 농경에도 종사하였으며, 물고기와 바다 연체동물을 잡으며 바다 자원도 활용하였고, 부분적으로는 사냥과 채집 활동에도 종사하였다. 연해주 중부 지역인 한까호 저지대에서는 50~100기(까므이쇼브까, 꼬르사꼬브까 등)의 대형 주거 유적이 나타난 것과는 달리 해안 지역에서는 10여기 정도로 이루어진 작은 마을들에서 거주하였다. 골조 및 기둥 구조의 주거지들은 깊이 40~50센티미터의 수혈에 만들어졌으며 면적이 평균 약 20평방미터였다. 계절적 주거 유적에서는 주거지가 땅 밑으로 조금 파고 들어갔고, 면적도 8~9평방미터로 훨씬 작았다. 따라서 발해 시기에 해안 지역에 거주하였던 말갈인들은 농경, 다양한 수렵, 바다 자원 채집 등과 같은 복합경제를 영위하였다.

연구자들은 크라스키노성 축조 시기를 첫 번째 발해 사절단이 염주의 항구를 통해 일본으로 파견된 8세기 1/3분기였을 것으로 간주하고 있다(볼딘 외, 2001). 크라스키노성의 방어 구조물들을 축조할 때 말갈인들의 건축 전통이 적용되었는지에 대해서는 말하기가 힘들다. 다만 말갈인들은 자신들의 마을 둘레에 토루를 쌓아 방어하였다는 것이 알려져 있을 뿐이다. 그와 같은 성들은 연해주 서부와 중부 지역에서는 확인(노보셀리쉐성, 끄리니치성, 모자예프성, 아드리아노프 끌류치성)되었지만, 하산 지구에서는 그와 같은 종류의 말갈 유적들이 아직 발견되지 않았다. 이는 이 지역의 삶이 군사 분쟁이 없는 평화로운 상태였음을 간접적으로 말해 준다.

경제

말갈 농경의 기본적인 작물은 기장이었다. 근년에 말갈 문화 유적들에 대한 일련의 발굴 조사에서 말갈인들이 이탈리아 기장(조, Setarialtalica), 일반 기장Panicummeliacium, 일본 기장(피, Echinochloautilis), 콩Glycinemax, 그리고 보리Hordeumvulgare를 재배하였음이 확인되었다(세르구쉐바, 2010).

기장은 그 무엇과도 바꿀 수 없는 보험 작물이었다. 한발과 혹한을

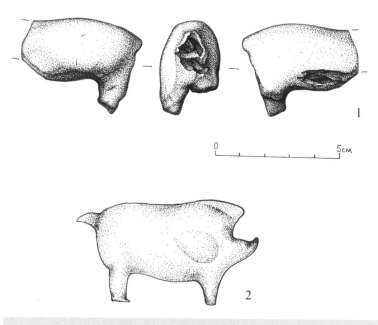

〈그림 1〉 말갈 유적 출토 돼지상들: 1 - 아브라모브까 3 주거 유적, 2 - 동인유적(鄭晗, 2006)

잘 견디는 기장은 생육 기간이 짧아 땅의 한기가 늦게 풀리는 이 지역에 적합한 작물 중 하나이다. 말갈인들은 잔손질이 가지 않는 기장의 장점들을 잘 알고 있었다. 크라스키노성 주민들은 기장 농경의 전통을 보존하였지만 재배 작물의 종류는 더 많았다. 이곳에서는 세 종류의 기장이 확인되었지만 일본 기장(피)과 이탈리아 기장(조)이 우세하고, 일반 기장은 미미했다. 이 외에도 밀, 콩과작물(팥), 야채 및 공예 작물들도 재배하였다.

말갈의 동물 사육에 대해서는 주로 문헌을 통해 알려져 있다.《수서》에는 말갈이 말과 개, 특히 돼지를 많이 키우고, 개와 돼지의 가죽으로는 옷을 만들어 입었다고 기록되어 있다(이블리예프, 2005). 돼지 사육에 대해서는 흙으로 만든 돼지 소상(〈그림 1〉)과 말갈 주거 유적들의 주거지들에서 출토된 동물 뼈 유물들을 통해서도 알 수 있다(아브라모브까 3 유적, 동인유적). 또한 돼지 이빨들과 턱뼈 편들이 라꼬브까 10 주거 유적에서 출토되었고, 돼지 턱뼈는 리꼬르다섬의 말갈 주거지 발굴에서도 발견되었다. 문헌에는 나중에 발해의 일원이 된 솔빈말갈이 말을 키웠다고 기록되어 있다. 이 사실에 관해서도 학자들이 솔빈말갈과 관련짓는 지역(수이푼강 중류)인 체르냐찌노 2 주거 유적들 등에서 흙으로 만든 말 소상이 출토된 바 있다(〈그림 2〉).

발해 시기에는 큰 뿔 짐승 및 작은 뿔 짐승이 등장함으로써 가축의 폭이 넓어졌다. 이에 대해서는 주민들의 경제 활동을 특히 잘 보여 주는 크라스키노성 유물들이 증명해 준다(오멜꼬, 비노꾸로바, 2014). 동물의 뼈는 수량으로 보아 개가 첫 번째 자리를 차지하였고, 그다음 자리는 소와 말이 차지하였으며 염소 혹은 양의 뼈도 있었다. 돼지 사육은 말

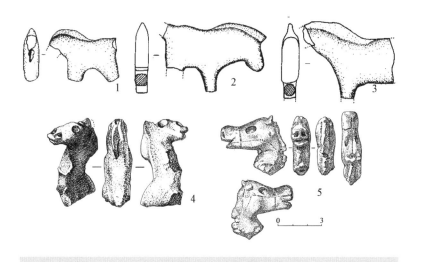

〈그림 2〉 수이푼강 중류 지역 유적들 출토 말상들

갈의 전통과 관련지을 수 있으며, 가축 돼지와 멧돼지의 뼈는 보존 상태가 불량하여 잘 구분되지 않는다. 성내의 서로 다른 부분들에서 출토된 동물의 뼈들은 우세를 보이는 것이 크게 차이가 나는데, 이는 문화층의 형성 과정이 일정하지 못하였기 때문일 수도 있다. 이로 미루어 본다면 개가 염주 주민들의 경제에서 얼마나 중요한 역할을 하였는지에 대해서는 아직 알 수가 없다. 따라서 크라스키노성 주민들의 동물 사육에 대한 전체적인 그림을 그리기 위해서는 계속되는 발굴 조사가 반드시 필요하다(오멜꼬, 비노꾸로바, 2014).

　해안 지역의 생태적 특성상 주민들은 어로 및 바다 수렵 등의 생산 활동을 했으리라 추정된다. 크라스키노성 주민들이 바닷가에 살면서 바다의 자원을 이용한다는 것은 매우 자연스럽다. 하지만 말갈 유적들에서는 물고기잡이에 대한 명백한 증거가 아직 발견되지 않았다. 이 점은 말갈인들의 식재료에 물고기가 포함되지 않은 것이 아니라 아직 충분한 발굴이 이루어지지 않았기 때문일 것이다.

한편 크라스키노성에서 출토된 다량의 물고기 뼈들, 토제와 석제 어망추들, 그리고 낚싯바늘들은 발해인들의 생계에 어로가 중요한 역할을 하였음을 보여 주고 있다. 이 사실은 일리스따강 유역의 고르바뜨까성, 니꼴라예브까 1 및 2 성, 수이푼강 중류 지역의 체르냐찌노 2 주거 유적, 꼰스딴찌노브까 주거 유적 등 다른 발해 유적들에 대한 발굴 조사에서도 확인되었다.

바다 채취는 해안 지역에 거주하였던 말갈인들에게서 널리 행해졌다. 이에 대해서는 최근 수년 동안 이루어진 발굴 결과가 증명한다. 연해주 남부 지역에서 2개소의 말갈 패총이 발견되었다. 2013년에 M.A. 야꾸쁘는 로모노소프만에서 처음으로 말갈 문화에 속하는 중세 초기의 패총 유적을 발견하였다(국립문화재연구소, 2014). 또 2014년에는 A.A. 끄류빤꼬가 이끄는 극동연방대학교의 고고학 조사단이 루스끼섬 노빅만에서 패총 퇴적층을 발견하였다(끄류빤꼬 외, 2016). 여기서 출토된 연체동물들의 종 구성에 대한 연구는 이 주거지 주민들의 수렵이 매우 협소하였음을 보여 주는데, 그들은 기본적으로 굴을 채취하였다. 크라스키노성의 아래 건축면들에는 바다 채집과 바다 포유류 사냥에 대한 증거가 있다(볼딘, 2008, 46쪽). 이곳에서는 홍합Crenomytilusgrayanus, 굴Crassostreagigas, 북방대합Spisulasachalinensis, 복족류 연체동물인 소라 Rapanavenosa 등 다양한 종류의 패각들이 발견되었다(라꼬프, 샤로바, 2012). 이 중에서 가장 많은 것은 북방대합의 껍질이다.

주거지

오늘날 연해주의 여러 유적들에서 약 40기의 말갈 주거지가 발굴되었다. 이 말갈 주거지들은 면적, 골조 및 지붕 구조, 지붕과 벽의 구조적 특징, 노지의 배치와 수량 등에서 차이를 보이지만 다음의 두 가지 요인으로 통합된다. 즉 이 주거지들은 모두 땅을 판 수혈에 축조하였고, 구들 유형의 난방 시설이 없다(〈그림 3〉).

대부분의 말갈 주거지들은 땅속으로 0.5미터 이상 파고 들어갔다. 또한 현지 지형을 이용하기도 하였는데 산 경사면에 집을 지은 경우 수혈의 깊이가 경사면 위쪽은 깊고, 아래쪽은 거의 지상에 드러난 경우도 적지 않다. 이와 유사한 주거지들이 시넬니꼬보 산성에서도 발굴되었다. 면적이 작은 주거지들은 우스찌-제르깔나야 4 주거 유적(45평방미터), 라꼬브가 10 주거 유적(32평방미터), 미하일로브까 2 주거 유적(30.7평방미터) 등이다(쇼민, 1986 / 끄리불랴, 1996). 주거지들의 평균 면적은 약 20평방미터이며, 가장 작은 것은 9평방미터이다.

수혈의 평면은 장방형 혹은 방형이며 네 모서리는 둥그스름하다. 벽은 수직이며 간혹 약간 완만한 경우도 있다. 주거지들에서 발견된 기본적인 기둥 구멍의 수는 4~9개까지이며, 배치도 서로 차이를 보인다. 몇몇 주거지에서는 가운데 부근에 몇 개(일반적으로 4개)의 기둥 구멍이 배치되어 있으며, 1~4개까지는 모서리에 배치되어 있다(〈그림 3-1〉). 다른 주거지들에는 모서리 부분에 기둥 구멍들이 있거나 가운데 부분에만 기둥 구멍들이 있다(〈그림 3-2, 3〉). 모든 기둥들을 땅속에 고정한 것은

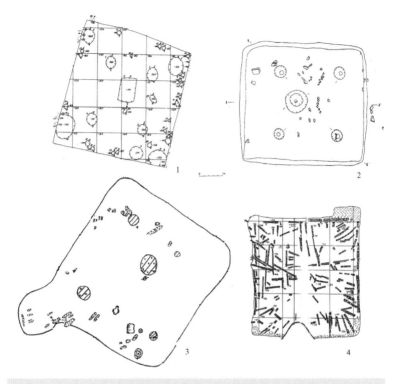

〈그림 3〉 말갈 주거지들의 평면도: 1~2, 3 – 아브라모브까 3 주거 유적,
4 – 라꼬브까 10 주거 유적(끄리볼랴 1990~1993)

아니었다. 몇몇 기둥들은 그냥 세워 돌로 고정한 것도 있었다. 이 예는 미하일로브까 2 주거 유적에서 찾아냈다(쇼민, 1989).

모든 주거지들에서 발견되는 방사상으로 배치된 불탄 목재들은 지붕이 사면 혹은 천막형 구조였음을 말해 준다(〈그림 3-4〉). 구성을 살펴보면 서까래 구조를 만든 다음 격자를 쳤고 바로 그 위에 지붕을 얹었다. 수혈의 벽을 따라서는 얇은 나뭇가지로 벽의 골조를 만들었고, 그위에 점토를 발랐다. 이에 대해서는 수직으로 선 불에 탄 나뭇가지들과 불에 탄 다량의 벽토들로 알 수 있다. 골조의 높이에 대해서는 서까래 아래 가장자리까지 올라갔을 것이라고만 말할 수 있다.

말갈의 주거지에서는 출입구가 항상 관찰되지는 않는다. 출입구가 분명히 확인되는 경우에는 돌출부 모양을 하고 있으며 간혹 단이 함께 있는 것도 있다(〈그림 3-3〉). 출입구는 남벽 혹은 남동벽, 드물게는 서벽에도 위치한다. 그런데 아브라모브까 3 주거 유적의 어느 주거지의 경우 출입구가 북서쪽에 위치하기도 한다. 돌출부 모양의 출입구가 없는 경우에는 주거지 내부에 나무나 흙으로 만든 계단이 있었을 것이다.

노지는 대개 주거지 가운데 혹은 가운데에서 약간 북쪽으로 치우친 곳에 위치한다. 직경은 50~90센티미터이다. 아브라모브까 3 주거 유적에서는 몇몇 주거지들에서 장방형의 노지가 발견되었다(끄리불랴, 1991~1993). 바닥에 돌을 깐 노지는 우스찌-제르깔나야 4 주거 유적에서도 발견되었다(쇼민, 1986). 바닥에 자갈을 깔은 노지는 상당히 드물게 발견된다. 그와 같은 방법은 오시노브까 주거 유적(오끌라드니꼬프, 1959)과 미하일로브까 1 주거 유적(끄리불랴, 1990)에서도 확인된 바 있다.

노지가 딸려 있고 땅속으로 50~60센티미터 파고 들어간 수혈식 주거지는 크라스키노성의 제5 및 제6 인공층에서도 조사되었다. 이 주거지들은 면적이 크지 않은데 전체가 다 발굴된 주거지는 크기가 3×4미터이다. 유감스럽게도 누차에 걸친 재건축으로 기둥 구멍들, 벽, 덮개 등의 구조물 잔재들이 파괴되어 있었다. 그럼에도 이 주거지들은 말갈의 전통적 특징인 노지 구조를 갖추고 있다. 일반적으로 말갈 주거지에서 나타나는 노지의 직경은 약 1미터인데, 크라스키노성에서도 동일하게 확인되었다. 나중에 크라스키노성의 제1~제4 건축면들에서는 구들이 딸린 지상식의 다른 주거지들이 등장한다. 이때에도 수혈식 주거지는 사라지지 않았지만 이미 소수만이 겨우 남은 상태였다.

토기

크라스키노성에서 출토된 토기에 나타난 말갈의 전통은 두 가지 방향에서 확인된다. 첫 번째는 '말갈 모습'의 토기, 다시 말해서 구연 아래에 문양을 시문한 혹은 문양 없이 매끈한 덧띠 융기대가 돌아가는 수제와 윤제(천천히 돌아가는 물레에서 만든) 토기의 존재이다. 두 번째는 전형적인 발해 윤제 토기의 형태, 문양, 제작 기법에 나타나는 개별적인 속성들이 반영된 것이다.

이 성에서 출토된 말갈 토기는 전체의 2.5퍼센트 이하로 최초로 말갈 토기에 대해 총괄적인 분석을 실시한 학자는 O.V. 디야꼬바이다(디야꼬바, 1984, 1993). 그다음에는 2002년도에 출간된 글에서 크라스키노성에서 출토한 말갈 토기에 대한 전반적인 특성과 출토 양상을 분석하였다. 즉 형태적·기술적 특징이 차이를 보이는 두 그룹으로 구분하였다(겔만·뻬스까료바, 2002).

하지만 당시에는 이 유적에서 2개의 건축면만이 확인된 상태였으나 최근의 발굴 조사를 통해 이 유적의 몇몇 지점에서 6개까지 건축면이 드러났다. 따라서 그와 같은 토기들의 양적 및 질적 변화를 유적의 모든 문화층을 대상으로 연구해야 하는 당위성은 더욱 커졌다. 이 경우 심지어는 동일 건축면 내에서도 모든 유구들에 말갈 토기가 포함되어 있지 않음을 지적해야 할 것이다.

가장 이른 퇴적층은 2014년과 2015년에 발굴한 제6 인공층 유구들과 관련된다. 이곳에서 출토된 수제와 윤제의 말갈 토기편들(14점)은 대부분 매끈한 융기대를 가진 심발형 토기에 해당된다(〈그림 4〉, 〈그림 5〉). 문양이 시문된 융기대가 있는 구연부편은 2점만 발견되었으며, 그 외에도 격자 타날문을 포함하여 문양이 시문된 동체부편이 발견되었다.

제5 건축면은 서로 다른 발굴 구역에 위치하는 2007년도에 조사된 6호 주거지, 13호 주거지(2009~2014년 조사), 깊이 0.1미터까지의 경제적 용도의 수혈 2개(2014년 조사)가 각각 해당된다. 2007년에 채취한 시료의 방사성 탄소 연대 측정으로 이 유적에는 이미 7세기 말~8세기 초에 사람들이 거주하였음을 알게 되었다.

6호 주거지에서는 10개체 이상에서 말갈 토기편들이 출토되었다. 이 토기편들은 이미 폐기된 이 주거지의 수혈로 이웃들이 쓰레기를 버릴 때 함께 들어갔을 것이다. 이곳에서는 모두 수십 점의 토기편들이 확인되었는데 대부분 느린 물레에서 제작된 것이다(보고서, 2007, 70쪽). 이 토기들은 대부분 기벽이 얇고 간혹 바닥도 얇으며(〈그림 6〉), 태토에서는 중간 크기 및 거친 입자의 모래 혼입물이 확인된다. 그리고 조리 용기로 사용하였음을 보여 주는 음식물 찌꺼기 흔적이 남아 있다.

제4 건축면은 서로 다른 발굴 구역에서 조사된 5호 주거지(제34구역, 2007년 조사), 수혈(제45구역, 2011년 조사) 등이 해당된다. 이 건축면에서 출토된 말갈 토기는 느린 물레에서 제작한 토기의 편들이다(〈그림 7〉).

〈그림 4〉 크라스키노성 제6 건축면 출토 말갈 토기편들(2014년과 2015년도 조사):
1, 4, 5, 6, 10 – 윤제 토기 구연부편, 2 – 토기 윗부분, 3, 7, 8, 9, 11, 14 – 수제 토기 구연부편,
15~21 – 타날 흔적이 있는 윤제 토기 동체부편

이 토기들의 구연부에는 주로 매끈한 융기대가 있지만 2점의 경우에는 융기대에 문양이 시문되어 있다. 아마도 불교 사역 담장의 문지에서 남쪽으로 수 미터 떨어진 곳에 위치하는 경제 활동과 관련된 퇴적층의 제5~7 인공층에서 출토된 토기편들도 이 건축면에 속할 것이다(겔만·

〈그림 5〉 크라스키노성 제5 건축면 출토 말갈 토기편들(2011년과 2014년도 조사):
1, 2, 5, 6 – 윤제 토기 구연부편과 저부편, 14, 15, 16, 18, 19 – 윤제와 수제(15) 토기 문양이 있는 동체부편,
11~12, 17 – 격자 타날 흔적이 있는 윤제 토기편들, 3, 4, 13 – 수제 토기 윗부분,
7, 8 – 문양이 시문된 융기대가 있는 토기 1개체의 편들, 9 – 격자 타날 흔적이 있는 토기의 아랫부분.

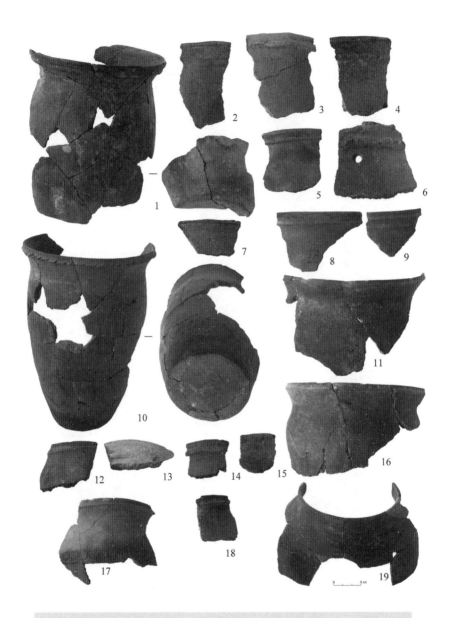

〈그림 6〉 크라스키노성 제5 건축면 출토 말갈 토기편들(2007년도 조사):
1~16, 18 – 6호 주거지 출토 토기편들, 17 – 침선 무늬가 있는 토기 윗부분, 제13 인공층.

<그림 7> 크라스키노성 제4 건축면 출토 말갈 토기편들(2009년과 2014년도 조사):
1~5 - 13호 주거지 출토 말갈 토기편들(2009년도 조사), 3, 5 - 수제 토기 구연부편들,
1, 2 - 윤제 토기 구연부편, 4 - 발형 토기 구연부편, 6~19 - 제44구역 출토 말갈 토기편들,
6~8 - 15호 주거지 내부 퇴적토 출토 윤제 토기 구연부편, 9~11 - 제10 인공층 출토 수제(9, 11) 및 윤제토기편,
12~14 - 제11 인공층(15호 주거지) 조사 중 출토 문양이 있는 토기 동체부편,
15~19 - 제10 인공층 조사 중 출토 수제(16, 17) 및 윤제(15, 18~19) 토기 저부편.

삐스까료바, 2002). 이것은 7점의 수제 토기와 5점의 윤제 토기로서 기벽이 매끈하고 구연 아래의 융기대를 조심스럽게 만들었다. 그중 몇몇에는 융기대에 긋기와 누르기로 문양을 베풀었다. 한 점의 수제 심발형 토기에는 '목木'이라는 한자 명문이 새겨져 있다(〈그림 8〉).

제3 건축면은 17호 주거지(제45구역, 2011년 조사)로 대표된다. 이 주거지와 주변 일대에서 여러 점의 윤제 말갈 토기의 동체부편과 구연부편, 그리고 매끈한 융기대가 있는 심발형 토기의 윗부분이 출토되었다(〈그

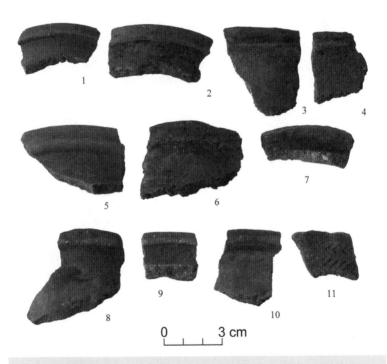

0 ⊢ㅡㅣㅡㅣ 3 cm

〈그림 8〉 제44구역 서쪽 및 동쪽 섹터 제3 건축면 출토 말갈 유형 토기편들(2014년도 조사):
1~4 – 제7 인공층 조사 중 출토 윤제 토기 구연부분,
5~11 – 제9 인공층 조사 중 출토 윤제 토기 구연부편(5~10) 및 문양이 있는 동체부편(11)

〈그림 9〉 제2 건축면 출토 말갈 유형 토기편들(2009년도 조사):
1~9 – 제11 인공층 레벨의 11호 주거지 잔재 조사 중 출토 윤제 토기 구연부편, 제40구역,
10~20 – 윤제 토기편들, 13, 18, 21 – 제7 인공층 조사 중 출토 말갈 유형 토기 구연부편, 2013년도 조사

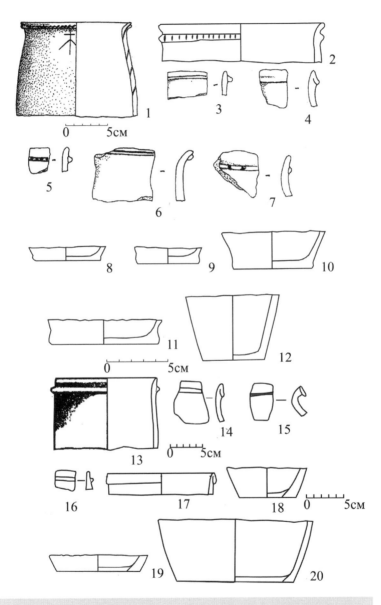

〈그림 10〉 크라스키노성 사역 담장 문지에서 남쪽으로 수 미터 거리의 경제 활동과 관련된 퇴적층 제5~7 인공층 출토 말갈 토기(겔만, 삐스까료바, 2002)(실측도)

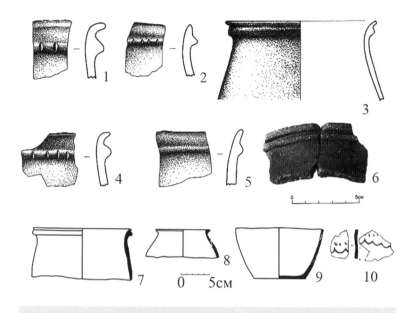

<그림 11> 크라스키노성 제3 건축면 출토 말갈 토기(실측도)

림 9〉). 3점의 구연부편에는 문양으로 장식된 융기대가 있다.

　이 건축면에는 1996년에 발굴된 금당지 남쪽 수 미터 거리에 위치한 구덩이 아래 깊이 약 80센티미터에서 출토된 토기편들도 해당될 것이다. 이것은 기벽이 얇은 3점의 토기편인데, 그중 한 점은 모양이 심발형으로 구연 아래에 매끈한 융기대가 있고 기벽에 마연을 하였다(〈그림 9-7~10〉).

불교 사역 주변 지역

발굴 조사 방법이 바뀌면서 사역 부근의 회색 사질토층 약 50센티미터 깊이에서 윤곽선을 드러낸 구덩이들이 어느 건축면에 속하는지 지금은 말하기가 힘들게 되었다. 성의 거주 지역에서는 사역 지역에 비해 더 자주 건축면이 바뀌었다는 사실도 이 과제의 해결을 복잡하게 만들고 있다. 아마도 그 구덩이들의 윤곽선이 노출된 깊이를 보면 제2 건축면에 해당될 수도 있을 것이다.

1983년 발굴 조사에서 출토된 토기 중 8점의 수제 토기편이 있는데 그중 3점은 복원되었다(〈그림 10〉). 구연 아래의 융기대는 매끈하고, 토기 기면과는 직각으로 부착되었다. 그런데 그와 같은 융기대가 5개 토기의 동체부편에서도 확인되었다. 3점의 토기에는 기벽에 격자 타날 흔적이 남아 있다. 사역과 그 주변 일대에서 출토된 3점의 토기도 잠정적으로 제2 건축면에 귀속시킬 수 있을 것이다. 이 토기들은 모두 작은 편 상태이며 기본적인 특성들이 상기한 토기들과 가깝다. 모두 12점의 수제 토기, 12점의 윤제 발형 및 심발형 토기에서 깨어져 나온 편들이다. 따라서 건축면들에서의 말갈 토기의 변화는 다음과 같이 관찰된다.

- 가장 아래 건축면부터 수제와 느린 물레로 제작한 토기가 함께 있다. 위 건축면으로 갈수록 윤제 말갈 토기의 비율이 수제 토기에 비해 높다.
- 모든 문화층에 매끈한 기벽의 토기와 함께 격자 타날을 한 토기도 있다. 격자 타날을 한 토기는 고르바뜨까성, 니꼴라예브까 1 및 2 성 등과 같은

일리스따야강 중류 지역의 유적들에서 대량으로 발견되었다. 그곳에는
이 토기의 비율이 약 90퍼센트에 이른다. 한편 격자 타날 토기는 수이푼강
지역의 유적들에서는 소량으로 발견되었다. 아브리꼬스 절터에서는 그와

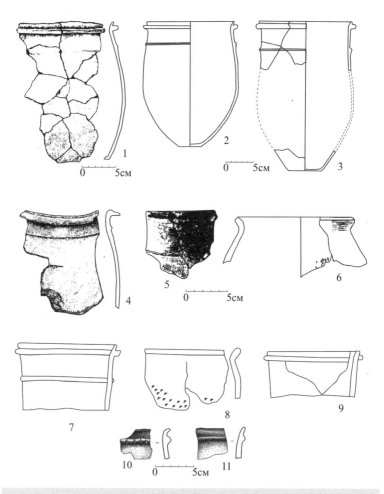

〈그림 12〉 사역 부근의 구덩이들에서 출토된 크라스키노성
제2 건축면 말갈 토기(겔만, 삐스까료바, 2002)(실측도).

같은 토기가 1점 발견되었다.

· 아래 건축면들에서 출토된 매끈한 기벽의 토기들은 꼰스딴찌노브까 주거 유적, 체르냐찌노 2 주거 유적 등 수이푼강 중류 지역의 유적들에서 비슷한 것을 찾을 수 있다. 필자의 생각에는 국가 이전의 가장 마지막 단계와 관련지을 수 있는 형식의 토기이다.

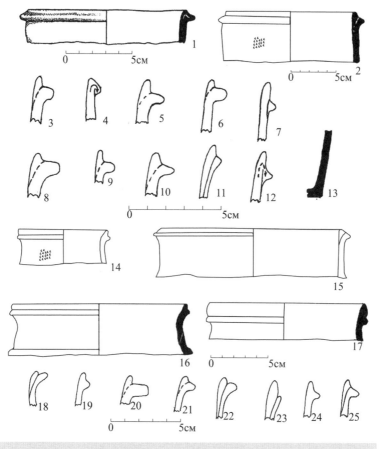

〈그림 13〉 사역에서 출토된 크라스키노성 제2 건축면 말갈 토기(겔만, 삐스까료바, 2002)(실측도)

몇몇 윤제 발해 토기에 나타난 문양이 시문된 구순에서 말갈 전통의 영향을 찾을 수 있다. 그와 비슷한 토기들은 이 유적에서 드물지 않게 발견되며 모든 문화층에서 확인된다. 또한 2009년에는 매우 드물지만 기벽을 도려낸 토기도 출토되었으며 말갈의 주거지 유적들에서도 출토되었다. 이 토기들은 알곡을 쭉정이와 분리하는 데 사용하였을 수도 있다.

맺음말

말갈의 전통은 크라스키노성이 존속하는 모든 기간 동안 남아 있었다. 이 사실은 경제 활동, 주거지 축조, 그리고 토기에서 확인된다. 하지만 이 유적에서는 중심지(동경)의 영향이 매우 강하였기 때문에 그 존속의 가장 이른 단계에도 수이푼강 중류 지역과 같은 변두리 지역의 유적들에서 보이는 것과는 달리 말갈의 영향이 선명하지는 못하였다.

■ 참고문헌

- Болдин В. И., Гельман Е. И., Ивлиев А. Л., Никитин Ю. Г. Интеграция на Краскинском городище: 4 года исследований // Вестник ДВО РАН –Владивосток : Дальнаука, 2001. – № 3. – С . 24~29.(V.I. 볼딘, E.I. 겔만, A.L. 이블리예프, Yu.G. 니끼친, 2001, 크라스키노성에서의 '융합': 조사 연구 4년 // 러시아과학원 극동지소 소식지, № 3: 24~29.)
- Сергушева Е. А. Культурные растения средневекового населения Приморья // Россия и АТР, 2010, № 4. – С .151~158.(E.A. 세르구쉐바, 연해주 중세 주민들의 농작물 // 러시아와 아시아 태평양 지역, 2010, №. 4, 151~158쪽.)
- Ивлиев А. Л. Очерк истории Бохая // Российский Дальний Восток в древности и средневековье: открытия, проблемы, гипотезы.–Владивосток : Дальнаука, 2005. – С .449~475.(A.L. 이블리예프, 발해 역사 개관 // 고대의 중세의 러시아 극동: 발견들, 문제들, 가설들. 블라디보스톡: 달나우까, 2005, 449~475쪽.)
- Омелько В. Е., Винокурова М. А. Анализ костей животных Краскинского городища(по результатам исследований в 2009г.) // Мультидисциплинарные исследования в археологии. Владивосток:Дальнаука. 2009–С.73~79.(V.E. 오멜꼬, M.A. 비노꾸로바, 크라스키노성 출토 동물 뼈 분석(2009년도 발굴 자료를 중심으로) // 고고학에서의 융합 연구. 블라디보스톡: 달나우까, 2009, 73~79쪽.)
- Археологические памятники эпохи палеометалла и раннего средневековья Приморья. По материалам исследований 2012~2013 гг.// Институт истории, археологии и этнографии народов Дальнего востока ДВО РАН; Государственный исследовательский институт культурного наследия республики Корея.–Сеул, 2014. – 427с.(대한민국 문화재청 국립문화재연구소 · 러시아과학원 극동 역사학 고고학 민족학연구소,《연해주의 문화유적 Ⅳ》, 2014.)
- Крупянок А. А., Раков В. А., Пискарева Я. Е., Глухов А. В. Местонахождение Новик-V. Раковинная куча мохэского времени // Россия и АТР, 2016, №. 4.(A.A. 끄루빠녹, V.A. 라꼬프, Ya.E. 삐스까료바, A.V. 글루호프, 노빅-5 유적. 말갈 시기의 패총 // 러시아와 아시아 태평양 지역, 2016, №. 4.)
- Болдин В. И. Результаты археологических исследований на Краскинском городище в Приморском крае России в 2007г. Владивосток, 2008 – с.111.(V.I. 볼딘, 2007년도 러시아 연해주 크라스키노성 발굴 조사 결과들. 블라디보스톡, 2008, 111쪽.)
- Раков В. А., Шарова О. А. Малакофауна Краскинского городища по результатам

археологических исследований в 2011г. // Археологические исследования на Краскинском городище в Хасанском районе Приморского края в 2011г.–Владивосток, 2012.(V.A.라꼬프, O.A. 샤로바, 2011년도 고고학 조사 결과 크라스키노성의 duscpehdanfe // 2011년도 연해주 하산 지구 크라스키노성 발굴 조사, 블라디보스톡, 2012.)

• Семин П. Л. Мохэский комплекс памятника Усть-Зеркальная-4 // История и культура Восточной и Юго-Восточной Азии.–М. : Наука, 1986.–Ч.2.–С.219~225.(P.L. 쇼민, 말갈 복합체 우스찌-제르깔나야 4 유적 // 동 및 남동아시아의 역사와 문화. 모스크바: 나우까, 1986, 제2부, 219~225쪽.)

• Кривуля Ю. В. Раннесредневековые жилища Приморья // Освоение Северной Пацифики: посвящ. памяти Ф. Ф. Буссе–первого председателя о-ва изуч. Амур. края.–Владивосток : Изд-во ДВГУ, 1996. – С .155~174.(Yu.V. 끄리불랴, 연해주의 중세 토기 주거지들 // 북태평양 지역의 개척: 아무르 주 연구협회의 초대 회장 F.F. 부쎄 기념. 블라디보스톡 극동국립대학교출판사, 1996. 155~174쪽.)

• Семин П. Л. Отчет об археологических раскопках памятника Абрамовка-2 в Михайловском районе. Приморский край, 1989г. // Архив ИА РАН. Р. 1, №. 13887, л . 120.(P. L. 쇼민, 미하일로브까 지구 아브라모브까 2 유적 고고학 조사 보고서. 연해주, 1989년 // 러시아과학원 고고학연구소 문서보관소, Р. 1, №. 13887, 리스트 120.)

• Кривуля Ю. В. Археологические исследования на памятнике Абрамовка-3 в Приморье // Первая Дальневосточная конференция молодых историков.–Владивосток: АН СССР. ДВО. ИИАЭ, 1991. – С .28~29.(Yu.V. 끄리불랴, 연해주 아브라모브까 3 유적 고고학 조사 // 제1차 극동 젊은 역사학자들 학술회의. 블라디보스톡: 러시아과학원 극동 역사학 고고학 민족학연구소, 1991. 28~29쪽.)

• Кривуля Ю. В. Археологические исследования на раннесредневековых памятниках юго–западного Приморья // Археологические исследования на Дальнем Востоке России.–Препр.–Владивосток, 1993. – С .8~14, 85~87(ил.). (Yu.V. 끄리불랴, 연해주 남서부 지역에서의 중세 초기 유적들에 대한 고고학 조사들 // 러시아 극동에서의 고고학 조사들. 블라디보스톡, 1993, 8~14쪽, 85~87쪽.)

• Кривуля Ю. В. Отчет о раскопках памятника Михайловка-2. Приморский край, 1990г. // Архив ИА РАН. Р. 1, №. 15872, л . 103.(Yu.V. 끄리불랴, 1990년 연해주 미하일로브까 2 유적 발굴 조사 보고서, 러시아과학원 고고학연구소 문서보관소, Р. 1, №. 15872, 리스트 103.)

• Окладников А. П. Далекое прошлое Приморья: очерки по древней и средневековой истории Приморского края.–Владивосток : Прим.кн. изд-во, 1959. – 292с.(А.Р. 오끌

라드니꼬프, 연해주의 먼 과거: 연해주의 고대와 중세 역사 개관. 블라디보스톡, 연해주도서출판사, 1959, 292쪽.)

- Дьякова О. В. Происхождение, формирование и развитие средневековых культур Дальнего Востока.–Владивосток : Дальнаука, 1993. – 408с.(O.V. 디야꼬바, 극동 중세 문화의 기원, 형성, 그리고 발전. 블라디보스톡: 달나우까, 1993, 408쪽.)

- Дьякова О. В. Раннесредневековая керамика Дальнего Востока СССР как исторический источник IV-X вв.–М. : Наука, 1984. – 203с.(O.V. 디야꼬바, 4~10세기 역사 자료로서의 소비에트 극동의 중세 토기, 모스크바: 나우까, 1984, 203쪽.)

- Гельман Е. И., Пискарева Я. Е. Мохэская керамика Краскинского городища // Традиционная культура Востока Азии.–Благовещенск : Изд-во АмГу, 2002. – Вып.4. – С .156~177.(E.I. 겔만, Ya.E. 삐스까료바, 크라스키노성의 말갈 토기 // 아시아 동부의 전통 문화. 블라고베셴스크: 아무르국립대학교출판부, 2002.)

- Квашин В. Г. Отчет о результатах археологической разведки в Хасанском районе Приморского края в 1994г . // Архив ИА РАН. Р. 1, №. 0277, л. 187.(V.G. 끄바쉰, 1994년도 연해주 하산 지구에서의 고고학 지표 조사 결과 보고서 // 러시아과학원 고고학연구소 문서보관소, Р. 1, №. 0277, 리스트 187.)

- 鄒晗,《黑龍江鶴崗地區古代文化遺存》, 黑龍江人民出版社, 2006. 149쪽.

 발해의 놀이문화

발해는 건국 이후 행정, 군사 등의 국가제도와 체제를 완비하여 나갔다. 그 틀에서 발해인들도 다양한 문화를 향유하였는데, 여기서는 놀이문화를 다루어 보겠다.

발해는 고구려 멸망 후 30년 만에 고구려 유민들이 건국한 고구려 계승국이다. 698년 건국 이후 926년 거란에 의해 왕위가 단절되기까지 남쪽의 신라와 남북국 형세를 이룬 해동성국이다. 발해는 문화적으로 전 단계의 고구려 문화를 토대로 주변 민족의 문화를 받아들여 발해만의 독특한 것으로 재창출하였다. 영역에서도 고구려에 비해 현재 연해주 지역을 보다 분명하게 통치 범위에 놓았다. 그런 까닭에 현재 연해주 발해 유적에서는 발해의 고구려 계승성과 발해의 다양한 문화를 함께 볼 수 있다.

말馬과 관련한 놀이문화

발해인의 놀이로는 먼저 축국蹴鞠과 격구擊毬를 들 수 있다. (마상)격구는 원래 페르시아 지방에서 유래된 것으로 현대의 폴로Polo 경기도 그 유래다. 격구는 이후 티베트, 인도, 당 등과 함께 고구려, 신라에 전해졌고, 발해와 신라의 남북국시대, 고려시대, 조선시대에 성행한 놀이다.

발해 격구에 대한 기록은 유득공이 쓴《발해고渤海考》에 나타나는데, 발해의 왕문구王文矩 일행이 서기 889년에 일본에 사신으로 가서 일왕이 보는 앞에서 격구를 해 보였다고 한다. 이를 통해 당시 발해에서 격구가 매우 성행하였으며, 일본에 직접 전파하였음을 알 수 있다. 축국역시 고구려 이전부터 이어져 온 놀이로, 동물의 방광을 구毬의 내피로한 뒤 공기를 불어 넣어 차는 것으로, 지금도 간단히 만들어 즉시 놀이를 할 수 있는 보편적인 놀이문화이다.

또 발해인은 활쏘기를 매우 즐겼는데, 말타기와 더불어 고구려 이래 전통적인 민속놀이로 자리하였다. 말타고 활을 쏘는 풍습은 사냥매, 사냥개, 좋은 말, 좋은 활 등의 매개체를 통해 발해인의 놀이문화를 확산시켜 주었다. 해동청海東靑은 사냥하는 매인데, 주변국과의 교류에서 귀한 외교 선물로 전해지기도 했다. 특히 발해 특산물의 하나인 '솔빈率賓의 말馬'은 현재 연해주 우수리스크에 위치한 솔빈부에서 사육되는 발해 명마로, 이는 당시 동아시아의 최고 품종이었다. 이러한 조건들이 발해의 말타기와 활쏘기, 격구 등의 다양한 놀이문화를 증폭시켜 주었다.

발해 유적은 현재 중국 동북 지역, 러시아 연해주, 그리고 북한에 걸쳐 산재해 있다. 그중에서 지금까지 한국 학자들이 발굴 조사와 보고서를 출간할 수 있었던 곳은 연해주 한 곳뿐이다. 따라서 발해의 고구려 계승성과 다양한 문화상을 볼 수 있는 것은 연해주 발해 유적을 한국 학자들이 직접 발굴 조사할 수 있었던 데 있다.

연해주의 대표적인 발해 유적인 크라스키노 발해 염주성에서는 구획된 도로가 정연하게 설치되어 있음을 알 수 있었다. 이 도로를 중심으로 발해인의 생활을 볼 수 있는 유물들이 함께 발견되었는데, 그중 하나가 고누알이다. 고누는 한국 문화에서 보면 제주도를 포함한 한반도 남부, 중부 및 북부에 걸쳐 다양하게 분포하는 한국인의 전통놀이 중 하나이다.

고누 문화

1) 2004년 염주성 발굴 기와벽실 유구

한국의 염주성 발굴은 1990년 한소 수교와 함께 시작되었다. 1994년까지는 대륙연구소, 2004년부터 2006년까지는 고구려연구재단, 2007년부터 현재까지는 동북아역사재단이 주관하여 실시하고 있다.

한국의 크라스키노성 발굴의 첫 시작은 1992년 대륙연구소에 의해

서였는데, 이는 한국과 러시아 양국의 수교 이후 전개한 최초의 한 · 러 공동 발굴이었다. 당시의 발굴 지역은 우수리스크 지구, 구체적으로는 코르사코프카 사원지와 크라스키노 성지 남쪽의 고분이었다.[1] 따라서 크라스키노 발해 성터 발굴 사업은 바로 한국의 연해주 발해 유적 발굴 의 계통을 잇는 것이다. 연해주 발해 유적 발굴에는 실로 다양한 기관 과 인력이 다각도로 투입되어 왔다. 그리하여 1990년대 초 시작된 연 해주 공동 발굴에 비해 다양한 전개가 이어졌다. 우선 기관의 확대와 범위 확산이 눈에 띈다.

2000년대의 연해주 발해 유적 발굴은 고구려연구재단의 크라스키 노성 발굴의 지속적인 전개에서 그 연속성을 볼 수 있다. 우선 대륙연 구소는 크라스키노 제2차 발굴(1994. 7~8) 결과 보고서를 간행하였는데,[2] 이 보고서는 러시아와 한국의 연해주 발해 유적 발굴의 교두보로 평가 할 수 있다.

고구려연구재단의 크라스키노 성터 발해 유적 공동 발굴 조사는 2004년 8월에 실시되었다. 이곳에서 발굴된 기와벽실 유구는 서울대 AMS 측정 결과 840년으로 확인되어, 모처럼 절대연대를 얻을 수 있었 다.[3] 이곳의 기와벽실 유구는 일종의 토굴같이 보였다. 사질토층에 장 방형 형식으로 내부는 기와벽으로 보강되었다. 사방 벽면은 모두 수평 으로 겹쌓여진 기와 조각들로 조성되었다. 대부분은 평평한 암키와이 나 부분적으로 골이 파인 수키와도 사용되었다.

기와벽실 바닥의 크기는 2.3×2.3미터로 장방형에 가까운 형태를 가 진 반지하식 구조물이며, 높이는 1.2미터 정도이다. 기와를 빼곡히 정 성스레 올린 유구는 크라스키노 발해성의 기존 발굴에서 매우 특이한 구조를 지닌 것으로 주목되었다.[4] 기와벽실 안에서는 구조만큼이나 이 성의 특징적인 유물이 다량으로 출토되어 이 성의 관련 연구와 정리에 지속적인 자료를 제공하고 있다. 그중 기와, 토기편, 돌 등 다양한 재질로 다듬은 '놀이용 말'이 출토되어,[5] 가히 당시 발해의 생활상을 보여주는 타임캡슐이라 불릴 정도였다.[6]

러시아에서는 이 놀이용 말을 '피쉬키Фишки'로 소개하고 있고, 현재 각종 보고서 역시 같은 명칭으로 소개하였다. 기와, 토기와 석재로 만들어진 원반형의 유물로 크라스키노 발해 염주성 유적지에서 가장 빈번히 출토되는 유물 중 하나이다. 두께는 만들어진 재료에 따라 달라지는데 토기편으로 만들어진 경우 0.6~0.9센티미터 정도, 기와편으로 만들어진 경우 1~2센티미터 정도가 된다. 두께는 2.5센티미터부터 6.5센티미터까지 재료에 따라 다르다. 이들은 여러 장소에서, 그리고 최상층부터 아래 기단층까지 여러 표고에서 수집되었다.

〈그림 1〉 염주성 출토 각종 놀이말 사진[7]

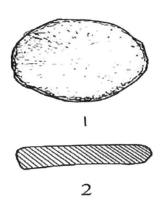

〈그림 2〉 국내성에서 출토된 놀이말

이 유물은 연해주 내 전 발해 유적에서 출토되며 무엇보다도 놀이용 말Фишек로써 사용되었다. 일부는 연삭 도구로 이용되는 경우도 있다. 토기와 석재로 만들어진 이 유물은 고구려 수도 국내성에서도 발견되었다. 또 북한의 왕릉에서도 많은 수의 토기편으로 제작된 놀이용 말들을 본 적이 있다고 서술하고 있다.[8]

국내성에서 발견된 놀이말은 도병陶餅으로 소개하고 있는데, 도편陶片을 연마한 것으로 모두 원형에 가까우며, 직경 약 5센티미터, 두께 0.7센티미터였다. 또 다른 도병은 양면에 모두 흑색 도안이 있는데 직경 4센티미터, 두께 1.3센티미터이다.[9]

이상과 같이 크라스키노 발해 염주성에서 발굴된 놀이말은 몽골 내 거란계 유적은 물론 중국 내 고구려 유적지에서 광범위하게 출토됨을 알 수 있다.

친톨고이 발굴 보고서를 통해서 관련 유물을 소개하면 다음과 같다.

이러한 원반형 놀이말은 한국의 고고 유적 발굴장에서도 빈번히 출

〈그림 3〉 토기 파수부와 토제 놀이말(2004년 친톨고이 발굴 조사)[10]

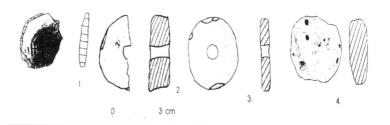

〈그림 4〉 토기 놀이말(2005년 친톨고이 발굴 조사)[11]

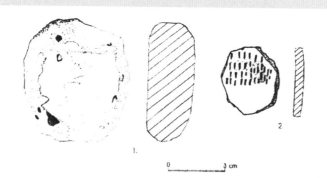

〈그림 5〉 무늬가 새겨진 토기 놀이말(2005년 친톨고이 발굴 조사)[12]

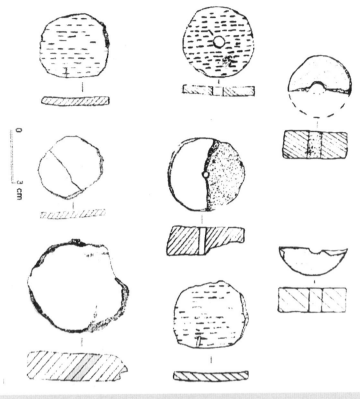

〈그림 6〉 발굴 과정에서 발견된 토기(2006년 친톨고이 발굴 조사)[13]

〈그림 7〉 토제 놀이말(2007년 친톨고이 발굴 조사)[14]

토되는 유물이기도 하다. 다만 발굴 지역마다 붙여 놓은 명칭만이 다르다. 이 놀이말은 각 지역마다 'board game' 혹은 놀이말로서 'Фишки' 등으로 다양하게 부른다.

2) 고누와 고누판

앞서 소개한 2004년 염주성 발굴에서는 기와석실 유구에서 이 놀이말과 관련된 유물이 나왔다. 당시 보고서에서는 석재 유물로서 채화 그림판Каменная плита с рисунком으로 소개했다.

> 기와벽실 소구역에서 사암 판석을 출토함. 판석의 평평한 표면에는 한 사각형 속에 다른 사각형의 그림이 새겨져 있는데 두 사각형은 네 개의 모서리가 사선으로 연결되어 있다. 판의 크기는 19~21센티미터이고 높이는 8.5~10센티미터이다(〈그림 108~109〉). 이와 유사한 그림이 중국 동북부 탑호성(塔虎城, Тахучен) 여진 성터의 벽돌(길림성 고고학연구소 보관)에도 새겨져 있다.[15] 아마도 이 그림은 놀이판으로 사료되는데 놀이는 전술한 자기, 기와와 돌로 제작된 놀이용 말과 관련이 있는 것 같다.[16]

여기서 나온 채화 그림판은 한국 전통놀이 중 하나인 '고누놀이판'임을 알게 되었다. 그런데 이 고누판을 놀이말과 연결하는 데 약간의 시간이 필요했다. 놀이말 혹은 장기알은 유적에서 가장 많이 확인되는 유물 중 하나로, 발굴되는 모든 시설물 장소에서 확인된다. 둥근 장기알은 연해주 발해 유적의 특징적인 유물이라 보고 아마도 이 장기알들은 서양장기와 같은 놀이에 속하는 것일 것이라고 했다.[17] 그러나 장기알은 연해주의 다른 유적에서도 확인되었지만 러시아어로 이 유물의 명칭을 아직 정확하게 명명하지 못했고, 결국 기와벽실 유구에서 발견한 석판을 장기알과 관련짓지 못하고 있었다.[18] 장기알 역시 연해주 발해 유적지 전체에 걸쳐 보편적으로 출토되고 있다. 다른 무엇보다도 이들은 놀이용으로 이용되던 말이라는 설명 정도로 기술하는 데 그친다.[19] 이러한 명칭은 몽골의 친톨고이 유적 등에서 나온 놀이말에 대한 기술에서도 마찬가지이다. 몽골 학계에서는 아직까지도 이 놀이말들을 'Board game'이라는 말로 표기하고 있음을 알 수 있다.[20]

〈그림 8〉 염주성 고누판[21]

〈그림 9〉 염주성 고누판 도면[22]

〈그림 10〉 2004년 염주성 출토 기와벽실 유구

2004년의 염주성 발굴에서도 기와벽실 유구에서 발견한 격자판을 그린 석판이 언급되었다.[23] 그러나 장기알은 연해주의 다른 유적에서도 확인되지만 이 유물의 명칭은 러시아어로 아직 정확하게 명명되지 못했다.[24] 이 장기알 류는 매년 발굴 때마다 1백여 점 전후로 출토되는 너무 흔한 유물이라 상대적으로 주목받지 못했다. 즉 2007년 보고서 작성까지도 기와벽실 유구에서 발견한 석판을 장기알과 관련짓지 못하고 있었던 것이다.

두 유물을 연계해서 보는 시도는 2008년 보고서에서 일부 나타나고 있었지만, 2010년 보고서까지는 단순히 놀이에 사용된 말로 서술되었다. 이러한 전환을 가져온 것은 염주성 도로 유구 구획 발굴로 발굴 방

향의 전환을 맞는 2011년 발굴 보고서부터였다.[25]

  2백여 점 이상 출토된 다양한 놀이말에 주목하면서, 다시 2004년 기와벽실 유구에서 출토된 사암제 석판에 관심이 쏠렸다. 우리는 석판에 그려진 그림이 바로 한국에서 전통놀이로 즐겼던 고누Gonu, гону놀이판인 것을 확인하였다. 이후 염주성 발굴 보고서에는 놀이말과 고누를 연계하여 서술할 수 있었다. 이를 통해서 한·러 양측 단원들은 지금까지의 놀이말фишки을 고누로 표기하는 계기를 마련하였다.

3) 고누의 길

  다음은 한국에서 나타난 고누와 관련된 정보이다.

  조선시대 대표적인 민중 화가인 단원 김홍도의 〈고누도〉는 바로 고누를 소재로 한 그림이다. 간혹 고누가 아닌 다른 놀이라고 의문을 제기하기도 하지만,[26] 역시 서민들이 주 대상이며 앞서 본 석판 외에도 땅에 직접 그려서 두기도 하는 점 등에서 이는 〈고누도〉를 그린 것으로 보는 것이 타당하다.

  〈그림 12〉는 북한 개성 만월대 고려 궁성지에서 나온 고누판으로 이는 2007년 남북 공동으로 발굴한 결과이다. 가로세로 30센티미터의 바닥 전돌에 새긴 것으로 13세기 중반의 것으로 추정된다. 이는 바닥 벽돌 공사 때 제작자들의 여흥을 대변하는 것으로 파악하였다.[28] 또 고려시대 항몽 유적지 중 제주 항파두리 유적 문화재 시굴 조사에서 출토된 고누판이 있다. 시기는 13세기 말이다.

<그림 11> 단원 김홍도의
<고누도>[27]

<그림 12> 고려 궁성지의 고누판

고누놀이는 바둑이나 장기의 원시적인 형태로 땅이나 마루, 목침 등에 놀이판을 그려 놓고 말을 이동시키며 승패를 겨루는 놀이다. 시와 때를 불문하고 남녀노소를 막론하는 우리 민족의 중요 민속 자료이다.[31]

몽골의 경우 우리의 고누와 비교되는 '낙타의 발굴', '지르게', '하능

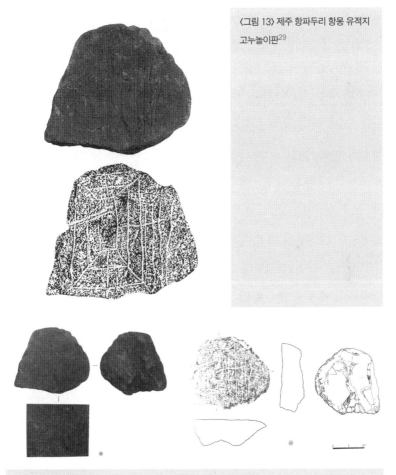

<그림 13> 제주 항파두리 항몽 유적지 고누놀이판[29]

<그림 14> 제주 항파두리 항몽 유적지 고누놀이판(길이 17.4센티미터, 너비 18.1센티미터, 두께 5센티미터)[30]

지르게' 등이 있다.[32] 이들은 각각 우리의 '우물고누', '곤질고누', '팔팔
고누' 등과 비견된다.

고누의 기원으로 한국에서 제일 오래된 것은 10세기 초의 것으로 인
정되는 황해남도 배천군 청자 가마터에서 나온 참고누판이다. 이곳에
서 도자기를 만드는 데 쓰이던 갑자에 참고누판이 그려진 것이 발견되
었다. 이는 당시 고누놀이가 실재했음을 알려 주는 실물 자료이다.[33]

고누는 우리나라에서 오랜 세월을 거쳐 전해 온 탓에 고니, 꼬니, 꼰,
꼰질이, 고누 등 놀이 자체에 대한 명칭이 다르다. 또한 각 놀이판의 이
름도 다르고 같은 놀이판이라도 지방에 따라 놀이 방법이 약간씩 다른
것도 있다. 또 세계적으로 퍼진 놀이여서 나라마다 놀이 방법이 다른
경우가 많다. 그러나 두 사람이 특정한 형태로 그려진 놀이판 위에서
정해진 수의 말을 가지고 상대방의 말을 다 잡거나 못 움직이게 가두거
나 상대방의 집을 먼저 차지하는 등 기본적인 놀이 방법은 같다. 대신
놀이판이 다양하여 각 놀이판마다 독특한 재미를 맛볼 수 있다.[34]

장장식은 일찍이 고누와 고누놀이를 천착하면서 한국은 물론 몽골,
중원을 넘어 동유럽과 바빌론까지 섭렵하는 논고를 발표한 바 있어 본
고 작성의 큰 줄기를 잡을 수 있었다. 특히 한국에서 수습된 참고누 관
련 유물을 종합하고, 고누판 편년을 제시하여 이 부분을 이해하는 데
도움을 주었다. 그 편년을 시대순으로 보면 다음과 같다.[35]

① 송림사 5층전탑 전돌에 새긴 고누판(6세기 중엽, 신라시대)

② 황해도 봉천군 원산리 청자 가마터의 고누판(10세기 초, 고려시대)

③ 개성 만월대 전돌의 고누판(13세기, 고려시대)

윤경렬도 장장식이 언급한 바 있는 송림사 5층전탑 해체 수리기에 발견한 고누판을 통일신라시대의 희귀한 민속 자료로 소개하였으며, 그 외에 신라시대에 행해졌던 우물꼬니(강꼬니), 넉줄꼬니, 아홉줄꼬니 등을 들었다.[36]

여기에 본문에서 언급한 제주 항파두리 항몽 유적지에서 출토한 고누판(13세기 말)과 발해 시기의 고누판(최하 9세기 초)을 추가하여 보면, 한국의 고누 문화 맥을 신라시대부터 발해, 고려로 계통적으로 이어 가는 자료를 확보하였다는 데 의미가 있다. 게다가 발해 멸망 후 발해 유민이 거란 영역 내로 이주하며 발해인의 고누 문화를 몽골 지역(친톨고이성)까지 확대하여 간 것을 자료로 확인한 것은 큰 성과라 할 수 있다.

장장식도 언급하였지만 이른바 고누 문화의 전통은 현재 동유럽과 남카프카스 지역까지 확대되었다고 생각해야 하는 시점에 와 있다. 따라서 지금까지 발견된 고누판 유물은 대개가 참고누로 한국사에서 오랜 역사를 가지고 내려온 것임을 알 수 있다. 또 참고누는 중국, 인도 등 주변 지역에 전승되었으며, 바빌론 기호라는 이름으로 중근동 여러 나라에서 발견됨을 고려하면, 시기가 올라갈수록 단순한 놀이용이 아닌 특정 의례용이었다고 추론하게 한다.[37]

그러나 본 글의 요지는 발해를 중심으로 한국의 고누 문화의 연계를 살펴보는 데 있는 바, 그 이상의 확대는 후일의 논고로 이어 가고자 한다.[38]

이 외에도 실물로 파악할 수 있는 고누판이 중국 동북부 탑호성 성터에서 발견되었다. 현재 길림성 송원시[전곽이라몽골자치구(前郭爾羅蒙古自治區)] 팔랑진八郎鎭에 위치한 탑호성은 타호성他虎城 혹은 탑호성塔呼城으로 불리며 요대 중기부터 금대까지 사용된 주요 진지로 보고 있다.[39] 이 고누판은 10세기 중반 이후의 것이다. 몽골 국내에서도 친톨고이 유적에서 발견된 고누 외에도 고누판이 실견되는데 '하르발가스'성에서 출토된 것이 그것이다.[40] 역시 참고누판이다.

고누판, 특히 참고누판은 한국의 제주도에서부터 개성 만월대, 그

〈그림 15〉 탑호성 출토 고누판

리고 황해남도 배천군을 거쳐, 두만강 건너의 발해 염주성(크라스키노성)에서까지 발견되었다. 크라스키노 발해 염주성의 고누판은 AMS 측정 결과 9세기 초반까지 설정할 수 있으므로, 한국의 유물로는 현재 앞서 들었던 신라의 것과 더불어 가장 앞선 것이다. 탑호성의 고누판, 그리고 몽골 내의 하르발가스성의 고누판은 모두 10세기 이후의 것이다.

〈그림 16〉 하르발가스성 출토 고누판

정리하면 2004년도 염주성에서 발굴된 채화 그림판은 한국 전통놀이 중 하나인 고누놀이용 판, 나아가 가장 전형적인 참고누판이다. 이를 통해 고누와 고누판의 성격을 반영하여 발해의 고누 길Gonu road을 제시하고자 한다. 이것은 이른바 남북국사의 새로운 연구 주제로 자리매김할 수 있다고 평가한다. 한국사에서 7~10세기는 신라와 발해가 남과 북의 두 나라 형세로 발전하였던 남북국시대로 설정한다. 그러나 이러한 설정에 걸맞은 실증적인 자료가 없다. 따라서 본 연구를 통해 의미를 부여한 연해주 염주성에서 출토된 '(참)고누판'은 남북국사의 고리를 이어 주는 실물 자료로 재평가되어야 할 것이다.

■주

1) 이에 대한 결과는 대륙연구소, 1994,《러시아 연해주 발해유적》및 고구려연구재단, 2004,《러시아연해주 크라스키노 발해사원지 발굴보고서》참조.
2) 고구려연구재단, 위의 책 참조.
3) 고구려연구재단,《2004년도 러시아 연해주 발해유적 발굴보고서》, 2005 참조.
4) 위의 책, 46쪽.
5) 위의 책, 29쪽.
6) 김은국,〈크라스키노 발해성 발굴 조사 성과〉,《2014 Asia Archaeology 국제학술심포지엄》, 국립문화재연구소, 2014. 9. 30, 33쪽.
7) 고구려연구재단 편,《2005 크라스키노 발해성터 발굴보고서》, 2006, 230쪽, 그림158.
8) 고구려연구재단 편, 앞의 책, 2005, 30쪽.
9) 吉林省文物考古研究所, 集安市博物館, 宋玉彬 編著,《國內城 : 2000-2003年集安國內城與民主遺址試掘報告》, 北京, 文物出版社, 2004, 56쪽 圖31-2, 60쪽 圖33-2.
10) 동북아역사재단 내부번역자료,《몽골 친톨고이 유적 발굴 보고서》, 2009, 23쪽 그림13.
11) 동북아역사재단 내부번역자료, 위의 책, 84쪽 그림42.
12) 위의 책, 85쪽, 그림 43.
13) 위의 책, 115쪽, 그림 62.
14) 위의 책, 227쪽 그림 145.
15) A.오치르 역시 이 유물을 확인한 바 있다. A.Ochir,〈몽골과 동아시아의 교류(10~11세기)〉,《발해와 동아시아》(동북아재단 국제학술회의), 2008, 125쪽.
16) 고구려연구재단 편,《2004년도 러시아 연해주 발해유적 발굴보고서》, 앞의 책, 38쪽(국문) 및 75쪽(노문).
17) 위의 책, 그림 108~109. B. Болдин et al., 앞의 논문 2005, 81쪽, 그림 6-14.
18) B. Болдин, et al., 위의 논문, 82쪽.
19) 고구려연구재단 편,《2005 크라스키노 발해성터 발굴보고서》, 앞의 책, 2006, 32쪽. 동북아역사재단 편,《2007년도 러시아 연해주 크라스키노성 발굴보고서》, 2008, 78쪽.
20) A.Ochir, 앞의 논문, 2008.
21) 고구려연구재단 편, 앞의 책, 2005, 178쪽 도면 108.
22) 위의 책, 178쪽 도면 109.
23) 위의 책, 그림 108~109, 75. B . Болдин, et al., 81쪽, 그림 6-14.
24) 동북아역사재단 편,《2007년도 러시아 연해주 크라스키노성 발굴보고서》, 2008, 82쪽.

25) 동북아역사재단 편, 《2011년도 러시아 연해주 크라스키노성 발굴보고서》, 2012, 157쪽.

26) 장장식, 〈한·몽 고누놀이 비교연구〉《비교민속학》 22, 2002, 72~74쪽.

27) 출처: 《檀園風俗畵帖》, 18세기 후반 제작, 종이에 엷은 채색, 크기 27.0×22.7cm, 소장처 국립중앙박물관.

28) 〈고려 궁성지 고누판 발견〉《全羅金石文研究》 제9호, 전라금석문연구회, 2007.6, 14~15쪽.

29) 濟州考古學研究所, 《2011 제주 항파두리 항몽유적지 시굴조사》, 제주고고학연구소, 2011.8, 17쪽: 〈고누놀이판〉.

30) 濟州考古學研究所, 《제주 항파두리 항몽 유적 문화재 시굴조사(2차) 보고서》, 제주고고학연구소 조사연구총서 제8집, 2013, 149쪽 도판 49, 131쪽 도면 34.

31) 濟州考古學研究所, 앞의 책, 2013, 90쪽.

32) 장장식은 고누에 대한 어원, 한국와 몽골 간의 고누놀이의 전통과 비교를 풍부한 자료를 근거로 설명하고 있어 참고하기 바람. 장장식, 앞의 논문, 2002, 68쪽.

33) 고누놀이에 대해서는 신정희, 〈민속놀이 활성화를 위한 문화상품 개발에 관한 연구〉, 成均館大學校 大學院 博士論文, 2002, 38쪽.

34) 위의 논문, 39쪽.

35) 장장식, 〈한국과 몽골의 판놀이 연구-고누형 판놀이를 중심으로〉, 《비교민속학》 38, 2009, 227~230쪽.

36) 尹京烈, 〈資料: 新羅의 遊戲〉, 《新羅文化祭學術發表論文集》 V.4 No.1, 新羅文化宣揚會, 1983, 301~302쪽.

37) 장장식, 앞의 논문, 2009, 231~234쪽.

38) 바빌론 지역까지 참고누판의 분포를 확인할 수 있는 자료로는 다음의 것이 참고된다. 아리엘 골란(Golan, Ariel) 저, 정석배 옮김, 〈제18장 미로와 바빌론〉, 《선사시대가 남긴 세계의 모든 문양(Myth and symbol : Symbolism in prehistoric religions)》, 푸른역사, 2004, 576~609쪽 참조.

39) 郭珉·吳娟, 〈塔虎城州治再议〉, 《北方文物》 2004-4. 李健才, 〈吉林他虎城調查簡記〉, 《考古》 1964-1. 何明, 〈记塔虎城出土的辽金文物〉, 《文物》 1982-7. 龜井明德, 〈遼·金代土城出土の陶瓷器の組成 付·農安遼塔出土絞胎盒〉, 《アジア遊學》 no.107, 勉誠出版, 2008, 84쪽 참조.

40) "Некоторые результаты исследования уйгурской столицы Хара-Балгасун в 2010 г.", Mongolian Journal of Anthropology, Archaeology and Ethnology. Vol. 6, No. 1(365), 2010, p. 69.

■ 참고문헌

가. 발굴 보고서

- 대륙연구소 편,《러시아 연해주 발해 유적》, 1994.
- 고구려연구재단 편,《러시아 연해주 크라스키노 발해 사원지 발굴 보고서》, 2004.
- 고구려연구재단 편,《2004년도 러시아 연해주 발해 유적 발굴 보고서》, 2005.
- 고구려연구재단 편,《2005 크라스키노 발해 성터 발굴 보고서》, 2006.
- 동북아역사재단 편,《2006년도 러시아 연해주 크라스키노성 발굴 보고서》, 2007.
- 동북아역사재단 편,《2007년도 러시아 연해주 크라스키노성 발굴 보고서》, 2008.
- 동북아역사재단 편,《2008년도 러시아 연해주 크라스키노성 발굴 보고서》, 2009.
- 동북아역사재단 편,《2009년도 러시아 연해주 크라스키노성 발굴 보고서》, 2011.
- 동북아역사재단 편,《2010년도 러시아 연해주 크라스키노성 발굴 보고서》, 2011.
- 동북아역사재단 편,《2011년도 러시아 연해주 크라스키노성 발굴 보고서》, 2012.
- 동북아역사재단 편,《연해주 크라스키노 발해성 2012년도 발굴 조사》, 2013.
- 동북아역사재단 편,《연해주 크라스키노 발해성 2013년도 발굴 조사》, 2014.
- 동북아역사재단 편,《연해주 크라스키노 발해성 2014년도 발굴 조사》, 2015.

나. 연해주 발해 유적 발굴 관련 발표문

- 김은국, 〈渤海와 日本의 交流와 크라스키노城〉,《동아시아의 발해와 일본》, 경인문화사, 2008.
- 김은국, 〈크라스키노성과 후쿠라항〉,《고대 환동해교류사(2부 발해와 일본)》, 동북아역사재단, 2010.
- 김은국, 〈南北國時代論과 渤海 Diaspora〉,《고구려발해연구》 40, 고구려발해학회, 2011.
- 김은국, 〈발해의 환동해 교류와 연해주〉,《백산학보》 97호, 백산학회, 2013.
- 김은국, 〈記錄과 遺物로 본 渤海 滅亡의 이해〉,《2014년도 추계 발해 국제 학술회의-발해와 주변 민족의 역사와 문화》, 2014. 9. 19.
- 김은국, 〈크라스키노 발해성 발굴 조사 성과〉,《2014 Asia Archaeology 국제학술심포지엄》, 국립문화재연구소, 2014. 9. 30.
- 송기호, 〈해외 유적과 연해주 조사〉,《2012 Asia Archaeology 국제학술심포지엄》, 국립문화재연구소, 2012.
- 정석배, 〈연해주 발해 시기의 유적 분포와 발해의 동북 지역 영역 문제〉,《高句麗渤海研究》第40輯, 高句麗渤海學會, 2011.

- V.I. 볼딘, 〈크라스키노 성터 연구사〉(국문),《남·북·러 국제학술회의 고조선·고구려·발해 발표 논문집》, 고구려연구재단, 2005.
- E.I. 겔만·V.I. 볼딘, 〈크라스키노성의 성격과 조사의 역사〉(국문),《연해주 크라스키노 발해성 2012년도 발굴 조사》, 동북아역사재단, 2013.
- E.A. 베스손노바·A.L. 이블리예프·E.I. 겔만, 〈고고학 과제들의 해결을 위한 크라스키노성에서의 지질-지구물리학적 및 지구화학적 방법의 적용〉,《발해 : 역사와 고고학》, 크라스키노성 고고학 조사 시작 30주년 기념 국제학술회의 발표문(노문), 블라디보스토크, 2010.
- E.I. 겔만·정석배 역, 〈러시아 연해주 발해 유적 발굴 현황과 의의〉,《高句麗渤海研究》第38輯, 高句麗渤海學會, 2010.
- В. Болдин, Е. Гельман, Н. Лещенко, А. Ивлиев. "Уникальная находка на Краскинском городище", РОССИЯ И АТР, No. 3, 2005.(볼딘 외, 〈크라스키노 성터에서 발견된 기와벽실 유적〉,《러시아와 태평양》 3, 2005)

다. 한·몽 학술 교류(거란·발해 유적 관련 포함)
- 체벤도르지, 〈한·몽 공동 고고학 연구와 그 성과〉,《한·몽 관계의 어제와 오늘》, 동북아역사재단, 2010.
- 촐론(S.Choluun)·촐몬(S.Tsolmon), 〈한·몽 역사학자들의 협력: 역사 연구 20년을 중심으로〉,《한·몽 관계의 어제와 오늘》, 동북아역사재단, 2010.
- 김은국, 〈한·몽 발해 유적과 고누 길〉,《2014년도 한·몽 공동학술회의》, 동북아역사재단, 2014.
- 박원길·S. 촐몬,《한국 몽골 교류사 연구》, 이매진, 2013.
- G. 에렉젠, 〈몽골의 고대 주요 고고유적〉, 국립제주박물관편,《몽골의 역사와 문화》, 서경문화사, 2006.
- A. Ochir, 〈몽골과 동아시아의 교류(10~11세기)〉,《발해와 동아시아》(동북아역사재단 국제학술회의 발표문집), 2008.
- A. Ochir·L. Erdenebold, 〈몽골 국내의 발해 고고 유적〉,《동북아역사논총》 제31집, 동북아역사재단, 2011.
- N. N. Kradin, 〈몽골 지역 거란 유적 조사 현황〉,《2012 Asia Archaeology》, 국립문화재연구소, 2012.
- A. Enkhtur, 〈몽골 국내 거란 시대 城市의 典型性에 대하여〉,《거란 연구의 현황과 연구 방향》, 한국몽골학회 국제학술대회 논문집, 2009.
- N. N. Kradin·A.L. Ivliev·S. V. Danilov·A. Ochir·L. Erdenebold, 〈BOHAI

POPULATION IN MONGOLIAN EXILE〉,《東北亞細亞文化學會第16回國際學術大會》, 동북아세아문화학회, 2008.

• Nikolay N. Kradin and Alexander L. Ivlie, "Deported Nation: the fate of the Bohai people in Mongolia", ANTIQUITY 82(2008), pp.438~445.

• 동북아역사재단 내부 번역 자료,《몽골 친톨고이 유적 발굴 보고서(2004~2007)》, 울란바토르, 2008 : 동북아역사재단, 2009.

• 木山克彦 · 臼杵勲 · 千田嘉博 · 正司哲朗 · A. エンフトゥル,〈チントルゴイ城址と周辺遺跡〉荒川慎太郎 · 澤本光弘 · 高井康典行 · 渡辺健哉編《契丹 [遼] と10~12世紀の東ユ__ラシア》(《アジア遊学》160), 勉誠出版, 2013.

• "Некоторые результаты исследования уйгурской столицы Хара-Балгасун в 2010 г .", Mongolian Journal of Anthropology, Archaeology and Ethnology. Vol. 6, No. 1(365), 2010.

•《チントルゴイ城址の研究1-2006~2008年度モンゴル日本共同調査の成果》, モンゴル科學アカデミ考古學研究所, 札幌學院大學總合研究所, 日本, 2009.

• 清水奈都紀譯,〈ハル · ブフ城址とトル川流域の契丹都市 · 集落〉,《內陸アジア諸言語資料の解讀によるモンゴルの都市發展と交通に關する綜合研究(平成17年度~19年度科學研究費補助金基盤研究(B), ニュ__ズレタ_02》

• 臼杵勲 · 加藤晋平,〈モンゴル国における中世都市遺跡の保護〉,《札幌学院大学人文学会紀要》82, 2007, 119~140쪽.

라. 발해 유민 · 요금대 관련

• 李成浩,〈金代의 異民族統治政策研究-金의 建國時期를 中心으로-〉,《渭堂申採湜教授停年紀念宋代史研究論叢》, 三知院, 2000.

• 郭珉 · 吳娟,〈塔虎城州治再议〉,《北方文物》2004-4.

• 李健才,〈吉林他虎城調查簡記〉,《考古》1964-1.

• 何明,〈记塔虎城出土的辽金文物〉,《文物》1982-7.

• 龜井明德,〈遼 · 金代土城出土の陶瓷器の組成 付 · 農安遼塔出土絞胎盒〉,《アジア遊學》no.107, 勉誠出版, 2008.

• 김위현,〈금대 발해인의 향방(向方)〉,《한민족연구》제7호, 한국민족학회, 2009.

• 劉浦江,〈契丹開國年代問題-立足于史源學的考察〉,《中華文史論叢》2009-4.

• 劉浦江 著 · 河上洋 譯,〈遼代の渤海遺民について〉,《研究論集》第1集, 河合文化教育研究所, 日本, 名古屋市, 2005.

마. 고누 관련

- 아리엘 골란(Golan, Ariel) 저, 정석배 옮김,《선사시대가 남긴 세계의 모든 문양(Myth and symbol : Symbolism in prehistoric religions)》, 푸른역사, 2004.
- 장장식, 〈한·몽 고누놀이 비교 연구〉,《비교민속학》22, 2002:《한·몽 민속문화의 비교》, 민속원, 2002.
- 장장식, 〈민속놀이 고누의 비교 연구〉,《몽골 유목민의 삶과 민속》, 민속원, 2005.
- 장장식, 〈고려 만월대 출토 참고누판 연구〉,《한국암각화연구》제11·12집, 2008.
- 장장식, 〈한국과 몽골의 판놀이 연구-고누형 판놀이를 중심으로〉,《비교민속학》38, 2009.
- 장장식, 〈비교문화사의 관점에서 본 한국과 몽골의 민속〉,《몽골학》제30호, 한국몽골학회, 2011.
- 장장식, 〈참고누 도판의 현존 상황과 의미〉,《한국암각화연구》제16집, 한국암각화학회, 2012.
- 〈호남제일성에 새겨진 고누판〉,《전라금석문연구》6호, 2006
- 〈고려궁성지_고누판발견〉,《전라금석문연구》9호, 2007
- 濟州考古學硏究所,《2011 제주 항파두리 항몽 유적지 시굴 조사》, 제주고고학연구소, 2011. 08.
- 濟州考古學硏究所,《제주 항파두리 항몽 유적 문화재 시굴 조사(2차) 보고서》, 제주고고학연구소 조사연구총서 제8집, 2013.
- 김은국, 〈한·몽 발해 유적과 고누 길〉,《역사민속학》제46호, 한국역사민속학회, 2014.

제4장

염주성의
생활과 교역

✷

크라스키노성 주민들의 생계 보장 시스템에서 식물과 동물의 역할
(E.I. 겔만/러시아과학원 극동 역사학 고고학 민족학연구소
M.S. 랴쳅스까야/러시아과학원 극동 태평양지리학연구소
I.A. 간제이/러시아과학원 극동 태평양지리학연구소
S.V. 바쉬딴니끄/인간생태연구소
V. E. 오멜꼬/러시아과학원 극동 동아시아지상생물 생물다양성 연방학술센터
V.A. 라꼬프/러시아과학원 극동 동아시아지상생물 생물다양성 연방학술센터
O.A. 샤로바/러시아과학원 극동 동아시아지상생물 생물다양성 연방학술센터)

크라스키노성에서 출토된 농기구, 어구, 사냥 도구, 수레 부속품 유물
(정석배/한국전통문화대학교)

염주성을 통한 발해의 대외 교류와 교역
(정석배/한국전통문화대학교)

크라스키노성 주민들의
생계 보장 시스템에서 식물과 동물의 역할

머리말

크라스키노성의 입지는 기본적인 생계 보장 자원들과의 근접성에 의해 결정되었다. 강의 침수지들과 인접하는 저지대는 기후 조건에 따라 다양한 등급의 위험도를 가지고 있기는 하지만 기본적으로 농경과 동물 사육에 유리하였다. 나무가 자라는 침수지와 구릉지, 그리고 초원은 사냥과 채집 활동을 보장하였다. 바다와 강에는 물고기, 연체동물, 해초 등이 풍부하였다.

크라스키노성 주민들의 개별적인 경제 활동 부문들에 대해서는 누차에 걸쳐 연구되었지만 고고학 자료의 부족은 생계 보장 시스템을 복원할 수 없게 하였다(레쉔꼬 외, 2002 / 레쉔꼬, 2010). 미세물질을 얻기 위한 물체질과 체질 방법의 체계적인 활용, 물기가 있는 토양에서 뼈 유물을 수습하는 방법의 개선, 화분 분석 실시 등은 크라스키노성 주민들의 생계 보장 시스템의 몇몇 측면을 초보적으로 복원할 수 있는 생태 자료들을 확보할 수 있게 하였다.

고지리학적 복원

크라스키노성과 그 주변 지역의 고지리학적인 양상을 밝히기 위해 화분 분석을 실시하였다. 화분 및 포자 분석을 위한 시료는 유적 내에서와 유적 밖에서 함께 채취하였다(베르흡스까야, 2014). 분석 결과는 크라스키노성을 축조하기 전 이곳에는 초지 및 늪지 토양에 오리나무가 자라는 습한 초원이 존재하였고, 인접하는 언덕 지역은 참나무로 덮여 있었다. 성이 존속한 시기에는 습도를 통해 세 시기로 구분되었다. 첫 번째는 상대적으로 건조하였고, 두 번째는 보다 습하였으며, 세 번째는 다시 상대적으로 건조하였다.

농작물 화분들(기장, 밀, 보리, 메밀, 그리고 십자화과)의 존재는 농경의 존재를 뒷받침한다. 낙상화를 재배하였을 가능성도 배제할 수는 없다. 잡초 화분들의 존재는 사람들에 의한 적극적인 경제 활동에 대해 증명한다(성내에서, 경작 들판에서, 채마밭에서).

문화층 윗부분에서의 나무 식물 화분의 수량 감소는 숲 식물이 차지하고 있던 공간의 축소에 대해 말하는 것인데, 어쩌면 벌목과 화재에 의해 그 면적이 줄어들었을 수도 있을 것이다.

발해인들이 크라스키노성을 떠나기 전의 주변 자연 환경은 초원과 듬성듬성한 들판의 숲이었다. 해안의 저지대에는 오리나무가 많았고, 작은 산들의 경사면은 참나무 및 활엽수 숲이었다.

농작물과 야생 식용 식물들

쭈까노브까강(얀치혜) 유역의 농업 기후 자원들은 평균적인 것으로 평가할 수 있으며, 이 자원들은 성 주민들을 모두 보장할 수 있었다. 발해의 성터들과 주거 유적들에서 출토된 탄화된 식물 유체들은 크라스키노성 주민들에게 다작의 농경문화가 있었음을 보여 준다. 이 성의 주민들은 기장 종류들, 알곡 종류들, 콩 종류들, 기름 종류들, 그리고 기술 종류들의 다양한 농작물을 재배하였다.

현재 크라스키노성에서는 출토된 탄화 곡물을 통해 9가지 종류의 농작물이 밝혀졌다(E.A. 세르구세바와 S.V. 바쉬딴니끄가 판정). 그것은 일본 기장 Echinochloautilis, 이탈리아 기장Setariaitalica, 일반 기장Panicummiliaceum, 보리 Hordeumvulgare, 보리Hvulgarevarnudum, 밀Triticumaestivum, 밀Triticum compactum, 팥Phaseolusangularis, 콩Glycinemax, 완두Vicia, 알팔파Medicagosatíva, 그리고 삼과 같은 기술 작물이다.

그와 함께 확보된 자료의 수량으로는 주민들의 식생활에서 어떤 농작물이 더 중요한 역할을 하였는지 아직은 판단할 수 없다. 다른 발해 유적들에서는 기장 종류의 작물이 알곡 종류의 작물보다 더 많았다는 점만 말할 수 있다(세르구세바, 2010). 하지만 크라스키노성에서는 기장이 불에 탄 죽 형태로 발견되고 있기 때문에 그 종을 파악하기가 쉽지 않다. 출토된 씨앗(수백 개) 중에는 수적으로는 아직까지 콩이 제일 많았다.

절터 우물 발굴 중에 발견된 사과나무와 배나무 잔재들을 볼 때 이 성의 주민들은 과수 재배에도 종사하였음을 알 수 있다.

연해주 남부 지역에서는 풍요로운 자연 조건 속에서 야생의 식용과 유용작물을 채취하는 것이 매우 효율적이었다. 탄화 식물 유체들 중에서 야생의 식용작물로는 겨자cf. Brassicasp, 명아주Chenopodiumurbicum, 여뀌Polygonumhydropiper 속의 씨앗들, 귀롱나무Prunus padus 열매, 소나무Pinus koraiensis 씨와 개암Corylus 껍질이 확인되었다.

아마도 현재 크라스키노성 주변에서 자라고 있는 식용 구근 작물들도 식재료 역할을 하였을 것이다.

가축과 야생동물들

성 주민들은 가축, 야생동물, 바다 포유류와 연체동물, 그리고 어류 등으로 동물 자원을 확보한 것으로 나타났다.

1) 가축들

현재 약 1,500점의 동물 뼈가 연구되었다. 그중에 3분의 1 정도만 종을 파악할 수 있었으며, 가축(83.2퍼센트), 야생동물(7.1퍼센트), 인골 1점(0.2퍼센트)이며, 기타(9.5퍼센트)로 정확한 판단이 어려웠다.

출토된 뼈 유체들은 대부분 가축의 것이었다. 그중에서 소는 유일하게 모든 발굴 구역에서 발견되었으며 가장 많았다(전체 가축의 뼈에서 52퍼센트). 소뼈의 유체는 이빨, 두개골, 대퇴골, 지골 등이었다. 두 번째로 많은 양이 발굴된 것은 돼지 뼈(20퍼센트)로 이빨, 턱뼈 조각, 대퇴골 등이 대부분의 구역에서 확인되었다. 가축 돼지 뼈는 어른 개체에서도 작은 크기를 보이기 때문에 야생 멧돼지 뼈와 쉽게 구분이 된다. 세 번째로 높은 빈도를 보이는 것은 말 뼈(15퍼센트)이다. 이 또한 대부분의 구역에서 확인되었으며, 주거지들과 도로에서도 발견되었다. 네 번째로 많이 발견되는 것은 개 뼈(12퍼센트)로 대부분 도로에서 발견되었다. 개 뼈는 대개 척추, 이빨, 그리고 지골이 발견되었다.

주거지와 도로가 함께 있는 두 개의 발굴 구역에서는 염소나 양 뼈로 보이는 것이 여러 점 출토되었다. 염소와 양은 뼈가 서로 매우 흡사하여 구분이 쉽지 않은데 특히 이곳에서는 보존 상태가 좋지 못해 구분이 어렵다.

이 성에서는 발해 유적 발굴사상 처음으로 쌍봉낙타의 뼈(제1지골)도 발견되었다. 몬순 기후, 특히 연해주의 습한 겨울은 낙타가 서식하기 적당치 않기 때문에 이곳에서는 단 한 번도 낙타가 사육된 적이 없다. 따라서 이 낙타는 지금의 아시아 내륙 지역에서 운송 수단으로 이곳으로 왔을 것으로 짐작된다. 낙타는 지금과 마찬가지로 발해 당시에도 짐을 옮기는 동물이었을 뿐만 아니라 젖, 고기, 털, 가죽의 원천이었다. 이밖에도 아직 빈약한 출토량으로 인해 새 뼈를 확인하는 것은 쉽지 않지만 그럼에도 불구하고 성의 주민들이 사육했던 닭 뼈는 확인이 되었다.

모든 종류의 가축은 식량으로 사용할 수 있었으며, 특히 소와 말은 운송 수단이자 기승 수단으로도 활용하였다. 만약 이들 가운데 이러한 용도로 사용할 수 없게 되었을 때는 음식으로 이용하였다.

2) 야생동물들

이 유적에서 수습된 야생동물의 뼈들은 생계 보장 시스템에서 사냥도 중요한 위치를 점하였음을 알려 준다. 발견된 야생동물들의 뼈들(노루, 꽃사슴, 붉은 사슴, 멧돼지, 토끼, 여우, 오소리 등)은 아직까지 진지한 결론을 내리기에 그 수량이 부족하다. 그럼에도 불구하고 대부분의 뼈가 노루와 꽃사슴의 뼈로 확인되었다. 그 외에도 아래 건축면 주거지에서 고래의 척추 뼈가 하나 발견되었으며, 몇 개의 고래 뼈 조각은 도로에서 발견되었다. 아직까지는 발해인들이 고래를 사냥하였다고 말하기는 힘들며, 고래들이 얕은 엑스뻬지찌야만까지 들어와 우연히 포획되었을 가능성도 배제할 수 없다.

크라스키노성에서 출토된 뼈들은 4가지 손상을 중심으로 분석이 실시되었다. 첫째, 맹수나 설치류가 갉은 것, 둘째, 불에 타서 하소된 것, 셋째, 쪼개어진 것(잘린 것, 자른 자국이 있는 포함), 넷째, 사람이 가공한 것이다. 이상의 분석 방법으로 동물들이 어떻게 이용되었는지, 그리고 유적에서 뼈 퇴적이 어떻게 이루어졌는지를 확인할 수 있다.

현재까지 판정이 난 동물 뼈들은 수량이 많지 않아 이 성과 다른 유적들의 것들을 복합적으로 비교할 수는 없지만 생활습관에서 약간의 차이는 찾아낼 수 있었다.

3) 수중 생태 자원들

해안가나 강과 호수 주변에 살았던 크라스키노성 주민들에게는 다양한 종류의 물고기, 무척추동물, 해초, 그리고 드물게는 바닷새와 포유동물 등 이 지역의 특징을 볼 수 있는 다량의 수렵 대상이 있었다.

우선 물고기는 뼈가 잘 남아 있지 않지만 포시에트만과 엑스뻬지찌야만에 서식하는 숭어, 곱사 연어, 청어, 복어, 그리고 다른 종들로 구분되며(M.V. 나자르긴 판정), 대부분은 종류가 밝혀지지 않았다. 연체동물은 껍질 연구를 통해 쌍각류인 홍합Crenomytilus grayanus, 굴Crassostrea gigas, 북방대합Spisula sachalinensis, 가리비조개Swiftopecten swifti, 북방밤색무늬조개Glycymeris yessonsis와 복족류인 소라Rapana venosa, 둥근뿌리매물고둥Neptunea bulbacea 등 모두 7종으로 분류되었다. 이들 중 높은 빈도로 발견되는 것은 모래 속에 사는 쌍각류의 북방대합이다.

거의 모든 북방대합은 대합 껍질에 있는 성장테로 볼 때 여름에 잡혔으며, 끓는 물에서 조리되었다. 현재까지 확인된 것으로는 대체적으로 껍질 길이가 41.2~96.1밀리미터, 생육 나이는 4~11년까지이며 많게는

14년도 있다. 평균 길이는 70~90밀리미터, 나이는 7~12년인 것이 대부분이며, 껍질 왼쪽이 오른쪽에 비해 약간 더 많다. 이와 같은 크기와 연령은 포시에트만에서 지금도 확인된다. 레이드 빨라다만에서는 나지모바 모래톱을 따라 4~7미터 깊이에서 채취할 수 있다. 또 엑스뻬지찌야만의 나지모바 모래톱과 노보고로드반도의 끝부분인 쉘레하곶 부근에서도 발견된다. 다른 연체동물들에 비해 북방대합의 수량이 많은 것은 크라스키노성 주민들의 음식에서 북방대합이 특별한 의미가 있었음을 말해 준다.

홍합은 상대적으로 많은 수량이 발굴되었으며 크라스키노성의 문화층들에서 일련의 층을 이룬다. 발굴된 홍합은 크기가 180~200밀리미터에 이를 정도로 매우 컸으며, 흔히 양쪽 껍질이 붙은 채로 발견된다. 이 점으로 증기에 찌거나 혹은 물에 끓여 먹었음을 알 수 있다. 포시에트만에서는 해안 암벽 1~15미터 깊이에 무더기로 서식한다. 더 깊은 곳에서는 펄 속에서 돌이나 조개껍질에 붙어 작은 군집을 이룬다. 이를 통해 볼 때 크라스키노성에서 발견된 홍합들은 상대적으로 깊은 곳에서 자그마한 드래그나 가지가 있는 작은 닻 모양의 도구로 채취하였을 것이다. 이 성에서 가장 가까운 홍합 채취 장소는 엑스뻬지찌야만 입구나 레이드 빨라다만이다.

굴과 소라는 엑스뻬지찌야만에 서식하며 성에서 대략 2~3킬로미터 떨어진 곳에서 확인된다. 다른 연체동물들은 보다 개방된 만에 나타나는 것이 특징(레이드 빨라다만)이며, 엑스뻬지찌야만에서는 만의 입구 일대나 성에서 대략 5~7킬로미터 떨어진 곳에서 발견된다. 아마도 마을 주민들은 이들을 채취하기 위해 작은 배를 타고 이동하였을 것이다(크라스키노 마을에서 포시에트 마을까지의 거리는 12~14킬로미터이다). 아울러 소라는 굴과 함께 잡았을 것이다. 왜냐하면 이 육식성 소라는 굴이 사는 근처 1~3미터 깊이에 서식하기 때문이다. 연체동물의 껍질들을 통해 볼 때 발해인들은 상대적으로 크고 나이가 든 것만 채취하였다.

굴이나 소라와는 달리 북방밤색무늬조개는 엑스뻬지찌야만 입구 근처에서만 잡을 수 있었다. 이곳에는 북방밤색무늬조개가 모래-자갈 토양의 1.5~5미터 깊이에서 떼를 이루고 있다. 성에서 이 조개껍질이 소량만 발견된 것으로 보아 우연히 채취되었거나 식재료로 사용하지는 않았던 것으로 보인다. 북방밤색무늬조개의 껍질은 흔히 작은 숟가락을 만드는 데 사용되었고, 의복에 붙이는 장식으로도 활용되었다. 이를 위해 북방밤색무늬조개의 정수리를 문질러 구멍을 냈다. 유감스럽게도 이 성에서는 그와 같은 것이나 온전한 껍질은 발견되지 않아 이에 대해 확신할 수 없다. 하지만 다른 발해 유적들에서 그와 유사한 예들이 나타난다.

모든 발해 유적들에서 연해주 가리비조개의 껍질이 발견되었다. 가리비조개는 연해주 해안가를 따라 폭넓게 분포한다. 오늘날 연해주의 가리비조개는 레이드 빨라다만, 엑스뻬지찌야만 입구 일대, 그리고 노보고로드반도에서 2~15미터 이상의 깊이에서 무리를 이루며 서식한다. 가리비조개는 강한 폭풍우가 몰아칠 때면 나지모바 모래톱의 모래 가장자리와 다른 만들의 개방된 곳으로 떠밀려 나오기도 한다. 마을 주민들은 잠수하여 손으로 잡거나 작은 미늘이 달린 드래그로 잡았을 것이다. 성안에서 가리비조개껍질이 상대적으로 적게 발견되는 것은 이 조개가 칼로 쉽게 열 수 있기 때문에 채취한 장소에서 1차 가공이 이루어졌을 수도 있었을 것이다.

연체동물들은 모든 퇴적층들과 모든 건축면들에 해당하는 여러 유구에서 발견되었지만 상대적으로 소량만 발견되어 아직까지 통계를 통한 결과를 밝힐 수 없다. 다만 주거지 유적들에서 종류와 수량이 더 많이 발견되는 경향을 보일 뿐이다.

맺음말

크라스키노성에서 출토된 유물들에 대한 체계적인 연구로 중세 도시민들의 고생태학적 생존 조건들을 알 수 있게 되었다. 특히 이곳에 살았던 발해인들은 기장류, 알곡류, 콩류, 기름 작물, 기술 작물 등 9종류 이상의 농작물과 과수 및 장과류 관목을 재배하였으며, 야생에서 자라는 식용식물, 유용식물도 적극 채집하였다. 아울러 가축(낙타 포함)과 야생동물, 바다 포유류(고래) 등도 식생활에 매우 중요한 요소였다. 또한 다양한 수중 생물을 잡거나 채취하여 식생활을 다양하고 풍부하게 하였다. 성에서 출토된 여러 종류의 조리 용기들은 이들이 음식을 조리하고 보관한 다양한 방법에 대해 말해 준다.

■ 참고문헌

• Верховская Н. Б. Результаты палинологического изучения голоценовых отложений в районе раскопок Краскинских курганов в устье р. Цукановка / Гельман Е. И., Ким Ын-Гук, Чжун Сук-Бэ, Ким Ын-Ок, Асташенкова Е. В., Пискарева Я. Е. Археологические исследования на Краскинскомгородище в Приморском крае России в 2013 году.–Владивосток: Фонд изучения истории Северо-Восточной Азии, Институт истории, археологии и этнографии народов Дальнего Востока ДВО РАН, 2014. – С .184~191.(N.B. 베르홉스까야, 쭈가노브까강 하구의 크라스키노 쿠르간 발굴 지역의 홀로센 퇴적층들의 화분 분석 결과들 // 김은국 · E.I. 겔만 · 정석배 · 김은옥 · E.V. 아스따셴꼬바 · Ya.E. 삐스가료바,《연해주 크라스키노 발해성 2013년도 발굴 조사》, 2014, 동북아역사재단 · 러시아과학원 극동 역사학 고고학 민족학연구소, 184~191쪽.)

• Лещенко Н. В., Раков В. А., Болдин В. И. Морское собирательство и рыболовство(по материалам археологических исследований Краскинского городища). Россия и АТР. 2002. № 1. С .45~49.(N.V. 레쉔꼬, V.A. 라꼬프, V.I. 볼딘, 바다 채집과 어로(크라스키노성 고고학 조사 자료를 중심으로) // 러시아와 아시아 태평양 지역, 2002, № 1, 45~49쪽.)

• Лещенко Н. В. Система жизнеобеспечения населения Краскинского городища в Приморье // Бохай: история и археология(в ознаменование 30-летия с начала археологических раскопок на Краскинском городище). Владивосток: ИИАЭ ДВО РАН. 2010. С .17~20.(N.V. 레쉔꼬, 연해주 크라스키노성 주민들의 생계 보장 시스템 // 발해: 역사와 고고학(크라스키노성 고고학 발굴 조사 30주년 기념), 블라디보스톡, 러시아과학원 극동 역사학 고고학 민족학연구소, 2010, 17~20쪽.)

• Сергушева Е. А. Культурные растения средневекового населения Приморья // Россия и АТР. 2010. № 4. С .151~158.(E.A. 세르구쉐바, 연해주 중세 주민들의 농작물 // 러시아와 아시아 태평양 지역, 2010, № 4, 151~158쪽.)

크라스키노성에서 출토된 농기구, 어구, 사냥 도구, 수레 부속품 유물

크라스키노성에서는 발해인들의 생업 경제와 관련된 유물들이 다양하게 출토되었다. 여기에서는 발해인들의 생업 경제 중 농업과 관련된 농기구, 어구, 사냥 도구 혹은 무기, 수레 부속품, 그리고 각종 연장에 대해 살펴보기로 한다. 이 유물들은 발해인들의 생업의 단면을 잘 보여 줄 것이라 생각된다.

먼저 농기구에 대해 살펴보자. 농기구가 분명한 것으로는 먼저 논과 밭을 갈아엎는 데 사용한 보습을 들 수 있다. 발해에는 수전과 한전이 모두 존재하였던 것으로 보이지만 한전이 대부분이었을 것으로 추측된다. 그것은 대부분의 유적에서 밀과 보리 등 수전보다는 한전에서 재배가 더 용이한 작물이 발견되고 있기 때문이다. 수전의 존재에 대해서는 아직까지 실제 유물이 출토되지는 않았지만, 《신당서》〈발해전〉의

'풍속에 귀하게 여기는 것으로 노성의 벼가 있다'는 기록을 통해 추정해 볼 수 있다. 노성은 지금의 연변조선족자치주의 해란강 일대로 추정되는데, 이곳은 소설《토지》의 무대로 이미 발해 때부터 벼를 재배하였음을 알 수 있다.

크라스키노성에서는 주철로 만든 보습이 2007년도에 제38 구역에서, 2008년도에 제41 구역에서, 2014년도에 제47 구역에서 각각 출토되었다. 하지만 안타깝게도 모두 편 상태라서 전체 모양을 파악할 수가 없으며, 2007년도와 2008년도에 출토된 것은 표토에서 출토되어 발해의 것인지도 불명확하다. 또한 2009년도에 제40 구역에서도 보습 혹은 괭이로 추정되는 유물이 출토되었으나 역시 편 상태였다. 하지만 연해주의 꼬르사꼬브까 유적에서 출토된 주철제 보습은 발해의 보습을 잘 보여 준다〈그림 1〉. 이 보습은 양쪽 가장자리가 약간 볼록한 삼각형 모양이며, 길이 32.5센티미터, 너비 27센티미터, 무게 3.4킬로그램이다.

〈그림 1〉 꼬르사꼬브까 1 주거 유적 출토 발해 보습

발해 유적에서는 보습을 보조한 볏도 출토되었지만 모두 편 상태로 크기와 모양이 분명하지 않다.

땅을 파는 데 필요한 삽과 나뭇가지를 자르거나 풀을 베거나 곡물을 수확하는 데 필요한 낫은 농기구의 일종으로 볼 수 있지만 사실 일상생활에서도 쓰임이 많다. 크라스키노성에서 삽은 2001년도 제25 구역, 2003년도 제31 구역, 2005년도 제34 구역 1호 주거지 내부 퇴적토, 2014년도 제44 구역에서 각각 출토되었다. 이 중 2001년도에 출토된 것은 편 상태이고, 나머지 3점의 철제 삽은 전체 형태가 남아 있다. 삽은 삽날 부분과 자루를 끼우는 자루 대롱 부분으로 구분할 수 있다. 삽날은 기본적으로 모가 죽은 오각-사다리꼴에 가깝다. 삽의 크기는 2006년도 출토품은 전체 높이 16센티미터이고, 2014년도 출토품(〈그림 2〉)은 전체 높이 16.9센티미터, 너비 13센티미터, 두께 0.2센티미터이다. 자루 대롱은 길이가 5.2센티미터, 너비가 3.2센티미터이다. 다른 발

〈그림 2〉 크라스키노성 출토 철제 삽

〈그림 3〉 크라스키노성 출토 철제 낫

해 유적에서도 이와 비슷한 크기와 모양의 삽이 출토된 예가 있어 발해 때는 이러한 삽이 일반적으로 사용되었을 것으로 추정된다.

낫은 2001년도에 제25 구역과 제29 구역, 2002년도에 제30 구역의 1호 구덩이에서, 2003년도에 제31 구역에서, 2008년도에 제40 구역에서, 2011년도에 제47 구역과 제48 구역에서, 2014년도에 제44 구역의 15호 주거지 내부 퇴적토 윗부분에서 각각 출토되었다.

이 중 2001년도 제25 구역, 2003년도 제31 구역, 그리고 2014년도 제44 구역(〈그림 3〉)에서 각각 출토된 3점의 낫은 완형 혹은 거의 완형으로 발해 낫의 크기와 모양이 어떠했는지를 잘 보여 주고 있다. 발해 낫은 기본적인 평면 형태가 'J' 자 모양이라고 할 수 있다. 몸체 부분은 곧거나 매우 미약한 호선 모양이었다가 끝부분으로 가면서 곡선을 이루며 짧게 굽어져 뾰족하게 마무리된다. 자루를 부착한 부분은 둥글게 말거나 직각으로 꺾어 자루와 연결이 용이하게 하였다. 단면은 쐐기꼴로서 오목한 부분이 날이다. 오늘날의 낫과 비교해 보면 거의 날을 세운 부분만 제작한 것으로 볼 수 있다. 발해 낫의 크기는 2001년도 제25 구역 출토품이 길이 24.5센티미터, 너비 3센티미터, 자루와 날 연결 부위 너비 4.8센티미터이다. 2014년도 제44 구역에서 출토된 것은 길이 30.5센티미터, 너비 4.5센티미터, 두께 0.7센티미터이다. 평면 'J' 자 모양의 것은 발해 때에 일반적인 낫이었을 것으로 간주되며, 니꼴라예브까 2 성과 같은 다른 발해 유적에서도 비슷한 모양의 것이 출토되었다.

도끼, 톱, 정, 자귀, 손칼은 연장의 범주에 포함할 수 있을 것이다. 도끼와 톱, 그리고 자귀는 나무를 자르고 가공하는 도구이기 때문에 집을 짓는 데에도 사용되었을 것이다. 정은 돌을 가공하는 도구이다. 손칼은 크기에 따라 식재료를 가공하거나 조리를 준비하는 데에도 썼을 것이고, 목재 등 부드러운 재료를 가지고 여러 가지 물품을 만드는 데에도 사용하였을 것이다.

도끼는 나무를 자르거나 장작을 패는 데 사용된 도구의 일종이다. 물론 도끼 중에는 모양과 크기에 따라 전투용으로 사용되기도 하였지만 후방이라고 할 수 있는 크라스키노성에서 출토된 도끼는 도구였을 것이다. 이곳의 도끼는 2006년도에 제34 구역과 2012년도에 제48 구역에서 출토된 것이 있다. 이 중 2006년도 출토 도끼는 유공식으로서 날 부분만 남아 있는데 너비가 6.2센티미터이다. 2012년도에 출토된 도끼는 평면 모양이 길쭉한 사다리꼴로서 등 쪽에서 날 쪽으로 가면서 조금씩 넓어진다(〈그림 4〉). 측면에서 본 단면 형태는 쐐기꼴이다. 두터운 등 쪽에 장방형의 도끼 자루 구멍이 나 있으며 구멍 안쪽에 목질 흔적이 남아 있었다. 등은 편평하다. 크기는 길이 15.2센티미터, 최대 너비 6.5센티미터, 등 부분 두께 5.5센티미터이다. 이 모양의 도끼는 연해

<그림 4> 크라스키노성 출토 철제 도끼

주 니꼴라예브까 2 성에서도 출토된 적이 있다.

　지금까지 철제 톱은 크라스키노성에서 단 1점이 출토되었다. 2001년도 제29 구역에서 발견되었는데 손잡이 부분과 몸 일부가 잘 남아 있다(<그림 5>). 잔존 길이는 16.5센티미터로 몸의 잔존 길이는 11센티미터, 너비는 2.1센티미터이며, 손잡이 부분은 너비가 1.3센티미터, 두께가 0.45센티미터이다. 톱니는 삼각형 모양이며 전체적으로 손잡이와는 반대 방향으로 나 있어 톱을 밀 때 나무를 자르거나 켤 수 있게 되었다. 이와 비슷한 것이 다른 발해 유적에서도 출토된 적이 있다.

　크라스키노성에서는 철제 정이 아직은 1점만 확인되었다. 2001년도

〈그림 5〉 크라스키노성 출토 철제 톱

제29 구역의 제3 인공층에서 출토된
것으로 보고되었는데 도면이 제시되
어 있지 않다. 정의 머리 부분이 약간
넓어져 있었다고 한다. 길이 8.4센티
미터, 두께 1.1센티미터, 너비 1.6센티
미터로 보고되었다.

자귀로 추정되는 철제 유물도 1점이
출토되었다. 이 유물은 2014년도 제49
구역에서 출토되었는데 자루 대롱 부
분과 그 아래 날의 윗부분이 남아 있
다. 둥근 자루 대롱 아래가 점차 좁아
지고 있어 목재를 깎거나 파내는 데
사용하였을 가능성이 매우 높다. 크기
는 잔존 길이 14.1센티미터, 자루 대롱
직경 3센티미터, 자루 대롱 두께는 0.5
센티미터, 날 부분 너비 3.1~3.5센티
미터이다(〈그림 6〉).

〈그림 6〉 크라스키노성 출토 철제 자귀

<그림 7> 크라스키노성 출토 청동 유물

2015년도에 제47 구역 제11 인공층에서 매우 흥미로운 청동 유물이 1점 출토되었다. 이 유물은 전체 길이가 3.01센티미터로 크기가 매우 작다. 평면 모양은 윗부분이 넓고 아랫부분이 좁은 세장한 역사다리꼴 이다(<그림 7>). 단면 사다리꼴의 몸체 윗부분에 둥글게 구멍이 하나 뚫려 있다. 위쪽 단부는 약간 넓으나 경사가 진 상태이다. 그런데 아래쪽 가장자리에 편인으로 매우 예리한 날이 나 있다. 이러한 형태는 이 유물이 미니어처 끌과 같은 역할을 하였음을 말해 주는 것인데, 귀중품을 세공할 때 사용했을 수도 있다.

철제 손칼은 크라스키노성에서 비교적 자주 발견되는 유물 중 하나

<그림 8> 크라스키노성 제44 구역(1) 및 제47 구역(2) 출토 철제 손칼

이다. 하지만 대부분 칼날 부분만 편 상태로 출토되었으며 온전한 것은 드물다. 칼몸과 슴베 두 부분으로 이루어져 있는데 슴베에는 따로 손잡이를 만들어 고정시켰을 것이다. 칼몸은 단면이 쐐기꼴이고 등은 대체로 곧은 편이다. 칼몸과 슴베 사이에 등과 날 양쪽으로 비스듬하게 턱이 진 것과 곧게 턱이 진 것, 그리고 등 쪽은 턱이 없이 그대로 이어지는 것이 있다.

2015년도 제44 구역 제18 인공층 상면 재 구덩이에서 출토된 철제 손칼은 등 쪽과 날 쪽에 비스듬하게 턱이 진 예이다(〈그림 8-1〉). 이 칼은 전체적으로 등 쪽으로 약간 굽은 모양을 하고 있으며 전체 길이 11.8센티미터이다. 2013년도 제47 구역 제3 인공층에서 출토된 손칼은 칼몸 부분이 부러져 나갔지만 전체적인 형태가 매우 전형적이다(〈그림 8-2〉). 이 칼은 칼몸과 슴베가 일직선으로 곧으며 칼몸과 슴베 사이에 양쪽으로 직각의 턱이 나 있으며, 잔존 길이가 14.5센티미터로 원래는 이 보다 훨씬 더 길었을 것이다. 2015년도 제47 구역 제6 인공층에서 출토된 철제 손칼은 칼몸 부분과 슴베 부분이 등 쪽은 턱이 없이 이어지고, 날 쪽은 사선으로 이어지는 형태를 하고 있다. 이 손칼은 예봉과 슴베의 끝부분이 조금씩 결실되었을 뿐 거의 온전한 것으로 추정되며 잔존 길이는 8.7센티미터이다. 이로써 크라스키노성에서 출토된 철제 손칼들은 용도에 따라 크기와 형식이 다양하였음을 알 수 있다.

다음으로 어구를 살펴보자. 발해인들이 어로에도 종사하였다는 사실은 유적에서 출토되는 각종 물고기의 뼈들을 통해 알 수 있다. 더욱이 크라스키노성은 바닷가에 위치하고 있고, 또 주변에 작은 하천들이 흐르고 있어 물고기가 주요 식재료 중 하나였을 것이다. 발해인들이 어로에도 종사하였다는 사실은 《신당서》〈발해전〉에 '발해에는 미타호의 붕어가 유명하다'는 기록을 통해서도 확인된다. 크라스키노성에서는 어로와 관련된 유물로 낚싯바늘, 작살, 그리고 어망추가 발견되었다. 낚싯바늘은 낚시를 하여, 작살은 물가에서 혹은 배를 타고 혹은 얼음 위에서 물속의 물고기를 찔러서, 어망추는 그물을 던져서 각각 물고기를 잡았음을 말해 주는 것이다. 다시 말해서 이 유물들은 발해 때에 우리가 상상할 수 있는 거의 모든 방식으로 물고기잡이를 하였음을 증명한다고 하겠다.

철제 낚싯바늘은 2005년도 제34 구역과 2014년도 제47 구역 및 제49 구역에서 각각 1점씩 출토되었다. 이 중에서 2005년도에 출토된 것은 전체 모양이 어느 정도 확인(《그림 9》)되나, 나머지 2점은 편 상태로 전체 모양을 알 수 없다. 상태가 가장 좋은 철제 낚싯바늘은 잔존 길이가 10.5센티미터로 상당히 큰 편인데, 낚싯줄 연결 부분이 결실된 것으로 보여 원래의 길이는 알 수 없다. 이 낚싯바늘에서는 미늘 부분이 둥

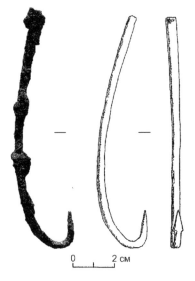

<그림 9> 크라스키노성 출토 철제 낚싯바늘

글게 안으로 굽었으며 미늘의 끝부분을 화살촉 모양으로 마무리하여 물고기가 걸렸을 때 잘 빠져나가지 못하도록 하였다. 이 크기의 낚싯바늘은 연어를 잡는 데 적합한 것으로 추정되었는데 크라스키노성이 위치한 연해주 남부 지역의 몇몇 하천들에서는 지금도 여름이면 연어 떼가 올라온다.

청동 유물 중에도 낚싯바늘로 추정되는 것이 1점 있다. 2015년도에 제50 구역에서 출토된 이 유물은 청동 미니어처 갈고리로 보고되었으며 귀중품함의 자물쇠 역할을 하였을 가능성이 있다. 하지만 둥글게 말린 미늘 부분이나 줄을 매달 수 있는 귀 등 전체 모양이 낚싯바늘과 동일하기 때문에 낚싯바늘일 가능성이 더 높다. 길이는 1.4센티미터이고, 너비와 두께가 0.4×0.2센티미터이다.

작살은 2001년도에 제27 구역의 제6 인공층에서 1점이 출토되었다

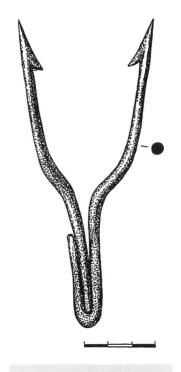

〈그림 10〉 크라스키노성 출토 철제 작살

〈그림 10〉. 철제이며 두 개의 가지를 'Y' 자 모양으로 연결하여 만들었는데 가지 하나를 구부려 그 사이에 다른 가지 하나를 꼭 끼게 집어넣어 고정시켰다. 두 가지의 끝부분은 매우 뾰족하며 각각 안쪽으로 미늘을 만들어 놓아 한번 잡힌 물고기는 절대로 빠져나갈 수 없게 하였다. 두 가지의 단면은 각각 원형이다. 이 작살은 전체 길이가 12.7센티미터이며, 두 가지의 간격은 5.8센티미터, 각 가지의 직경은 0.4~0.5센티미터이다.

크라스키노성에서 출토된 어망추는 토제와 석제가 있다. 토제 어망추는 두 종류가 발견되었는데 기본적인 형태는 길쭉한 타원형으로 양쪽 단부를 포함하여 몸체 가운데를 따라 한 개의 홈을 쭉 낸 것이다. 크기는 2008년도 제40 구역 출토품의 경우 길이 3.5센티미터, 두께 1.2~1.5센티미터, 길이 4.2센티미터, 두께 2.1~2.5센티미터이다. 제41 구역 출토품의 경우 길이 3.9센티미터, 두께 1.7센티미터이다. 2012년도 제48 구역 출토품의 경우 길이 5.7센티미터, 두께 2.1센티미터, 길이 4.3센티미터, 두께 2.1~2.2센티미터이다〈그림 11〉. 따라서 크라스키노성에서 가장 일반적인 형태의 어망추는 길이가 3.5~5.7센티미터임을

〈그림 11〉 크라스키노성
제48 구역 출토 토제
어망추

알 수 있다. 두 번째 형식의 토제 어망추는 2009년에 제40 구역에서 1점이 출토되었는데 가운데가 약간 볼록한 대롱 모양이다. 이 어망추는 둘레로 끈을 묶은 위의 것과는 달리 가운데로 난 구멍에 끈을 끼워 사용하였으며, 길이가 4.55센티미터, 두께 1.3~1.45센티미터이다. 석제 어망추는 1점이 출토되었다. 2008년도에 제41 구역에서 발견된 것으로 타원형의 자갈돌 가운데에 홈을 내어 끈을 맬 수 있게 하였다.

다음은 창, 창고달, 화살촉, 그리고 찰갑에 대해 살펴보자. 창과 화살촉은 무기로 사용하였을 수도 있지만 동시에 사냥 도구로도 사용하였을 것이다. 실제 이 유적에서는 멧돼지 뼈 등과 같은 여러 종류의 야생동물의 뼈도 적지 않게 출토되고 있기 때문에 주민들이 사냥에도 종사하였음을 알 수 있다. 하지만 화살촉은 수량이 상당히 많은 데 비해 창은 매우 적게 발견된다. 찰갑은 기본적으로 갑옷의 일부로서 방어용 무

<〈그림 12〉 크라스키노성 19호 주거지 출토
철제 창>

기였다고 할 수 있다. 이 유적에서는 발견된 것이 매우 적다.

철제 창은 2012년도에 제47 구역의 19호 주거지에서 3점이 출토되었다. 전체가 다 온전하게 남아 있는 2점은 19호 주거지의 구들 고래 내에서 함께 출토되었고 (〈그림 12〉), 창자루 대롱과 창몸 일부가 남아 있는 편 상태의 것은 19호 주거지 가장자리에서 확인되었다. 이 3점의 창촉은 크라스키노성에서는 처음 발견된 것으로서 발해의 무기 연구에 매우 중요한 자료라고 할 수 있다. 먼저 19호 주거지 구들 고래에서 2점의 철제 창촉이 한꺼번에 출토되었는데 이때 발굴단원들은 왜 하필이면 창이 고래 안에 들어가 있어야만 했는가에 대해 여러 가지 의문을 제기하였다. 창이 놓여 있던 곳은 아궁이와 가까운 부분의 고래로서 분명 아궁이 안쪽에 창을 숨겼던 것이다. 그리고 이곳에 숨긴 창은 이후 주거지가 폐기되면서 자루는 부식되고 창촉은 그대로 남겨진 것이다. 어떤 역사적 상황이 창을 아궁이에 숨기도록 만들었는지 궁금하다.

19호 주거지의 구들 고래에서 발견된 2점의 철제 창촉은 모양이 서로 차이가 나는데 1점은 창몸이 좌우가 평행하는 단검 모양이고(〈그림 12-1〉), 다른 1점은 창몸이 예봉의 아랫부분에서 완만하게 넓어졌다가 다시 완만하게 좁아지는 모양을 하고 있다(〈그림 12-2〉). 두 창촉에는 모두 자루 대롱이 있는데 첫 번째 것에는 자루 대롱 아랫부분에 테 고리가 달려 있다. 둘 다 창몸 단면은 렌즈형이다. 두 번째 것과 비슷한 모양의 창촉은 체르냐찌노 5 고분군에서 출토된 적이 있다. 첫 번째의 창촉은 전체 길이가 26센티미터, 창몸 길이가 16.8센티미터, 창몸 최대 너비가 2.8센티미터, 창몸 두께가 0.8센티미터, 창자루 대롱의 기저부 직경은 5.1센티미터이다. 두 번째의 창촉은 전체 길이가 24.1센티미터, 창몸 길이가 13.6센티미터, 창몸 너비가 1.8센티미터, 창몸 두께가 0.8센티미터, 창자루 대롱의 직경은 2.9×3.1센티미터이다.

창과 관련된 유물로는 창촉 외에 철제 창고달이 있다. 창고달은 창자루 끝부분에 장착하여 창자루를 보호하면서 유사시에는 적을 살상하는 데에도 쓸 수 있는 부속품이다. 2011년도와 2013년도에 제47 구역(〈그림 13〉)에서 각각 1점씩 출토되었다. 이 유물은 가운데가 빈 곧은 뿔 모양이다. 2013년도 출토품의 경우 전체 길이가 9.1센티미터, 고달 구멍은 크기가 2.6×2.3센티미터이다.

화살촉은 상당히 많은 양이 출토되었으며 종류도 다양하다. 1980년에 8점, 1981년에 3점, 1990년에 1점, 1994년에 9점, 1996년에 5점, 1999년에 11점, 2001년에 6점, 2002년에 8점, 2003년에 6점, 2005년에 5점, 2006년에 14점, 2007년에 7점, 2008년에 7점, 2009년에 6점, 2010년에 5점, 2011년에 10점, 2012년에 9점, 2013년에 4점, 2014년에 24점, 2015년에 18점 등 모두 166점이 집계된다.

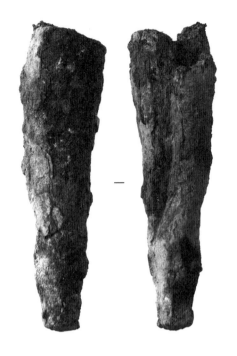

크라스키노성에서 출토된 양익 화살촉 종류로는 쌍각 모양, 별 모양, 도끼날 모양, 송곳 모양, 마름모꼴 모양, 버들잎 모양, 긴 삼각형 모양, 축 모양, 비파 모양 등이 있다(〈그림 14-1~6〉). 이들은 모두 날이 2개이며 촉 머리 단면은 능형과 렌즈형이 일반적이지만, 버들잎 모양과 마름모꼴 모양 중에는 단면이 'Z' 자인 것도 있으며, 송곳 모양에는 단면이 사각형인 것도 있다. 이 중에서 가장 흥미로운 화살촉은 단면이 'Z' 자인 것으로 촉 머리 양쪽 면의 한쪽 부분 아랫부분을 각각 깎아 낸 것이다(〈그림 14-5, 6〉). 깎인 부분은 일종의 강선 역할을 하였다. 다시 말해서 화살이 곧장 날아가는 것이 아니라 지금의 강선 총알처럼 회전하면서 날아가 파괴력을 강화시켰다. 절대다수의 화살촉은 슴베가 달린 유경식

〈그림 14〉 크라스키노성 출토 철제 화살촉 각종

인데 1단 경식이 기본이지만 2단 경식도 드물게 확인된다. 매우 드물지만 촉 머리와 슴베 사이에 돌대가 돌아간 것도 있다.

유경식 화살촉 중에는 삼익촉도 있다(〈그림 14-7〉). 지금까지 크라스키노성에서 2점이 보고되어 있는데 2002년도와 2011년도에 각각 출토되었다. 이 외에도 무경식 화살촉도 출토되었는데 2006년도에 제34 구역 제9 인공층에서 발견되었다. 무경식 화살촉은 발해 유적에서는 매우 드물게 발견되는 형식이다.

찰갑은 2008년도에 제40 구역에서 1점이 비교적 온전한 상태로 출토되었다(〈그림 15〉). 이 철제 찰갑은 한쪽 끝부분이 약간 둥그스름하게 남아 있고, 다른 쪽 끝부분은 남아 있지 않다. 남아 있는 한쪽 가장자리 안쪽에 2개의 작은 구멍이 확인되며, 부러진 부분에도 2개의 구멍 흔적이 확인된다. 이 찰갑은 잔존 길이가 6.3센티미터, 너비가 2.6센티미터, 두께가 0.3센티미터, 구멍 크기는 직경 0.15센티미터이다. 크라스

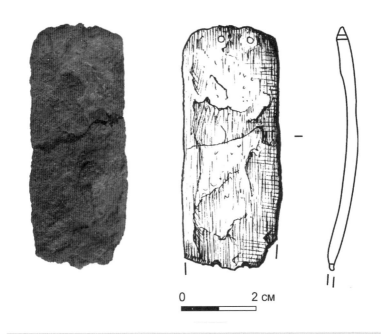

<그림 15> 크라스키노성 제40 구역 출토 철제 찰갑편

키노성에서는 철제 판상 유물이 적지 않게 출토되고 있는데 그중에서 세장한 판상 철제 유물들은 찰갑일 가능성도 있다. 다만 심한 부식과 결실로 인해 실제 용도가 무엇이었는지 확인하지 못할 뿐이다.

마지막으로 수레 부속품인 차관과 비녀못에 대해 살펴보자. 차관은 수레바퀴의 굴통쇠로서 바퀴를 바퀴 축에 고정시키는 데 사용하였다. 비녀못은 생긴 것이 머리에 꽂는 비녀와 닮아 붙여진 이름인데 다른 말로 메뚜기라고도 한다. 이 비녀못은 바퀴 축 끝부분에 만들어 놓은 구멍에 끼워 바퀴가 밖으로 빠져나오지 못하게 막는 역할을 한다. 다시 말해 차관과 비녀못은 둘 다 수레바퀴와 매우 밀접한 관련이 있는 물건으로 수레의 존재를 증명하는 유물들이다. 모두 주철로 만들어져 대부분 깨진 편 상태로 출토되며 매우 드물게 온전한 것이 발견되기도 한다.

크라스키노성에서는 차관과 비녀못이 흔하게 발견되는 유물 중 하나이다. 차관은 1983년부터 시작하여 1994년, 1996년, 2001년, 2002년, 2003년, 2005년, 2007년, 2008년, 2009년, 2010년, 2011년, 2012년, 2013년, 2014년, 2015년 등 거의 매년 평균 1~3점이 출토되었는데 2014년에는 9점이 발견되기도 하였다. 하지만 차관은 대부분이 편 상태로 발견되었으며 전체가 온전하게 남아 있는 것은 수점에 불과하다. 비교적 온전한 것은 2002년도에 1점, 2008년도에 2점이 보고되어 있다. 날개는 모두 6개가 달려 있으며 크기는 서로 차이가 난다.

예를 들어 2002년도에 출토된 차관은 외면을 포함한 직경이 6.46센티미터, 너비가 3.65센티미터, 두께가 0.7센티미터, 날개 높이가 1.2센티미터이다. 2008년도의 것 중 하나는 직경 7.6센티미터 혹은 7.9~8.0센티미터, 너비 3.5센티미터, 두께 0.6~0.9센티, 날개 높이 0.6~1.3센티미터(〈그림 16〉)이며, 다른 하나는 직경 7.3~7.4센티미터 혹은 6.9~7.0센티미터, 너비 3.8센티미터, 두께 0.9센티미터, 날개 높이 0.9~1.5센티미터이다. 따라서 이 3점은 발해시대 수레 차관의 크기가 작은 것은 직경 6.46센티미터, 큰 것은 직경 7.6~8센티미터였음을 보여 준다. 편 상태로 출토된 것 중에서 직경이 산출된 것들도 있는데 2013년도의 것은 추정 직경이 약 11센티미터로 상당히 큰 편이었다. 2003년도 출토품 중에는 복원도가 그려진 차관이 하나 있는데 직경이 약 11.1센티미터이다. 차관의 너비는 3.5~3.8센티미터가 일반적이었을 것으로 보이나

〈그림 16〉 크라스키노성 제40 구역 출토 철제 차관

2013년도 출토품의 경우에는 너비가 4.8센티미터로서 직경과 마찬가지로 상당히 넓은 편이다. 향후 수레 차관에 대한 심도 있는 연구가 이루어진다면 발해의 수레바퀴에 대한 복원이 가능할 것이라 생각된다.

비녀못은 1994년, 2003년, 2008년, 2009년(〈그림 17-1〉), 2010년, 2011년, 2012년, 2014년, 2015년(〈그림 17-2〉)에 각각 출토된 바 있다. 비녀못은 기본적으로 축과 머리 두 부분으로 이루어져 있다. 머리 부분은 평면 형태가 삼각형인 것과 반원형인 것 두 종류로 구분되며, 반원형인 것은 다시 기저부가 곧은 것과 오목한 것으로 세분된다. 머리가 반원형인 것은 외면에 이랑과 고랑이 져 있지만, 삼각형인 것은 이랑과 고랑 상태가 분명하지 못한데 부식으로 인한 것인지 아니면 처음부터 없었는지 분명하지 못하다. 축 부분은 단면 장방형의 막대기 모양인데 하단부에 턱이 져 있고 또 구멍이 하나 뚫려 있다. 아마도 구멍은 비녀못이 빠져나가지 못하게 철사 등으로 고정하는 데 사용되었을 것이다. 비녀

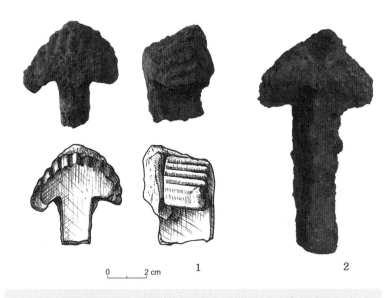

〈그림 17〉 크라스키노성 제40 구역(1)과 제47 구역(2) 출토 주철제 비녀못

못 중 비교적 잔존 상태가 좋은 2015년도 출토품은 잔존 길이가 10.7 센티미터로서 실제 길이는 그 이상이었음을 알 수 있다(〈그림 17-2〉). 이 비녀못은 너비가 3.3센티미터, 두께가 1.4센티미터이다.

　이상 크라스키노성에서 출토된 보습, 낫, 삽 등의 농기구, 낚싯바늘, 작살, 어망추 등의 어구, 창, 창고달, 화살촉, 찰갑 등의 사냥 도구 혹은 무기, 도끼, 톱, 정, 끌 혹은 자귀, 손칼 등의 연장, 차관과 비녀못 등의 수레 부속품 등에 대해 살펴보았다. 이 유물들은 발해인들의 생산 활동뿐만 아니라 일상생활 모습까지도 잘 보여 준다.

■ 참고문헌

- 고구려연구재단, 《러시아 연해주 크라스키노 발해 사원지 발굴 보고서》, 2004.
- 고구려연구재단, 《2004년도 러시아 연해주 발해 유적 발굴 보고서》, 2005.
- 고구려연구재단, 《2005년도 러시아 연해주 크라스키노성 발굴 보고서》, 2006.
- 동북아역사재단, 《2006년도 러시아 연해주 크라스키노성 발굴 보고서》, 2007.
- 동북아역사재단, 《2007년도 러시아 연해주 크라스키노성 발굴 보고서》, 2008.
- 동북아역사재단, 《2008년도 연해주 크라스키노 발해성 한·러 공동 발굴 보고서》, 2009.
- 동북아역사재단, 《2009년도 연해주 크라스키노 발해성 한·러 공동 발굴 보고서》, 2011.
- 동북아역사재단, 《2010년도 연해주 크라스키노 발해성 한·러 공동 발굴 보고서》, 2011.
- 동북아역사재단, 《2011년도 연해주 크라스키노 발해성 한·러 공동 발굴 보고서》, 2012.
- 김은국·E.I. 겔만·정석배·김은옥·E.V. 아스따셴꼬바·Ya.E. 뻬스까료바·V.I. 볼딘, 《연해주 크라스키노 발해성 2012년도 발굴 조사》, 동북아역사재단·러시아과학원 극동 역사학 고고학 민족학연구소·극동연방대학교, 2013.
- 김은국·E.I.겔만·정석배·김은옥·E.V. 아스따셴꼬바·Ya.E. 뻬스까료바, 《연해주 크라스키노 발해성 2013년도 발굴 조사》, 동북아역사재단·러시아과학원 극동 역사학 고고학 민족학연구소, 2014.
- 김은국·E.I. 겔만·정석배·E.V. 아스따셴꼬바·Ya.E. 뻬스까료바·김은옥, 《연해주 크라스키노 발해성 2014년도 발굴 조사》, 동북아역사재단·러시아과학원 극동 역사학 고고학 민족학연구소, 2015.
- Болдин В. И. Отчет об археологических исследованиях на Краскинском городище в Приморском крае в 1980 году // Архив ИА РАН.(V.I. 볼딘 1980년 연해주 크라스키노성터 고고학조사 보고서 // 러시아과학원 고고학연구소 문서보관소.)
- Болдин В. И. Отчет об археологических исследованиях на Краскинском городище в Приморском крае в 1981 году // Архив ИА РАН.(V.I. 볼딘 1981년 연해주 크라스키노성터 고고학조사 보고서 // 러시아과학원 고고학연구소 문서보관소.)
- Болдин В. И. Отчет об археологических исследованиях на Краскинском городище в Приморском крае в 1983 году // Архив ИА РАН.(V.I. 볼딘 1983년 연해주 크라스키노성터 고고학조사 보고서 // 러시아과학원 고고학연구소 문서보관소.)

• Болдин В. И. Отчет об археологических исследованиях на Краскинском городище в Приморском крае в 1990 году // Архив ИА РАН.(V.I. 볼딘 1990년 연해주 크라스키노성터 고고학조사 보고서 // 러시아과학원 고고학연구소 문서보관소.)

• Болдин В. И. О результатах полевых исследований на Краскинском городище в Приморском крае в 1994 году // Архив ИА РАН.(V.I. 볼딘 1994년 연해주 크라스키노성터 야외조사 결과에 대하여 // 러시아과학원 고고학연구소 문서보관소.)

• Болдин В. И. О результатах полевых исследований на Краскинском городище в Приморском крае в 1995 году // Архив ИА РАН.(V.I. 볼딘 1995년 연해주 크라스키노성터 야외조사 결과에 대하여 // 러시아과학원 고고학연구소 문서보관소.)

• Болдин В. И. О результатах полевых исследований на Краскинском городище в Приморском крае в 1996 году // Архив ИА РАН.(V.I. 볼딘 1996년 연해주 크라스키노성터 야외조사 결과에 대하여 // 러시아과학원 고고학연구소 문서보관소.)

• Болдин В. И. О результатах полевых исследований на Краскинском городище, городище Синельниково 1 и в Анучинском районе Приморского края в 1997 году // Архив ИА РАН.(V.I. 볼딘 1997년 연해주 크라스키노성터, 시넬니꼬보 1 성터, 아누치노 구역의 야외조사 결과에 대하여 // 러시아과학원 고고학연구소 문서보관소.)

• Болдин В. И. О результатах полевых исследований на Краскинском городище и городище Синельниково 1 в Приморье в 1998 году // Архив ИА РАН.(V.I. 볼딘 1998년 연해주 크라스키노성터 및 시넬니꼬보 1 성터 야외조사 결과에 대하여 // 러시아과학원 고고학연구소 문서보관소.)

• Болдин В. И. О результатах полевых исследований на городищах Краскинское и Синельниково 1 в Приморском крае в 1999 году // Архив ИА и архив Института истории, археологии и этнографии народов Дальнего Востока ДВО РАН. Ф. 1, оп 2, дело № 348.(V.I. 볼딘 1999년 연해주 크라스키노성터 및 시넬니꼬보 1 성터 야외조사 결과에 대하여 // 러시아과학원 고고학연구소 문서보관소.)

• Болдин В. И. О результатах полевых исследований на Краскинском и Новогордеевском городище в Приморском крае в 2000 году // Архив ИА РАН.(V.I. 볼딘 2000년 연해주 크라스키노성터 및 노보고르제예브까성터 야외조사 결과에 대하여 // 러시아과학원 고고학연구소 문서보관소.)

• Болдин В.И. Результаты полевых исследованийна Краскинском городище в Приморье в 2001 году // Архив ИИАЭНДВ ДВО РАН. Ф. 1, оп 2, № 531.(V.I. 볼딘 2001년 연해주 크라스키노성터의 야외조사 결과들 // 러시아과학원 극동 역사학 고고학 민족학연구소 문서보관소. 폰드 1. 오삐시 2. № 531.)

• Болдин В. И. Отчет о результатах полевых исследований на Краскинском городище в Приморском крае в 2002 году // Архив ИА и архив Института истории, археологии и этнографии народов Дальнего Востока ДВО РАН. Ф. 1, оп 2, дело № 457.(V.I. 볼딘 2002년 연해주 크라스키노성터 야외조사 결과에 대하여 // 러시아과학원 고고학연구소 문서보관소 및 러시아과학원 극동 역사학 고고학 민족학연구소 문서보관소 폰드 1. 오삐시 2. 젤로 457.)

• Болдин В. И. Результаты полевых исследованийна Краскинском городище в Приморье в 2003 году // Архив ИИАЭНДВ ДВО РАН. Ф. 1, оп 2, № 546.(V.I. 볼딘 2003년 연해주 크라스키노성터의 야외조사 결과들 // 러시아과학원 극동 역사학 고고학 민족학연구소 문서보관소. 폰드 1. 오삐시 2. № 546.)

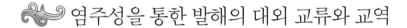 염주성을 통한 발해의 대외 교류와 교역

오늘날 크라스키노성은 발해 동경용원부 염주의 치소이자 발해 일본도의 출항지로 인식되고 있다. 《신당서》〈발해전〉에 의하면 발해에는 5개의 주요 교역 및 교통로가 있었는데 일본도, 신라도, 조공도, 영주도, 거란도가 바로 그것이다(龍原東南濱海 日本道也, 南海 新羅道也, 鴨淥 朝貢道也, 長嶺 營州道也, 扶餘 契丹道也). 물론 이 외에도 담비길 등 다수의 대외 교통로가 더 있었을 것이다.

발해는 무왕 인안 8년(727)부터 대인선 13년(919)까지 모두 34회에 걸쳐 일본에 사신을 파견하였고, 일본은 13회에 걸쳐 사신을 파견하였다. 그렇다면 일본도의 출항지는 어디였을까?

이와 관련하여 러시아 정교회의 승원관장이자 중국학 전문가였던 빨라디이 까파로프가 1870년 8월 23일자 제정 러시아 지질학협회에 보낸 서한은 매우 중요하다. 그는 중국 문헌들을 참고하여 '포시에트에는 얀추(얀치헤)강과 기쩐(까진)강 사이에 옛날 군항이 있었을 것'이라고 지적하였다. 다시 말해 지금의 크라스키노성 일대에 '옛날 군항'의 존재를 추정하였던 것이다. 하지만 그는 이듬해인 1871년 4월에 제정 러시아 지질학협회의 위임으로 극동 지역을 여행하면서 크라스키노성을 발견하였지만 제염 저장소로만 판단하였다.

이후 이 유적은 오랫동안 사람들의 기억에서 잊혔으며 1958년에야 다시 관심을 받았다. 하지만 이때는 12~13세기 여진 유적으로 판단하였다. 크라스키노성이 발해 유적으로 인정받게 된 것은 1960년과 1963년에 러시아의 저명한 발해 전문가 E.V. 샤브꾸노프가 정밀 지표조사를 실시하면서부터였다. 이후 그는 크라스키노성이 발해 동경용원부 염주의 치소였고 발해와 일본의 교류가 이루어졌던 장소로 추정하였다.

오늘날 많은 학자들은 이곳을 발해 염주의 치소이자 일본도의 출항지로 인정하고 있다. 이와 관련해《신당서》〈발해전〉의 '예맥의 옛 땅으로 동경을 삼고 용원부 또는 책성부라 하였고 경, 염, 목, 하 4주를 거느리게 하였다. … 용원의 동남쪽은 바다에 접해 있는데 일본으로 가는 길이다(獩貊故地爲東京 曰龍原府 亦曰栅城府 領慶鹽穆賀四州. …龍原東南濱海 日本道也)' 라는 기록은 매우 중요한 역할을 한다. 동경용원부는 오늘날 고고학 발굴 조사를 통해 훈춘의 팔련성으로 인정되고 있다. 다시 말해서 지금의 팔련성에 있었던 동경용원부에서 동남쪽으로 바다에 접해 있는 주가 바로 일본도의 바닷길 기점이었다고 볼 수 있는 것이다. 여기에서 바닷가에 위치하였던 주로는 '소금 염' 자를 쓰는 염주임은 누구나 쉽게 추정할 수 있다. 실제로 크라스키노성은 팔련성에서 보면 동남쪽에 해당된다. 더욱이 성 주변으로 흐르고 있는 강은 과거 얀치혜로 불렸기 때문에 지금의 크라스키노성이 염주의 치소, 즉 염주성이었을 가능성은 더욱 높아진다.

이와 관련하여 《요사》〈지리지〉의 염주와 개주 진국군에 대한 기록도 매우 중요한 단서를 제공하고 있다.

'염주는 본래 발해 용하군이었다. 해양, 접해, 격천, 용하 4개의 현이 있었는데 모두 폐지되었다. 호수는 3백이었다. 개주에 예속되었다. 서로 140리 떨어져 있다(鹽州 本渤海龍河郡 故縣四 海陽 接海 格川 龍河 皆廢 戶三百 隸開州 相去 一百四十里).'

개주에 대해서는 다음과 같이 말하고 있다.

'개주 진국군. 절도사를 두었다. 본래는 예맥의 땅이었는데 고구려가 경주라 하였고 발해가 동경용원부라 하였다. 궁전이 남아 있었다. 경주, 염주, 목주, 하주의 군무를 총괄한다(開州 鎭國軍 節度 本濊貊地 高麗爲慶州 渤海爲東京龍原府 有宮殿 都督慶鹽穆賀四州事).'

이 두 기록은 요의 개주가 발해 당시의 동경용원부였고 염주는 해양, 접해 등 '바다 해海' 자가 붙은 현들을 거느리고 있었던 것으로 보아 바닷가에 위치하고 있었음이 틀림없음을 보여 주고 있다. 또한 염주는 개주, 다시 말해서 동경용원부와 170리 떨어진 곳에 위치하였음을 알 수 있다. 훈춘의 팔련성과 연해주의 크라스키노성은 직선거리로 약 43킬로미터 떨어져 있다. 하지만 지금도 마찬가지이지만 당시에 팔련성에서 크라스키노성으로 가는 도로는 직선도로가 아니라 지세를 따라 나 있는 도로였기 때문에 두 곳의 거리는 약 50킬로미터가 넘었을 것이다. 요 당시에 100리가 어느 정도였는지에 대해서는 검토가 필요하지만 최근의 한 연구에 의하면 발해 때 100리는 약 29.35킬로미터였다. 이 거리를 적용해 보면 50킬로미터는 우연일지는 몰라도 거의 170리로 계산된다.

발해가 일본으로 보낸 34회의 사절단 중 33회의 사절단이, 그리고 일본이 발해로 보낸 13회의 사절단이 모두 염주성을 통해 왕래하였을 것으로 판단된다. 하지만 양국을 왕래한 선박이 크라스키노성에 바로 정박을 한 것은 아니었다. 이 유적 가까이의 엑스뻬지찌야만은 얕기 때문에 선박은 인접한 포시에트만에 정박하였을 것이며, 작은 배로 갈아타고서 이 성으로 접근하였을 것이다.

발해는 일본도를 통해 다양한 물품을 교역하였다. 발해에서는 주로 담비가죽, 호랑이가죽, 곰가죽, 표범가죽, 인삼, 잣, 꿀을 가져갔고, 일본에서는 여러 종류의 비단과 솜, 금, 수은, 금칠, 칠, 수정염주 등을 보냈다. 발해는 적게는 1척, 많게는 17척을, 사절단원의 수는 적게는 23인에서 많게는 359인으로 구성하였다.

하지만 실제 크라스키노성 발굴 조사에서는 일본도를 통한 양국 간의 교역의 증거가 거의 발견되지 않고 있다. 아마도 그것은 크라스키노성이 사절단 및 동행한 상인들의 최종 목적지가 아니었기 때문일 것이다. 발해 사절단의 최종 목적지는 당시 일본의 수도였던 평안경이었고, 일본 사절단의 최종 목적지는 발해의 수도가 있었던 구국, 중경, 상경,

동경 등이었다. 크라스키노성은 발해 사절단의 출항지이자 일본 사절단의 입항지 역할을 하였기 때문에 이곳에 예물이나 교역 물품을 남겼을 가능성은 매우 낮다.

그 대신에 이 성이 육로와 해로의 연결 거점이었음을 분명하게 보여 주는 유물들이 출토되었다. 1980년부터 시작된 이 유적에서의 발굴 조사에서 쌍봉낙타의 뼈, 청동 쌍봉낙타상, 금박구슬, 화병 모양의 거란 토기 등 서역-북방과 관련된 유물들과 함께 해로를 통해 신라와도 교류하였음을 보여 주는 편병, 발해의 놀이문화가 위구르까지 공유되었음을 보여 주는 고누판 등이 출토되었다. 또한 당과의 교역을 보여 주는 깨진 자기편들이 적지 않게 출토되었다.

〈그림 1〉 크라스키노성 출토 쌍봉낙타 뼈 제1 지골 앞면과 뒷면

낙타의 뼈는 2012년도에 크라스키노성 제48 구역에서 출토되었다 (《그림 1》). 쌍봉낙타의 제1 지골로서 길이가 8.2센티미터이다. 연해주는 몬순 기후로 겨울에 습하기 때문에 낙타를 사육할 수 없다. 다시 말해서 이 유적에서 출토된 낙타 뼈는 낙타를 주요 운송 및 교통 수단으로 이용하는 일단의 대상들이 내륙 지역에서 이곳까지 직접 왕래하였음을 보여 주는 증거라 하겠다. 서쪽에서 이곳까지 온 상인들은 배를 타고 일본이나 신라까지도 왕래하였을 것이다. 이 낙타의 뼈는 발해 유적에서는 처음으로 발견된 것으로 발해 시기 동서 간의 문화 교류를 증명하는 지극히 중요한 유물이라고 평가할 수 있다. 발해 때 시작된 낙타를 이용한 동서 간의 왕래는 이후 여진 시기까지 계속 이어졌을 것으로 여겨지는데, 이 사실은 12세기 후반~13세기 초로 편년되는 연해주 노보고르제예브까 산성의 여진 문화층에서 발견된 낙타 뼈를 통해 확인할 수 있다.

2015년도에는 정말 예기치 않은 매우 중요한 유물을 하나 더 발견하

〈그림 2〉 크라스키노성 출토 쌍봉낙타상

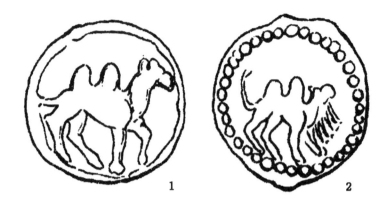

〈그림 3〉 중앙아시아 소그드 바라흐샤 성터 출토 소그드 은화의 쌍봉낙타 형상들(O.I. 스미르노브, 1981)

게 된다. 바로 청동으로 만든 쌍봉낙타상이다〈그림 2〉. 제47 구역 섹터 2에서 구들이 딸린 18호 주거지보다 더 아래의 문화층에서 출토된 이 유물은 쌍봉낙타의 형상을 사실적으로 담고 있다. 크기는 1.8×1.9센티미터로서 매우 작지만 쌍봉낙타의 머리, 가슴, 2개의 혹, 4개의 다리, 그리고 꼬리가 매우 입체적으로 묘사되어 있어 보는 이들로 하여금 감탄을 자아내게 한다.

쌍봉낙타의 형상은 한, 서위, 북조 등의 도용, 특히 당의 삼채도용과 무덤벽화에서 많이 찾을 수 있고, 소그드의 동전에서도 드물지 않게 볼 수 있다. 예를 들어 소그드의 부하라 오아시스에 위치하는 바라흐샤 성터에서 출토된 소그드 동전에는 목수염이 없는 것과 목수염이 무성하게 나 있는 두 종류의 쌍봉낙타가 표현되어 있다〈그림 3〉. 발해와 지리적으로 가장 가까운 곳에서 출토된 쌍봉낙타 도용은 요녕성 조양시 황하로당묘(1호 무덤)에서 찾을 수 있다. 이 유적에서는 쌍봉낙타 도

<그림 4> 쌍봉낙타가 있는 몽골의 풍경

용이 2점 출토되었는데 그중 1점에는 호인 한 명이 낙타 등 위에 얹은 짐과 함께 앉아 있다. 당의 도용에 표현된 쌍봉낙타들에도 대개 호인이 함께 표현되어 있어 당시 쌍봉낙타는 호인, 다시 말해서 소그드인들의 상징과도 같은 존재였음을 알 수 있다. 만약 그렇다면 발해 당시에 동해에 위치하는 크라스키노성까지 서역의 소그드인들이 드나들었을 것이다. 실제로 발해와 소그드의 왕래에 대해서는 노보고르제예브까 마을 일대에서 우연히 발견된 소그드 은화를 통해서도 알 수 있다.

발해 당시 낙타가 사육된 지역에 대해 살펴보면 제일 먼저 몽골과 투바를 중심으로 한 위구르와 남부 시베리아 하카시야 지역의 예니세이 키르기스를 거론할 수 있다. 《신당서》〈회골전〉에는 탁타橐它로 표기된 낙타가 위구르와 예니세이 키르기스에서 사육되었음을 보여 주고 있다. 또한 하카시야 지역에는 예니세이 키르기스 시기에 남긴 바위그림에 쌍봉낙타가 그려져 있기도 하다. 탁타는 쌍봉낙타를 지칭한 것으로 보이는데 오늘날 몽골(〈그림 4〉)과 고르느이 알타이 지역에서 서식하고 있는 쌍봉낙타를 통해 그 사실을 추정해 볼 수 있다. 실제로 크라스키노성에서 확인된 낙타가 어느 지역에서 왔는지에 대해서는 확단하기가 매우 힘들다. 다만 당시 쌍봉낙타가 호인들의 전유물로 여겨졌음을 염두에 둔다면 서역에서 왔을 가능성도 배제할 수가 없으며, 최소한 서역-북방 지역과 관련된 것만큼은 분명하다고 하겠다.

금박구슬은 2009년에 제40 구역에서 출토되었다(〈그림 5〉). 크기는 0.5×0.6센티미터, 구멍의 직경은 0.2센티미터이다. 이 유물은 발해 유적에서 처음 발견된 것으로 발해의 대외 교류에 있어서 매우 중요한 의미를 가진다. 금박구슬은 신라, 가야, 백제 등의 유적에서도 출토된 것이 있고, 남방의 바닷길과 북방의 초원길을 따라 오래전부터 유통되고 있었던 것으로 파악되고 있다.

금박구슬은 기원전 3세기경 처음 등장하였고, 이집트, 서아시아, 이

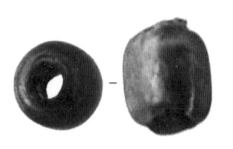

〈그림 5〉 크라스키노성 출토 금박구슬

란, 인도, 중국, 동남아시아, 흑해 북안, 중앙아시아, 남시베리아, 한국, 일본 등에 널리 분포하고 있다. 이 유물을 발견한 러시아의 E.I. 겔만은 이것이 근동 지역의 한 공방에서 생산되었을 것으로 추정한다. 한국의 금박구슬은 2세기 이후에 유행한 동남아시아, 특히 태국 지역의 것과 관련 있을 것으로 추정되지만, 발해의 크라스키노성에서 출토된 것은 이와 달리 초원길을 따라 전래되었을 가능성이 매우 높다고 생각된다.

크라스키노성에서는 거란과의 교역을 보여 주는 유물도 출토되었는데 바로 화병 모양의 거란 토기이다. 이 유물은 1998년에 크라스키노

1   2

〈그림 6〉 크라스키노성 우물 출토 화병 모양 거란 토기(1)와 기저부 문양 세부(2)

성 우물 내부 퇴적토에서 출토되었다(〈그림 6〉). 이 토기는 동체의 3분의 2 지점에 최대경이 위치하는 모양을 하고 있으며 잘록하게 좁아지는 목 가운데 부분 및 목과 어깨 경계 부분에 각각 1줄씩 돌대가 있다. 바닥 가운데에는 원이 하나 양각으로 표현되어 있다. 특징적인 것은 동체 하단부에 짧은 띠 모양의 누른 무늬를 9줄 연속으로 베풀어 놓은 점이다. 토기의 전체 높이는 24.2센티미터이다. 발굴 보고자들은 이 토기를 거란 토기로 보고 거란이 발해를 정복할 때 거란 군대가 이곳까지 온 증거가 될 수도 있다고 하였다.

실제로 이 형태의 화병 모양 토기는 거란 유적에서 적지 않게 출토되었으며 동체 하단부에 상기한 것과 동일한 문양이 시문되어 이 문양이 거란 토기의 특징임을 알 수 있다. 더욱이 거란에서는 이와 동일한 형태의 자기 혹은 시유 토기도 사용되었다. 따라서 이 토기는 거란 토기임이 분명하다. 다만 문제가 되는 것은 이 토기의 형태 및 문양의 특징이 요 건국 이전과 이후가 아직 잘 구분되지 않는다는 점이다.

우물 내에서 이 토기는 바닥보다는 약간 더 위에서 편병을 포함하는 다른 발해의 완형 혹은 완형에 가까운 토기들과 함께 출토되었고, 이 토기 포함층 위로는 기와와 토기의 편들이 퇴적되어 있었다. 아마도 그러한 발굴 정황 때문에 발해 멸망 당시에 폐기되었을 것으로 파악한 것으로 생각되는데 우물을 폐기하면서 굳이 토기들을 폐기할 필요가 있었을까 하는 의문이 든다. 사실 이 토기 모양을 자세히 보면 물을 보관하기에 매우 적합하다는 것을 알 수 있다. 이 우물에서 출토된 다른 토기들도 크기가 이 화병형 토기와 비슷한 항아리들 혹은 편병으로 모두 액체를 저장하기에 적당한 것들이다. 따라서 인위적인 폐기보다는 물을 길으면서 빠뜨린 것이었을 가능성도 적지 않다고 생각된다. 다시 말해서 이 거란 토기는 거란 군대가 아니라 그 이전 거란인의 왕래에 대해 증명할 수도 있을 것이다.

다음에는 신라와의 교류를 보여 주는 편병에 대해 살펴보자. 지금까지 크라스키노성에서 2점의 편병이 출토되었다. 1점은 1998년에 우물에서 거란 토기와 함께, 다른 1점은 2015년에 제50 구역의 저장시설에서 각각 출토되었다. 우물에서 출토된 편병은 한쪽 면이 납작한 1면 편병이며, 납작한 면의 양쪽 가장자리에 4개의 귀-손잡이가 부착되어 있다(〈그림 7〉). 귀-손잡이는 1개만 남아 있지만 나머지 3곳에 부착 자국이 있다. 편병의 전체 높이는 23.4센티미터이다. 저장시설에서 출토된 편병은 우물에서 출토된 것과는 모양에서 차이를 보인다. 이 편병은 일면

〈그림 7〉 크라스키노성 우물 출토 편병

〈그림 8〉 크라스키노성 저장 구덩이 출토 편병

편병이며 짧은 목과 외반하는 구연을 가지며 귀-손잡이가 없다〈그림 8〉. 높이가 18.2센티미터로 앞의 것에 비해 작다. 흥미로운 점은 두 종류의 편병 모두 통일신라가 남긴 울릉도 천부동 고분군에서 출토된 적이 있다는 사실이다.

첫 번째 편병은 천부동 1호 석실무덤에서 출토된 것과 거의 판박이인데 똑같이 네 개의 귀가 있고 일면 편병이다. 차이가 있다면 크기와 목의 유무 그리고 귀-손잡이의 세부 형태이다. 천부동 1호 석실무덤 출토 편병은 높이가 37.5센티미터로서 크라스키노성에서 출토된 것보다는 규모가 더 크며, 목이 없고, 귀-손잡이가 고리 모양으로 되어 있다〈그림 9〉. 두 번째 편병은 천부동 2호 석실무덤에서 출토된 것과 비슷하다. 그런데 이와 유사한 일면 편병은 장도 청해진 유적에서도 출토된 적이 있다〈그림 10〉. 다만 천부동 2호 석실무덤과 장도 청해진 유적에

〈그림 9〉 울릉도 천부동 출토 편병(한성백제박물관 외, 2014)

〈그림 10〉 장도 청해진 유적 출토 일면(1) 및 이면(2) 편병(국립문화재연구소, 2001)

서 출토된 통일신라 편병은 구연부가 반구형으로 크라스키노성의 것과는 약간의 차이를 보인다.

이러한 형태의 편병은 아직 일본에서는 발견된 적이 없고, 발해와 서쪽으로 이웃하였던 거란 지역과 그 남쪽의 당에서도 확인된 것이 없다. 다시 말해서 이 편병은 발해와 통일신라의 교류관계를 증명해 주는 대단히 중요한 유물이라 할 수 있다. 발해와 통일신라 사이에는 신라도가 있었는데 이 길은 육로였다. 따라서 양국은 육로 외에 바닷길을 통해서도 교류하였음을 알 수 있다.

당과의 교역을 보여 주는 유물로는 절강성의 월주요, 하북성의 정요와 자주요, 그리고 호남성의 장사요에서 생산된 자기 유물들을 들 수 있다. 이 유물들은 수량이 많지 않으며, 대부분 작은 편 상태이지만 꾸준하게 출토되는 유물 중 하나이다. E.I. 겔만은 이것들은 육로가 아니라 바닷길을 통해 발해로 유입되었을 것으로 판단한다.

당과 관련된 중요한 유물 중 하나는 삼채기가 있다. 당삼채로 알려진 이 용기들은 일반적으로 당에서 생산되었을 것으로 인식되고 있지만 E. I 겔만은 발해에서도 삼채기를 생산하였다고 생각하면서 이를 발해삼채로 부르고 있다. 당삼채와 발해삼채는 유약에 포함된 납 산화물 함량에서 큰 차이를 보인다(당삼채 28.6~33.1퍼센트, 발해삼채 56.32~72.79퍼센트). E.I. 겔만은 발해가 삼채를 생산하게 된 것은 안록산의 난이 오랫동안 지속되자 당의 삼채산업이 붕괴되고 그로 인해 삼채를 생산하던 장인들이 살길을 찾아 발해까지 온 결과로 보았다.

지금까지 발해로 유입된 외래 요소에 대해 기술하였다면 다음은 발해에서 서쪽으로 간 놀이문화 중 하나인 고누에 대해 살펴보기로 한다.

〈그림 11〉 크라스키노성 기와벽실 유구
출토 참고누판

2004년, 크라스키노성의 기와벽실 유구에서 기하 모양의 무늬가 새겨진 사암 판돌이 하나 출토되었다〈〈그림 11〉〉. 이 기하 무늬는 네모가 2개 중첩된 모양이며 각각의 모서리와 가운데에 선이 그어져 사실은 참고누판을 새긴 것이었다. 다만 이 판돌의 외연이 모두 결실되어 있어 바깥쪽으로 세 번째 네모가 더 새겨져 있었는지는 분명치 않다. 이 사암 고누판은 크기가 19~21센티미터고 두께는 8.5~10센티미터이다.

한국에는 고려시대까지의 참고누판으로 경상북도 칠곡의 송림사 5층전탑에서 수습된 전돌 고누판 1점, 황해도 봉천의 원산리 도자기 가마터에서 출토된 갑자, 즉 갑발에 그려진 갑발 고누판 1점, 개성 만월대에서 출토된 전돌 고누판 2점, 그리고 고려시대 항몽 유적지인 제주 항파두리 유적에서 출토된 고누판이 1점 있다. 원산리 도자기 가마터에서 출토된 갑발 고누판은 갑발의 바닥이 원형이라서 고누판의 가장 바깥쪽 선이 네모가 아니라 원이었다.

송림사의 고누판은 6세기 중엽일 가능성이 제기된 상태이다. 송림사

5층전탑이 진흥왕 5년(544)에 축조된 것으로 알려져 있기는 하나 고려 선종 9년(1092), 조선 숙종 12년(1686), 철종 9년(1858) 등 수차에 걸쳐 중창하였기 때문에 어느 때 고누판이 들어갔을지는 확언하기 힘들다. 원산리 청자 가마터 유물은 10세기 초, 개성 만월대와 항파두리 유적 출토품은 13세기로 각각 편년된다.

고누판은 몽골의 하르발가스 성터와 중국 길림시 탑호성에서도 출토되었다. 둘 다 참고누판이다. 하르발가스는 쿠툴룩-빌게 가한이 745년에 세운 위구르 한국의 수도로서 840년경 예니세이 키르기스의 공격으로 완전히 파괴되었다. 점토판에 새겨진 고누판은 궁전(혹은 사원)이 있는 성 서쪽의 한 건물터에서 출토되었다. 이곳에서는 9개의 원형 주좌 방형 초석과 함께 당 시기의 수막새도 1점 발견되었다. 하르발가스는 예니세이 키르기스의 공격 이후 완전히 불에 타 폐기되었고 이후 재건되지 못하였다. 이후의 유물로는 개별 지점들에서 몽골 시기의 토기편이 간혹 확인되고 있다. 이 사실은 이 유적의 초석 건물터에서 출토된 고누판이 하르발가스가 위구르 한국의 수도로 사용되었을 당시의 유물임을 보여 준다고 하겠다. 탑호성은 요·금대의 유적이다.

고누판과 비슷하거나 동일한 모양의 문양은 남카프카스와 동유럽 등에서도 확인된다. '바빌론 기호'라 불리는 이 문양은 기원전 수천 년 전부터 최근 건축물에서까지 확인되며 '지옥신의 요새'를 표현한 것으로 해석되었다. '바빌론의 기호'와 참고누의 관련성은 향후 연구가 필요하다고 생각된다. 이 외에도 인도의 카주라호 버마나 사원의 돌난간과 바라하 사원의 난디 사원(900년 건립)의 바닥과 난간에도 고누가 새겨져 있다.

고누는 한국의 전통놀이 중 하나로서 오늘날에도 고누를 두는 모습을 드물지 않게 볼 수 있다. 그런데 이 고누놀이를 중국의 소수민족인 장족, 산동성 연태, 광서성 북해, 복건성의 여족 등도 즐기고 있고, 몽골에서도 '지르게'로 불리며 지금도 두고 있다.

　지금까지의 자료로 볼 때 만약에 송림사 5층전탑의 고누판이 6세기에 만들어진 것이 맞다면 고누는 한국에서 가장 먼저 발생하여 초원길과 바닷길을 통해 서쪽으로, 그리고 남쪽으로 보급되었다고 볼 수 있다. 그다음으로 이른 연대를 보이는 고누판은 크라스키노 성터와 하르발가스 유적에서 출토된 것이다. 크라스키노성은 발해 구국 시기에 이미 존속하여 멸망 때까지 계속 사용되었다. 다시 말해서 8세기 초부터 10세기 1/4분기까지 사용된 유적이기 때문에 어느 것이 먼저인지는 아직까지 알 수 없다. 이 사실은 발해와 위구르 한국과의 인적 교류에 대한 또 하나의 증거가 될 수 있다고 생각된다. 이와 관련하여 김은국이 제기한 '고누 길'은 시사하는 바가 매우 크다고 할 수 있다.

　이와 같이 크라스키노성에서 출토된 유물들은 발해의 활발했던 대외 교류에 대해서도 증명하고 있다. 이 유적에서 출토된 서역-북방, 당, 통일신라 관련 유물들은 크라스키노성이 육로와 해로의 연결 거점이었음을 잘 보여 주고 있다. 낙타를 탄, 그리고 낙타에 짐을 실은 대상들이 이곳까지 왕래하였고, 발해와 일본 사절들이 이곳을 지나 양국의 도성까지 왕래하였다. 다시 말해서 염주성은 발해 육로의 동쪽 끝 지점이었으며, 발해 일본도의 바닷길 시발점이었고, 일본으로 가는 길목이었을 뿐만 아니라 신라로 가는 길목 역할도 하였다.

■ 참고문헌

- 고구려연구재단,《2004년도 러시아 연해주 발해 유적 발굴 보고서》, 2005.
- 국립문화재연구소,《장도 청해진 유적 발굴 조사 보고서 Ⅰ》, 2001.
- 김영진,《도자기 가마터 발굴 보고》, 사회과학출판사, 2002. 백산자료원, 2003.
- 김원룡,《울릉도》, 국립박물관고적조사보고 제4책, 1963.
- 김은국,〈한·몽 발해 유적과 고누 길(Gonu-road)〉,《역사민속학》제46호, 2014.
- 동북아역사재단,《2011년도 연해주 크라스키노 발해성 한·러 공동 발굴 보고서》, 2012.
- 아리엘 골란 지음 / 정석배 옮김,《선사시대가 남긴 세계의 모든 문양》, 푸른역사, 2004.
- 이인숙,《한국의 고대 유리-Ancient Glass in Korea》, 도서출판 창문, 1993.
- 장장식,〈한국과 몽골의 판놀이 연구-고누형 판놀이를 중심으로〉,《비교민속학》제38집, 2009.
- 정석배,〈유물로 본 발해와 중부-중앙아시아 지역 간의 문화교류에 대해〉,《고구려·발해 연구》제57집, 2017.
- 한성백제박물관·부산박물관·러시아과학원 극동지부 역사학고고학민족지학연구소·러시아국립극동연방대학 박물관,《러시아 연해주 문물전 프리모리예》, 2014.
- 吉林省地方志編纂委員會編纂,《吉林省志 卷四十三 文物志》, 吉林人民出版社, 1991.
- 國家文物局 編,《絲綢之路》, 文物出版社, 2014.
- 姜念思,〈遼寧朝陽市黃河路唐墓出的鞣鞨石俑考〉,《考古》第10期, 2005.
- 李新全·于俊玉,〈遼寧朝陽市黃河路唐墓的淸理〉,《考古》第8期, 2001.
- 潘行榮,〈內蒙古科右前旗白辛屯古墓古城的調查〉,《考古》第7期, 1965.
- 遼寧省博物館文物工作隊,〈遼代耶律延寧墓發掘簡報〉,《文物》第7期, 1980.
- 黑龍江省文物考古研究所 編著,《渤海上京城 1998~2007年度考古發掘調查報告》, 文物出版社, 2009.
- BURKART DÄHNE, Некоторые результаты исследования уйгурской столицы Хара-Балгасун в 2010 г // Mongolian Journal of Anthropology, Archaeology and Ethnology, Vol. 6, № 1(365), 2010.
- Болдин В. И., Гельман Е. И., Никитин Ю. Г., Ивлиев А. Л., О результатах полевых исследований на Краскинском городище в Приморье в 1998 году // Архив ИА РАН. (V.I. 볼딘, E.I. 겔만, Yu.G. 니끼친, A.L. 이블리예프, 1998년도 연해주 크라스키노성 야외조사 결과에 대해 // 러시아과학원 고고학연구소 문서보관소)

- Киселев С. В., Древние города Монголии // Советская археология № 2, 1957.(S.V. 키셀료프, 몽골의 고대 도시들 // 소비에트 고고학 № 2, 1957.
- Крадин Н. Н., Ивлиев А. Л., История киданьской империи Ляо, Москва, 2014.(N.N. 크라진, A.L. 이블리예프, 거란 요제국의 역사, 모스크바, 2014.)
- Смирнова О. И., Сводный каталог согдийских монет-Бронза-, Москва, 1981.(O.I. 스미르노브, 소그드 동전-청동-도록, 모스크바, 1981.)

찾아보기

동아시아의 문화 허브

발해 염주성 이야기

김은국 외 지음

초판 1쇄 인쇄 · 2017. 12. 10.
초판 1쇄 발행 · 2017. 12. 20.

발행인 · 이상용·이성훈
발행처 · 청아출판사
출판등록 · 1979. 11. 13. 제9-84호
주소 · 경기도 파주시 회동길 363-15
대표전화 · 031-955-6031
팩시밀리 · 031-955-6036
E-mail · chungabook@naver.com

Copyright ⓒ 2017 by 동북아역사재단
저자의 동의없이 사진과 내용의 일부를 인용하거나 발췌하는 것을 금합니다.

ISBN 978-89-368-1118-1 93900

* 값은 뒤표지에 있습니다.
* 잘못된 책은 구입한 서점에서 바꾸어 드립니다.
* 본 도서에 대한 문의사항은 이메일을 통해 주십시오.

이 도서의 국립중앙도서관 출판예정도서목록(CIP)은 서지정보유통지원시스템 홈페이지(http://seoji.nl.go.kr)와 국가자료공동목록시스템(http://www.nl.go.kr/kolisnet)에서 이용하실 수 있습니다.(CIP제어번호: CIP2017033144)

이 책은 동북아역사재단 연구과제 결과물을 재단의 지원을 받아 간행한 것입니다.